中国石油天然气集团有限公司统编培训教材

工程建设业务分册

地下储气库建设工程技术与管理

《地下储气库建设工程技术与管理》编委会 编

石油工业出版社

内 容 提 要

本书系统介绍了地下储气库建设工程技术与管理方面的知识，主要介绍了建设枯竭油气藏储气库、盐穴储气库、含水层储气库、废弃矿坑储气库的选址技术、工程设计、工程管理等相关内容，并对大张坨储气库、金坛储气库等典型建设案例进行了剖析。

本书适合从事地下储气库工程建设及管理工作的相关人员阅读。

图书在版编目（CIP）数据

地下储气库建设工程技术与管理/《地下储气库建设工程技术与管理》编委会编 . —北京：石油工业出版社，2023.3

中国石油天然气集团有限公司统编培训教材

ISBN 978-7-5183-5033-9

Ⅰ.①地… Ⅱ.①地… Ⅲ.①天然气-地下储气库-工程-技术培训-教材 Ⅳ.①TE972

中国版本图书馆 CIP 数据核字（2021）第 240178 号

出版发行：石油工业出版社

（北京市朝阳区安华里 2 区 1 号楼　100011）

网　　址：www.petropub.com

编辑部：（010）64251682

图书营销中心：（010）64523633

经　　销：全国新华书店

排　　版：三河市聚拓图文制作有限公司

印　　刷：北京晨旭印刷厂

2023 年 3 月第 1 版　2023 年 3 月第 1 次印刷

710×1000 毫米　开本：1/16　印张：16.75

字数：320 千字

定价：58.00 元

（如发现印装质量问题，我社图书营销中心负责调换）

版权所有，翻印必究

《地下储气库建设工程技术与管理》
编 审 人 员

主　　编：代炳涛　　王　峰
副 主 编：韩明一　　李　彦　　刘科慧
编写人员：李　勇　　李海鹏　　吴　疆　　卫　晓
　　　　　李伍林　　耿慧晶　　王　丹　　牛益民
　　　　　齐德珍　　王小斌　　宋友乐　　叶可仲
　　　　　王兆伟　　王　坤　　司　岩　　赵燕平
　　　　　李存锋　　王　霞　　廖福金　　谭晓春
　　　　　摆丽娟　　范卫潮　　赵光辉　　李　明
审定人员：曾德军　　孟凡彬　　郭书太

序

　　企业发展靠人才，人才发展靠培训。当前，中国石油天然气集团有限公司（以下简称集团公司）正处在加快转变增长方式，调整产业结构，全面建设综合性国际能源公司的关键时期。做好"发展""转变""和谐"三件大事，更深更广参与全球竞争，实现全面协调可持续，特别是海外油气作业产量"半壁江山"的目标，人才是根本。培训工作作为影响集团公司人才发展水平和实力的重要因素，肩负着艰巨而繁重的战略任务和历史使命，面临着前所未有的发展机遇。健全和完善员工培训教材体系，是加强培训基础建设，推进培训战略性和国际化转型升级的重要举措，是提升公司人力资源开发整体能力的一项重要基础工作。

　　集团公司始终高度重视培训教材开发等人力资源开发基础建设工作，明确提出要"由专家制定大纲、按大纲选编教材、按教材开展培训"的目标和要求。2009年以来，由人事部牵头，各部门和专业分公司参与，在分析优化公司现有部分专业培训教材、职业资格培训教材和培训课件的基础上，经反复研究论证，形成了比较系统、科学的教材编审目录、方案和编写计划，全面启动了《中国石油天然气集团有限公司统编培训教材》（以下简称"统编培训教材"）的开发和编审工作。"统编培训教材"以国内外知名专家学者、集团公司两级专家、现场管理技术骨干等力量为主体，充分发挥地区公司、研究院所、培训机构的作用，瞄准世界前沿及集团公司技术发展的最新进展，突出现场应用和实际操作，精心组织编写，由集团公司"统编培训教材"编审委员会审定，集团公司统一出版和发行。

　　根据集团公司员工队伍专业构成及业务布局，"统编培训教材"按"综合管理类、专业技术类、操作技能类、国际业务类"四类组织编写。综合管理类侧重中高级综合管理岗位员工的培训，具有石油石化管理特色的教材，以自编方式为主，行业适用或社会通用教材，可从社会选购，作为指定培训教材；专业技术类侧重中高级专业技术岗位员工的培训，是教材编审的主体，按照《专业培训教材开发目录及编审规划》逐套编审，循序推进，计划编审300余门；操作技能类以国家制定的操作工种技能鉴定培训教材为基础，侧重主体专业（主要工种）骨干岗位的培训；国际业务类侧重海外项目中外员工的培训。

"统编培训教材"具有以下特点：

一是前瞻性。教材充分吸收各业务领域当前及今后一个时期世界前沿理论、先进技术和领先标准，以及集团公司技术发展的最新进展，并将其转化为员工培训的知识和技能要求，具有较强的前瞻性。

二是系统性。教材由"统编培训教材"编审委员会统一编制开发规划，统一确定专业目录，统一组织编写与审定，避免内容交叉重叠，具有较强的系统性、规范性和科学性。

三是实用性。教材内容侧重现场应用和实际操作，既有应用理论，又有实际案例和操作规程要求，具有较高的实用价值。

四是权威性。由集团公司总部组织各个领域的技术和管理权威，集中编写教材，体现了教材的权威性。

五是专业性。不仅教材的组织按照业务领域，根据专业目录进行开发，且教材的内容更加注重专业特色，强调各业务领域自身发展的特色技术、特色经验和做法，也是对公司各业务领域知识和经验的一次集中梳理，符合知识管理的要求和方向。

经过多方共同努力，集团公司"统编培训教材"已按计划陆续编审出版，与各企事业单位和广大员工见面了，将成为集团公司统一组织开发和编审的中高级管理、技术、技能骨干人员培训的基本教材。"统编培训教材"的出版发行，对于完善建立起与综合性国际能源公司形象和任务相适应的系列培训教材，推进集团公司培训的标准化、国际化建设，具有划时代意义。希望各企事业单位和广大石油员工用好、用活本套教材，为持续推进人才培训工程，激发员工创新活力和创造智慧，加快建设综合性国际能源公司发挥更大作用。

《中国石油天然气集团有限公司统编培训教材》

编审委员会

前 言

随着国家对空气质量和环境保护工作的日益重视，天然气作为一种清洁能源受到了广泛应用。根据我国天然气产地分布、用气结构、供气状况的特点，建设地下储气库势在必行。地下储气库是一种具有注入、存储、采出天然气功能的地下储气构造，它作为天然气运输存储系统的重要组成部分，主要起到平衡输气管道与目标市场用气峰谷差的作用，同时对优化长输管道运营效率、实现天然气的战略储备、提高能源安全保障都发挥着重要作用。

天然气需求量在时间上的波动性或不均衡性，是影响安全平稳供气的主要原因。为解决这一矛盾，使供需趋于平衡，采取的主要措施是进行天然气储备，即用储气设施将用气低峰期富余的天然气储存起来，在用气高峰期将储气设施中的天然气采出供用户使用，地下储气库就是这种设施之一。建造天然气地下储气库能解决城市调峰问题，是平衡供气峰值波动最合理有效的途径之一，地下储气库具有容量大、节省投资、不受气候影响、维护管理方便、安全可靠、污染环境小等优点。

随着我国中亚、中缅、中俄和海上油气通道的建设，以及陕京管道、西气东输、中俄东线等骨干管网的敷设，与之配套的地下储气库建设方案研究与建设工作正在加快展开，客观上迫切需要规范地下储气库项目工程技术和管理，提升地下储气库项目管理水平。

本书共分为五个章节，主要包括地下储气库简介、枯竭油气藏储气库建设工程技术与管理、盐穴储气库建设工程技术与管理、其他类型储气库建设工程技术与管理、典型案例剖析等内容，本书根据枯竭油气藏储气库、盐穴储气库、含水层储气库、废弃矿坑储气库四种典型地质构造的天然气地下储气库的实际情况，针对不同种类地下储气库项目建设的特点，并结合各类地下储气库工程中的关键技术和重点难点，从不同类型储气库项目的选址技术、工程设计、工程管理等方面进行阐述，结合大张坨储气库、金坛储气库、呼图壁储气库和相国寺储气库等实际典型工程案例进行介绍，为后续储气库建设提供技术支持。内容上，工程技术、管理和工程案例相结合，以满足员工培训的要求。

本书由中油朗威工程项目管理公司和天津设计院承担主要编写任务，代炳涛、王峰任主编。第一章由李勇、李海鹏、吴疆、卫晓、叶可仲编写，第二章由韩明一、李彦、刘科慧、李伍林、耿慧晶编写，第三章由齐德珍、宋友乐、谭晓春、牛益民、摆丽娟、范卫潮编写，第四章由王丹、王小斌、王兆伟、廖福金、李存锋编写，第五章由王坤、司岩、王霞、赵燕平、赵光辉编写。曾德军、孟凡彬、郭书太参与了本书的审定工作。

参与本书编写和审定的人员均为工作多年的一线专业设计人员和项目管理人员，虽然有较为丰富的专业设计和管理经验，但鉴于地下储气库工程技术发展日新月异，编者能力有限，恳请读者批评指正。

说 明

本书可作为中国石油天然气集团有限公司所属各建设、设计、施工、监理、生产等相关地下储气库单位开展培训的专用教材。本书主要针对从事地下储气库工程建设及管理的技术人员和管理人员编写的，也适用于操作人员的技术培训。本书的内容来源于实际工程设计和实践，专业性较强，涉及内容广。为便于正确使用本书，在此对培训对象进行了划分，并规定了各类人员应该掌握或了解的主要内容。

培训对象主要划分为以下几类：

（1）勘察设计人员，包括勘察设计管理人员、勘察人员、设计人员、勘察和施工图审查人员等。

（2）工程管理人员，包括项目经理、质量及技术管理人员、进度管理人员、安全管理人员、采办管理人员、监理工程师等。

（3）生产作业人员，包括生产单位运行人员、操作人员、维修人员等。

各类人员应掌握或了解的主要内容：

（1）勘察设计人员，要求掌握第一章第三节、第二章第一节和第二节、第三章第一节和第二节、第四章的内容，要求了解第一章第一节和第二节、第二章第三节、第三章第三节、第五章的内容。

（2）工程管理人员，要求掌握第一章第三节、第二章第三节、第三章第三节、第四章、第五章的内容，要求了解第一章第一节和第二节、第二章第一节和第二节、第三章第一节和第二节的内容。

（3）生产作业人员，要求掌握第一章、第二章、第三章、第四章的内容，要求了解第五章的内容。

各单位在培训中要密切联系工程实际，在课堂培训为主的基础上，还应增加工程现场的实习、实践环节。建议根据本书内容，进一步收集和整理地下储气库相关照片或视频，以进行辅助培训，从而提高教学效果。

目 录

第一章 地下储气库简介 ... 1
  第一节 概述 ... 1
  第二节 地下储气库发展现状与发展趋势 ... 5

第二章 枯竭油气藏储气库建设工程技术与管理 ... 10
  第一节 选址技术 ... 10
  第二节 工程设计 ... 22
  第三节 工程管理 ... 97

第三章 盐穴储气库建设工程技术与管理 ... 157
  第一节 选址技术 ... 157
  第二节 工程设计 ... 170
  第三节 工程管理 ... 189

第四章 其他类型储气库建设工程技术与管理 ... 213
  第一节 含水层储气库建设工程技术与管理 ... 213
  第二节 废弃矿坑储气库建设工程技术与管理 ... 216

第五章 典型案例剖析 ... 217
  第一节 大张坨储气库 ... 217
  第二节 金坛储气库 ... 233
  第三节 呼图壁储气库 ... 241
  第四节 相国寺储气库 ... 246

参考文献 ... 254

第一章　地下储气库简介

第一节　概述

20世纪初，随着天然气管线运输的发展，扩大了天然气的应用范围，同时用气不均衡的矛盾日渐突出，于是建造储气库必要性凸显。

一、地下储气库发展概况

自1915年在加拿大安大略省建成世界第一座地下储气库以来，截至2018年，全球范围内在运行地下储气库715座，总工作气量$3935\times10^8m^3$，相当于同期世界天然气总消耗量的11.8%或民用商业用气的44%，可以进行调峰的气量约$3100\times10^8m^3$，分属不同国家的约110个公司。在715座地下储气库中，既有储气量超千亿立方米的天然气上下游一体化的大型跨国公司，也有仅经营1~2个地下储气库的小公司。

全球66%的地下储气库工作气量主要分布在北美、欧盟等地区的发达国家，各国的地下储气库工作气量与管网完善程度、用户消费结构、进口依存度密切相关，一般占年消费量的13%~27%。由于发达国家管网比较完善，用气结构以发电、燃气为主，对外依存度超过30%的国家，工作气量一般达到消费量的12%以上，如法国、德国等。并且天然气对外依存度越高，地下储气库工作气量占消费量比例越大，部分对外依存度超过50%的国家工作气量占消费量比例达到15%以上，如乌克兰、哈萨克斯坦等。

统计表明，全球地下储气库平均工作气量为$5.5\times10^8m^3$，工作气量规模小于$5\times10^8m^3$的地下储气库为549座，占比76%；地下储气库中，枯竭油气藏型地下储气库工作气量最大，约占总工作气量的75%，含水层型地下储气库占12%，盐穴型地下储气库占7%，废弃矿坑型地下储气库占6%。

中国的地下储气库建设起步较晚，20世纪70年代在大庆油田曾经进行过利用气藏建设地下储气库的尝试。20世纪90年代初，随着陕京天然气输气管道的建设，为确保北京、天津的安全供气，2000年利用天津大港大张坨凝析气藏建成了我国第一座大型城市调峰用气藏型地下储气库，为京津地区用气调峰发挥了"第二气源"的作用。2005年，金坛地下盐穴储气库金资1井开始造腔试验，标志中国盐穴储气库正式开建。尽管我国对储气库技术的研究较晚，但由于国内天然气需求的快速增长，国家高度重视，加大了地下储气库建设技术的研究力度，推动了地下储气库的建设。

二、地下储气库的用途

自20世纪90年代，天然气在能源消费中的比重持续高速增长。世界石油和天然气储运领域出现了两个令人瞩目的变化：一是天然气管道的总长度首次超过原油管道总长度；二是地下储气库的建设有了显著的发展。究其原因，除了天然气资源探明储量明显增长外，主要是随着人们对大气污染的日益重视，天然气作为一种有利于生态环境的优质、高效、清洁能源在能源领域占据的比例越来越高。

1. 天然气消费的特点

天然气的生产、运输和消费是一个完整独立的体系。通常，油气田生产的天然气是通过长输管道运往用户集中的地区，然后通过地区分销网络送至终端用户。天然气的储存和运输是联系产地与用户的纽带和中间环节，其工作状态受生产和消费的影响。

不均衡性是天然气消费的一大特征。天然气消费的不均衡性可分为两大类：

（1）由于偶然事件引发的天然气消费的不均衡性。如气候突然变化、天然气生产系统事故、运输系统事故是典型的偶然事件。

（2）由规律性现象导致的天然气消费不均衡。主要有日不均衡、周不均衡、季不均衡和年不均衡。夏季天然气的月需求量与冬季的月需求量相比，可差2~3倍；如果按最大日需求量计算，则冬夏之间的需求量可相差5~10倍。

有效解决这种不均衡是保障天然气上、中、下游协调发展，提高行业总体经济效益的关键问题之一。

2. 解决不均衡性的措施

天然气长输管道一般都是按照恒定输气量均衡输气设计，其输气调节范围不大，很难适应季节调峰需求。若按夏季天然气最小需求量设计输气管道的供气能力，则一年内供气系统一直处于满负荷运转状态，但大部分时间不

第一章 地下储气库简介

能满足用户对天然气的需求；若按冬季天然气最大需求量设计输气管道的供气能力，在大部分时间内供气能力得不到发挥，造成管道运行效率降低，成本增加。因此，一般输气管道供气能力按略高于平均需求量进行设计，所产生的不均衡问题采用以下几种办法解决：

（1）将需求的不平衡性"拉平"。推行强制配气计划，规定冬季一些企业用其他燃料代替天然气。一般发电厂可充当这类缓冲用户。这种解决方法会带来煤的储存、改装燃烧室和配备补充服务人员等额外的问题和额外的支出，不是最好的解决办法。

（2）采用季节性差价的方法。冬季天然气的价格比夏季高，这时某些用户会主动放弃在冬季使用天然气。这种方法可以使冬季需求量在某种程度上得到缓解，但不能从根本上解决问题。

（3）建造储气装置。为了能够平稳地向用户供气，可通过建造天然气储气装置，在用气低峰时把输气系统中富余的天然气储存在消费中心附近，在用气高峰时采出从而补充管道供气量的不足。但是为了解决季节性用气不均衡的问题，需建造数亿乃至数十亿立方米的调峰设备，在地面建造如此巨大的储气罐，因其造价甚高、金属容量过大、容易爆炸和占地面积过大等原因是不可取的。

（4）建造专门的地下储气库。在地下某些天然地质构造或人工构筑的洞穴中储存天然气的方案，缓解了地面储罐占地面积大、造价高、工艺复杂和防灾问题突出的矛盾，有效地利用了地下空间资源，具有重大的工业价值。利用地下储气库进行调峰与建设地面储气装置进行调峰相比具有以下优点：一是储存量大、机动性强、调峰范围广；二是经济合理，虽然一次性投资大，但经久耐用，使用年限长达 30~50 年或更长；三是安全系数大，其安全性要远远高于地面储气装置。

3. 地下储气库的作用

目前，地下储气库储气容量已占世界总储气容量的 90% 以上。建造地下储气库主要可起到如下作用：

（1）解决调峰问题。调节天然气生产相对平稳和用户需求不平衡之间的矛盾是地下储气库的基本功能。一般来说，用户距气源距离较远，输气干线沿途的气候和地理条件又很复杂，在这样的条件下，地下储气库无疑是季节性调峰最经济有效的方法。需求的不均衡性是决定地下储气库建设与否的主要原因。

（2）解决应急安全供气问题。当输气管道突发事故或自然灾害造成供气中断，或者检修需停止供气时，地下储气库可作为应急备用气源保持安全连续地向下游用户供气。

（3）优化管道的运行。地下储气库可使气田生产系统的操作和管道系统的运行不受市场消费量变化的影响，利用储气设施实现均衡生产和输气，提高气田和管道的运行效率，降低运行成本。

（4）用于战略储备。

（5）用于商业运作，提高经济效益。利用储气库从天然气季节性或月差价中获取利润。

三、地下储气库类型

1. 按作用分类

（1）商用储气库。这类储气库通常接近主要消费市场，通过适当的组合，利用输气管道和储气库能力满足不断变化的需求量。目前各国以商用储气库居多。

（2）战略储气库。这类储气库是应对短期天然气供应冲击（大规模减少或中断）的有效途径之一。它本身服务于国家能源安全，以保障天然气的不断供给为目的，同时具有平抑国内气价异常波动的功能。

2. 按服务特点分类

（1）基本负荷型储气库。这类储气库一般在采气期要连续使用，并且采气速率不高。

（2）高峰负荷或调峰型储气库。这类储气库专门用来满足相当短的时间内非常大的需求量。

3. 按地层条件分类

（1）多孔介质储气库，包括枯竭气田、枯竭凝析气田、枯竭油田和含水层储气库，这类储气库主要是利用天然孔隙储存天然气。

（2）洞穴类储气库，主要有盐穴储气库和废弃矿坑储气库，这类储气库主要是利用在致密岩层中人工挖掘或人工溶淋出的洞穴储存天然气。

四、地下储气库特点

目前世界上典型的天然气地下储气库类型有4种：枯竭油气藏型储气库、盐穴型储气库、含水层型储气库、废弃矿坑型储气库。

1. 枯竭油气藏储气库

枯竭油气藏储气库利用枯竭的气藏或油藏而建设，是目前最常见、最经济的一种地下储气形式，具有造价低、运行可靠的特点。目前全球共有此类储气库逾 400 座，占地下储气库总数的 75% 以上。

2. 盐穴储气库

在地下盐层中通过水溶解盐而形成空穴，用来储存天然气。从规模上看，盐穴储气库的容积远小于枯竭油气藏储气库和含水层储气库，单位有效容积的造价高，而且溶盐造穴需要花费几年的时间。但盐穴储气的优点是储气库的利用率较高，注气时间短，垫层气用量少，需要时可以将垫层气完全采出。目前世界上有盐穴储气库共 44 座，占地下储气库总数的 7%。

3. 含水层储气库

用高压气体注入含水层的孔隙中将水排走，并在非渗透性的含水层盖层下直接形成储气场所。含水层储气库是仅次于枯竭油气藏储气库的另一种大型地下储气库形式。目前全球共有逾 80 座含水层储气库，占地下储气库总数的 12% 左右。

4. 废弃矿坑储气库

利用废弃或新建岩石洞室，经过密封处理后存储天然气建成的储气库。在适宜的地质条件下人工构筑洞穴储气库，有效地利用了地下空间资源，缓解了月份和季节性的供气不平衡及数百万立方米气量的巨大波动。

第二节 地下储气库发展现状与发展趋势

一、国内天然气地下储气库现状

1. 天然气需求持续增加，对外依存度大幅提高

2000 年以来，中国天然气市场进入快速发展期，2013 年以前受资源推动、低气价驱动、宏观经济拉动以及环保政策引导等因素的刺激，天然气消费量以每年 17% 的速度增长，中国已经成为世界第三大天然气消费国。2014

年，中国经济增长速度总体放缓，加之国内天然气价格多次上调以及国际原油和煤炭价格持续下跌等因素影响，天然气市场需求增速放缓，但天然气销售量总体仍然呈增长趋势。据国家发展和改革委员会统计，2018 年中国天然气表观消费量为 $2766 \times 10^8 m^3$，同比增长了 6.6%。

随着我国环境问题的日益严峻，作为清洁能源，天然气成为我国治理雾霾问题的重要能源，也是未来能源结构朝绿色低碳化发展的主要能源。

2013 年，国务院出台的《大气污染防治行动计划》明确要求加快调整能源结构，增加清洁能源（天然气、煤制天然气、煤层气）供应。近年来，天然气消费占一次能源的比重明显提高，2018 年天然气消费占一次能源比重上升至 7.8%。

因此，未来的一段时间内，中国的天然气市场仍将处于高速发展阶段，总体趋势为东部发达地区增速趋缓，西部资源地区增长较快，主要消费区域为环渤海、长三角、东南和中南地区。

2018 年中国天然气进口量已达 $1254 \times 10^8 m^3$，对外依存度从 2007 年的 2.0% 飙升到 45.3%。随着中俄东线天然气管道开工建设，我国四大天然气进口通道初步形成，预计到 2030 年，我国天然气进口量将超过 $1800 \times 10^8 m^3$，占天然气年消费量的 40%。根据国外经验，一旦国家的天然气对外依存度达到和超过 30%，地下储气库工作气量就需要达到年消费量的 12% 以上，如果进口依存度超过 50%，绝大部分国家的储气库工作气量将达到天然气年消费量的 15% 以上。

2. 城市燃气比例增加，调峰需求存在地域性差异

在天然气需求不断增加的同时，中国天然气消费结构也逐步从初期的以工业燃料和化工为主向多元化发展。2000 年以前，中国天然气消费以化工用气和工业燃料用气为主，城市燃气和发电用气仅占较少部分。随着长距离输气管道的建成投产，天然气消费区域从油气田周边地区向经济发达的中东部地区市场扩展。

2014 年以来，高端市场天然气消费量不断增加，用气行业也发生了转变，城市燃气正逐步发展成为第一大用气行业，而在京津冀鲁地区、长三角地区、珠三角地区等大气污染重点防控区，建设天然气调峰电站，使发电用气比例也有所增加。2018 年发电用气量为 $615 \times 10^8 m^3$（占比 22%），增幅达 23.4%，工业和城市燃气用气量分别为 $911 \times 10^8 m^3$（占比 33%）、$990 \times 10^8 m^3$（占比 35.8%），增幅各为 20% 和 16.2%。城市燃气的小时、日、月用气不均衡特点，决定了地下储气库成为拉动天然气调峰需求增长的主要动力之一。

第一章 地下储气库简介

从各区的调峰需求来看,受市场发育程度和气候季节温差的影响,环渤海、中西部、西北、东北地区调峰需求最高,尤其是环渤海地区用气波动性更为突出,调峰需求居八大地区之首,长三角及中南地区调峰需求中等,西南及东南地区调峰需求较小,由此可见,北方采暖区调峰需求明显高于南方地区,沿海高端消费市场地区调峰需求明显高于内陆地区,季节性供需矛盾突出。

3. 建库资源分布情况

从"十二五"期间我国库址资源筛选及评价结果来看,中国优质、大型的建库资源主要集中在西北、西南地区和东北部分地区。东部主要建库区的渤海湾盆地,油气藏构造断裂系统复杂,构造破碎,建成大规模储气库的可能性较小;南方地区由于地质构造普查不足,基础资料严重匮乏,建库资源有限,尤其是长三角及东南沿海地区油气藏构造少,已探明的油气藏大都为构造破碎的断块小油气藏或零散油气藏,建库规模非常有限。我国的盐矿层总厚度虽大,但盐层单层厚度小,可集中开采的盐层厚度薄,盐岩段内部夹层多,含盐品位低,大大增加了建设盐穴储气库的难度。

二、国内天然气地下储气库发展趋势

1. 有序推进储气库建设,工作气量逐步达到年消费量的10%以上

地下储气库调峰应急储备是天然气供应链中的重要组成部分,也是世界天然气利用发达国家的普遍选择。美国和俄罗斯两个天然气消费生产大国的地下储气库总工作气量分别占其年消费量的17.4%和17.0%(不包括战略储备气量)。部分发达国家和地区的调峰应急储备达到年消费量的17%~27%,而中国储气库建设规模与国外相比,存在较大差距。

截至2017年底,我国地下储气库形成有效工作气量为$77×10^8m^3$,占全国表观消费量的3.2%,远低于12%~15%的世界平均水平。调峰工作气量的增长与消费量增长不匹配,远远不能满足冬季用气高峰的调峰需求。据统计到2035年全球天然气需求总量将占全球能源需求的25%,而储气库作为最主要的调峰方式,储气调峰规模至少应达到10%以上,才能基本满足调峰及保供需求。

因此,我国在"十三五"建设国家商业储备库的基础上,还需要建设一大批地下储气库,继续加大储气库库址筛选和前期评价的力度,按照"筛选

一批、评价一批、规划一批、建设一批"的原则，有序地加大储气库建设投入，使调峰规模逐步赶上天然气消费高速增长的需求。

2. 全国整体规划，合理安排储气库建设布局

根据建库资源的分布情况，从国家层面协调企业、地方统筹布局全国地下储气库规划，按照保重点及需求程度，分步实施储气库建设。

从建库类型看，我国从南到北已在24个省、市、自治区和海域发现了可利用的石油和天然气，这些含油气构造为改建地下储气库提供了一定的地质基础。因此，我国地下储气库建设应以最为经济的油气藏类型为主，而在缺少油气藏构造的地区，选择适合建库的含水层构造及盐层，建设含水层及盐穴储气库。

从地域上看，我国气层气储量主要分布在西北、中西部和西南地区，气顶气和油田伴生气主要分布在东北松辽、环渤海盆地以及中南地区。因此，我国西北、中西部和西南地区储气库应以气藏型储气库为主，东北地区、环渤海地区、中南地区则应以油气藏类型为主。而长江三角洲及东南沿海地区缺少适合建库的油气藏构造，因此，在这两个地区应把寻找盐穴或含水层构造作为储气库的重点研究方向。

从作用上看，上游主要气区，如西北、西南、中西部和东北地区以大中型气藏型或油气藏型储气库为主，以解决需求淡季天然气存储、冬季调峰和应急储备问题；东南部消费市场地区以建设中小型油气藏型、盐穴型储气库群为主，解决本地区调峰问题。

针对我国建库地质资源的不均衡性，地下储气库建设要逐渐摆脱那种单纯为某个干线配备储气库的模式，而应通过各干线之间的联络线将调峰能力较强的地区剩余工作气调配到调峰能力较弱的地区。特别是联络线附近的储气库，可根据不同地区的调峰需求，在各干线之间进行调配，进而确保重点地区、重点城市的调峰需求。

在没有建设大型储气库的地质条件的情况下，应考虑将多个距离较近的小型气库组成储气库群，统一规划，统一建设，统一调配，这样既可以扩大调峰规模，降低投资成本，又能更加灵活有效地发挥储气库的应急调节作用。

3. 建立数字化储气库，实现储层—井筒—地面全生命周期一体化运行管理

地下储气库是强注强采、交变载荷、多周期的注采过程，全生命周期使

第一章 地下储气库简介

用达 50 年以上，与气藏开发相比，其注采气速度是气藏开发的 20 倍~30 倍。储气库构造断层圈闭的密封性，在多周期交变载荷工况条件下，受储层非均质性、气体高速流等影响极大。同时活跃的边底水使储气库运行特征更加复杂，这些特点决定了地下储气库在地质风险评估、注采气井钻采工艺及地面集输工艺等方面有着与气田开发显著的差异。

我国储气库建设受地质条件复杂性等因素影响，在储气库设计、建设、运行管理等方面与发达国家存在差距。因此，在学习和借鉴国外储气库先进技术和经验的同时，要加强中国地质特点储气库核心技术攻关，建立以储层渗流为核心、井筒—地面为约束条件，集地下地面于一体的三维仿真数值模拟技术，建立数字化储气库，实现储气库地下—井筒—地面一体化设计和运行管理，提高储气库运行效率，科学指导储气库扩容达产，防范并预警地下储气库建设运行过程中面临的安全风险。

4. 建立国家产供销逐级责任制，实现分级储备调峰管理运行机制

2017 年中共中央、国务院印发了《关于深化石油天然气体制改革的若干意见》，要求完善油气储备体系，提升油气战略安全保障供应能力。建立完善政府储备、企业社会责任储备和企业生产经营库存有机结合、互为补充的储备体系。完善储备设施投资和运营机制，加大政府投资力度，鼓励社会资本参与储备设施投资运营。建立天然气调峰政策和分级储备调峰机制。明确政府、供气企业、管道企业、城市燃气公司和大用户的储备调峰责任与义务，供气企业和管道企业承担季节调峰责任和应急责任，地方政府负责协调落实日调峰责任主体，鼓励供气企业、管道企业、城市燃气公司和大用户在天然气购销合同中协商约定日调峰供气责任。

三、国内天然气地下储气库展望

地下储气库在天然气工业发展过程中的作用重大，因此，政府、企业都对此高度重视。依据国家及中国石油天然气集团有限公司（以下简称"中石油"）总体战略部署，预计未来可在全国形成东北、华北、西南、西北、中西部和长三角等六大天然气储气中心，工作气量潜力超过 600 亿立方米。

随着国家经济的高速发展和对能源需求的日益增长，地下储气库将在中国的油气消费、油气安全领域发挥更加重要的作用，建库目标将从目前的调峰型向战略储备型方向延伸及发展，建库技术水平也将在实践中不断得到提高。

第二章 枯竭油气藏储气库建设工程技术与管理

第一节 选址技术

截至 2020 年，国内没有大型地下储气库的研究设计先例可供借鉴，国外的文献资料中也没有完整、系统的设计方法介绍。因此，地下储气库设计面临以下问题：（1）地质工程方案研究设计内容的确定。（2）运行指标和技术参数指标的选取。（3）技术难点的解决方法。科技人员经过分析研究与探索实践，认识到地下储气库建设是一项较大规模的系统工程，从筛选库址，到气库综合研究，到方案设计、优化，到监测方案设计，再到实施方案设计，是一个逐步加深的过程。

一、库址筛选原则

库址筛选应遵循以下 5 项原则：
（1）气库规模适用性原则。气库库容量、工作气量、日调峰气量可以达到建库期望值。
（2）气库环境适用性原则。气库的建设与使用具有安全性、交通便利、气候适宜、施工方便、地理位置接近主要用户或主输气管网。
（3）气库地质适用性原则。构造形态落实、盖层及断层封闭性强、储层分布稳定连通性好、单井注采能力大、流体中不含 H_2S 等有害气体。
（4）气库原有设施可行性原则。在气库区的原有老井等设施，可以利用或实施有效的处理，对建库不会造成危害，如老井封堵避免造成气库泄漏等。
（5）气库经济最优化原则。利用已有的信息、设施、技术、管理、人员等减少投入，气库副产品可增加产值等，气库自身的投入产出比与天然气生产集输、销售全系统的投入产出比最优。

第二章　枯竭油气藏储气库建设工程技术与管理

依据库址筛选的 5 项原则，可在众多后备库址中筛选出目标库。

二、可行性评价

大型地下储气库建设项目从前期策划到气库建成投产，按照阶段目标和主要工作内容大体分为项目前期策划、可行性论证、方案设计、实施建设、投产运行 5 大阶段，大型地下储气库作为一项较大型的工程项目，项目前期策划或可行性论证阶段，需要重点回答宏观决策方面与宏观技术性方面的几个主要问题，具体包括：

（1）是否需要建设大型地下储气库。
（2）在什么地方建设大型地下储气库。
（3）什么时机建设大型地下储气库。
（4）建设什么类型的大型地下储气库。
（5）建设大型地下储气库的周期多长。
（6）建设大型地下储气库的功能如何。
（7）建设大型地下储气库的效益如何。
（8）建设大型地下储气库的环保性如何。
（9）建设大型地下储气库的安全性如何。

1. 必要性论证

大型地下储气库建设的必要性论证，与储气库建设所在地和受益地的政治、经济、文化环境和社会发展程度关系密切，其决策依据也各有侧重。主要论证以下 8 个方面因素：

（1）市场需求程度。供气商为了占领和扩大供气市场，满足用户的需求，在用气市场发生明显或剧烈的气量不足与气量过剩时，可以采用建设地下储气库的措施，进行气量的调节。

（2）社会需求程度。天然气作为优质能源，提供给广大用户做饭取暖等生活所用，为保证广大人民群众的安居乐业，可以采用建设地下储气库的措施，保证用气高峰期的气量供给。

（3）能源需求程度。大型地下储气库建设往往靠近经济发达地区，其所提供的天然气这一优质化工原料和能源燃料，往往是该地区经济发展的资源基础，因此，当经济发展规模不断扩大时，兴建大型地下储气库是一种适宜的选择。

（4）环保需求程度。环境保护作为国家一项基本国策，在许多城市和地区都在积极贯彻执行，如北京市的"蓝天工程"计划。而天然气作为高效清洁的优质能源，对改变燃料结构、改善空气质量，都有着特殊的作用，因此，当环境保护对天然气需求规模较大时，建设大型地下储气库的必要性将大大增强。

（5）安全需求程度。在以天然气为基础的大型工业区和大型民用区，为避免因自然灾害或战争造成资源短缺，一般可兴建地下储气库作为天然气资源的保证措施。

（6）效益需求程度。企业为了追求经济效益，可以兴建一定规模的地下储气库，实现节支增效。一是地下储气库作为天然气集输工程的重要组成部分，可以调控用气市场的供需不均衡，减少用气高峰期的应急性生产能力建设投入和设施的无效闲置，优化集输系统功能、减少投资；二是利用冬夏季节的天然气价格差，实施夏季低价买气，冬季高价卖气，实现价格套利，这在西方国家是多见的。

（7）生产需求程度。对于大型的油田或凝析气田，在大量开采原油而伴生气无法利用时，可建地下储气库进行储存，以备将来利用。

（8）政治因素。在特殊地区或特殊时期，也可以考虑通过兴建地下储气库实现天然气源的保证。

2. 可行性论证

大型地下储气库建设的可行性论证，重点在储气库的地质条件是否具备，其次考虑经济效益等其他相关因素，但由于时间与空间条件的变化，其决策依据也各有侧重。主要论证以下方面的因素。

1）矿权归属

选择地下储气库的建设库址是否属于建筑商自有，或者库址的使用权可以满足建库的年限要求，一般气库的运营年限设计为50年，最低不少于20年。

2）气库地理位置论证

接近主要用户或主输气管网，便于气量调控，减少管网建设工作量。一般在几十至数百千米范围内为宜。

3）气库地理环境论证

交通便利、气候舒适、施工方便、有利于人类较长久生活和工作的环境为宜。

4）气库地质条件论证

（1）气库完整性论证。地质构造形态完整有利于井位部署和气库运行，

第二章 枯竭油气藏储气库建设工程技术与管理

通常较大型的单独地质构造和较小型的地质构造群是气库首选区，破碎的构造不适于建库。

（2）气库封闭性论证。良好的防渗透性和密闭性是保证气库有效库容和正常运行的基本条件；而气库的密封条件差，则容易造成气库中的气体外泄流失，不仅造成气量的无效损失和有效工作气量的不足，而且直接影响气库的正常运行。

（3）气库连通性论证。气库的连通性是指气库内部的储层在纵向和横向的连通程度。通常，气体在连通性好且分布稳定的储层内易流动，各点压力易均衡，气井的生产能力高，气库易于控制和管理；而在致密非均质性强的差储层中，气体渗流阻力大，气库内压力高低不均衡，在高压区往往造成注气困难，增大地面注气设施的负荷，同时在低压区的生产井又降低了产能，影响了气库的整体调控能力。

（4）气库埋藏深度论证。气库埋藏深度以 100~3000m 为宜。气库埋藏过深，井下高温高压，则钻井周期长，井身结构复杂，钻井费用高；井内设施易损坏，容易降低气库的有效寿命；气库压力高，所需地面的注气设施压力等级高，其安全性和经济性受到影响。气库埋藏过浅，则气库的压力水平低，单个生产井产能低，为达到一定规模的采气量往往需要增加钻井数；另外，气库的压力水平低，相应井口剩余压力低，不利于矿场高压外输气量的要求。

（5）气库规模论证。气库的地质储气量（或称库容量）能否达到建库的目标值，这是可否建气库的关键因素之一。通常选取一个完整的较大型地质构造体建库或较小型的地质构造群建库，形成气库群。

5）气库生产指标论证

（1）气库运行方式论证。气库运行方式包括两个方面。一是运行状态，注气、采气、停气；二是运行强度，高、中、低气量。一般冬季气库处于高强度的采气方式，而夏季气库处于高强度的注气方式，其他季节气库处于停气方式。原则上气库的运行方式必须与用气市场或气源供应方的供需程度变化相适应。

（2）气库运行周期论证。目前国内调峰储气库主要是季节调峰，而随着储气库的建设发展，由于市场用气规律和用气规模的不同，气库的运行周期不同，气库的运行周期包括短期（时、日、周）、中期（月、季）、长期（年、数年）等。一般区域性大范围调峰用气运行周期较长（中长期），而局部小范围调峰用气运行周期较短（短中期）。气库的运行周期必须与用气市场或气源供需相适应。

（3）气库最大工作气量论证。主要反映一个采气周期内气库采出气体的数量，它受气库自身的地质容积和气库运行参数制约，可以随用气市场的需求数量变化而改变。气库最大工作气量以满足用气市场需气量为目的。

（4）气库运行压力论证。气库运行压力与气库库容量互为因果关系。气库运行压力区间以保证实现气库的工作气量为目的。气库压力下限以保证气库最低调峰能力和维持单井最低生产能力为目的；气库压力上限以不破坏地层岩石结构，保证气库封闭性为目的。同时要兼顾气库注气设施的安全性与经济性。

6）气库注采工艺论证

储气库的注气井和采气井需要具备大流量、高低压往复变化的功能，尤其是注气与采气功能合一的注采井，前述功能特点更加明显，因此对井身结构、井身质量、井眼大小、注采工艺方式等都有特殊要求，只有合理有效的注气采气工艺才能实现气库的注采功能。对于气库内存在的已钻老井中，对于可利用的老井，应评价老井的质量是否合格；对于不可利用的老井，应论证封堵工艺是否可以实现有效封堵，避免出现老井泄漏而令气库无法使用的现象。

7）气库地面工程论证

气库地面工程论证包括地面工程技术特点、建站地域条件、地质与气藏参数、气源组成、井口参数、压力系统的确定、产品要求等方面的论证，特别是高压大排量注气压缩机及其配套设施、气体净化设施、自动化控制与信息传输设施等气库地面原有的工程设施可利用程度评价。

8）气库经济效益论证

地下储气库作为大型天然气集输工程的重要组成部分，其气库经济效益分析既包括气库自身的投入产出比评价，也必须包括与天然气生产集输销售全系统的投入产出比评价，以实现总体经济效益最优。

9）气库环保条件论证

实现环境保护是建设地下储气库的基本要求，库地面工程设施应尽量避开人口密集区和环境保护敏感区。

10）气库安全环境论证

气库的建设与使用应具有安全性，尽量避开自然灾害多发区和社会秩序混乱区。

11）设备与材料保障程度论证

气库建设与运行过程中所涉及的特殊与关键设备、材料，在质量、数量、

第二章 枯竭油气藏储气库建设工程技术与管理

时间、供给方式上能够满足需要。

12）资金保障程度论证

确保所需资金的数额、来源渠道、时间等及时到位。

13）气库其他因素论证

气库的设计与施工队伍是否具备，所需的各种信息是否齐全，管理与技术人员是否齐备，生产指挥组织体系是否健全等。这些因素将在不同程度上影响气库的建设。

三、地下储气库地质特征评价

地下储气库地质工程方案研究和常规油气藏地质与气藏工程方案研究相比较，所研究的对象均为油气藏和气体，因此，常规的地质理论和气藏评价方法、气藏工程理论和方法以及多组分数值模拟技术都是有效实用的。但由于地下储气库必须具备气体"注得进、采得出、存得住"的功能以及"短期高产、高低压往复变化、长期使用"的特殊要求，因此，在指标体系构成、研究重点、研究方法和设计技术方面又有独特之处。

1. 气库圈闭有效性评价技术

地下储气库在生产过程中需周期性反复强注强采，故对圈闭封闭条件的要求较高。另外为增大气库容量和提高单井产能，国外有些地下储气库工作压力上限高于原始地层压力40%，对气藏圈闭条件就提出了更高的要求。因此，不仅包括在油气田开发中常规的构造形态、圈闭幅度等基本研究内容，还必须根据储气库对圈闭密封程度要求高的特点，重点对圈闭封闭的有效性进行评价。

1）盖层封闭有效性评价技术

盖层是指位于储层之上的能够封隔储层中的油气不向上逸散的岩石保护层。聚集在储层中的烃类气体都具有大小不同的天然能量，它能驱使烃类向四周扩散，因而必须有良好的盖层封闭才能阻止烃类扩散。自然界中，常见的盖层有泥岩、页岩、盐岩、石膏和无水石膏等类型，任何盖层对气态和液态烃类只有相对的隔绝性。决定封隔性强度的因素包括宏观和微观两个方面。

（1）盖层宏观有效性评价技术。

盖层宏观有效性评价内容主要包括两个方面，即盖层厚度、覆盖程度。

盖层厚度与封隔能力之间的关系，尚待研究。在松辽盆地，泥岩盖层厚度一般大于20m，黄骅凹陷盆地泥岩盖层厚度一般大于70m，四川川南三叠系气藏石膏盖层厚度一般在20m左右，最薄的石膏盖层厚度只有1~6m，由此有3点认识：一是不同性质的盖层封隔能力不同，膏岩地层比黏土岩地层的封隔性更好；二是盖层厚度没有统一的标准；三是盖层厚度不是决定盖层封闭性强弱的决定因素。

对于同一种盖层，油气可缓慢进入，盖层越厚对油气运移速度的影响越大，所以盖层越厚封闭性越强，这是不争的事实。另外，对于盖层厚薄变化较大的地层，由于薄处地层最容易泄漏，因此其盖层厚度应以最薄厚度为据。

覆盖程度是指盖层对下伏储层的覆盖范围。只有当储层被严密地置于盖层之下时，盖层的封闭条件才能具备。

盖层宏观有效性评价技术主要是指对盖层厚度与覆盖程度的分析技术。

① 盖层划分与对比的依据。

盖层的划分与对比的依据主要是古生物化石资料沉积特征与沉积旋回、地层接触关系、地球物理特征等。

a. 古生物化石是地层划分和对比的主要依据之一，生物演化的阶段性和不可逆性决定了在一定的地质时期内，有特定的生物类别，据此便可划分出古生物化石带，用它来确定地层的相对地质年代。

b. 同一地区不同地质时期，不同沉积环境下形成性质不同的地层，而不同地区同一地质时期形成地层沉积特征相同或大致相似，根据地层的这种共性和个性，便可划分和对比地层。

c. 由于地壳运动速度和强度不同，致使自然地理环境发生很大的改变，进而造成了地层间各种不同的接触关系，以此可以作为划分与对比地层的重要标志。

d. 根据地壳周期性升降运动的结果，利用沉积岩具有的旋回性也可以进行地层的划分与对比。

e. 不同地层具有不同的地球物理特征，此可以作为划分与对比地层的标志。

② 盖层划分与对比的方法。

a. 生物地层学法。

生物地层学法是运用古生物化石进行地层的划分与对比，是最重要的方法之一，包括标准化石法（利用标准化石来确定地层的相对年代的方法）、生物群组合分析方法（利用不同地层中不同生物门类与各类属种的共生组合变化情况进行地层的划分与对比）、微体古生物法（微体古生物包括孢粉、介形

第二章　枯竭油气藏储气库建设工程技术与管理

虫，具有个体小、数量多、属种多、演化快、生物群分区现象明显的特点，可据此进行地层的划分与对比)。

b. 岩石地层学法。

岩石地层学法是利用岩石本身的物理化学性质来划分与对比地层的方法，它是日常工作中最基本、最常用、最广泛的地层对比方法。岩石地层学法包括岩性标准层法（岩性标准层就是在地层剖面中分布广泛、特征突出、岩性稳定、易于识别、厚度不大的岩层。通过划分和寻找岩性标准层可以准确判断出地层剖面间的地层层序、岩性、岩相、厚度等地质关系）、特殊标志层法（指颜色、成分、结构、构造等方面有特殊标志的岩层，它容易与上下岩层区别）、沉积旋回法（沉积旋回是指地层剖面上岩性、岩相有规律的周期性重复。沉积旋回是由地壳周期性的升降运动所引起的，但升降的规模不同，包括时间、幅度、范围等。划分地层时一般采取"旋回对比，先大后小，分级控制"）。

c. 构造学法。

构造学法是利用地层之间的接触关系划分与对比地层的方法。接触关系包括整合接触、假整合接触（平行不整合）、不整合接触（角度不整合）。

d. 地球物理测井法。

地球物理测井法是岩层的岩性特征和岩层内所含流体的性质不同决定了岩层的地球物理特征的差异，如岩层的导电性、传热性、放射性、弹性等。通过测量这些特性参数，可以准确划分与对比地层。

③ 盖层划分与对比的步骤。

a. 建立新区标准剖面：地层正常、岩性岩相普遍、化石丰富、代表性强的单井或多井组合剖面。

b. 确定标准层：在地层剖面中，选定若干标准层，能迅速地找出各个地层剖面间的内在联系。选择标准层可以有主有次，综合应用。

c. 选择水平对比基线：在测井曲线图上，以标准层的顶或底的界面作为水平对比基线，自上而下或自下而上逐层对比。

d. 地层对比：以标准剖面为依据，以标准层为基础，将各井测井曲线图中的标准层和标志层找出，以最主要的一个标准层的基线将其他各相应的标准层联系起来，最后再确定处于各标准层之间的那些地层的对应关系，从而弄清各套地层在区域上的分布和变化情况。

④ 盖层划分与对比的成果。

盖层划分与对比的成果通常以图件或表格的形式表示，常用的有地层对比图、小层平面图、隔层图等。

（2）盖层微观有效性评价技术。

盖层封隔油气的原因不仅仅是因为岩性致密、无裂缝、渗透率差所致，更重要的原因是盖层具有较高的排替压力。排替压力是指岩石中的润湿相流体被非润湿相流体开始排替所需的最小压力。由于沉积岩多被地层水所润湿，油气要通过它进行运移，必须首先排替其中的水才能进入其中。如果油气运移的动力未达到进入盖层所需的排替压力值，则油气就被遮挡于盖层之下。

岩石排替压力的大小取决于岩石性质、结构和流体性质。

早在1953年，M.T.休伯特（Hubbert）就计算出不同岩性、不同粒径的沉积物中，水排替油所需的排替压力值。后用压汞法测量结果证实，粒径越小，排替压力越大。泥岩颗粒较小，排替压力较大，可以成为较好的盖层，这也是盖层通常由泥岩组成的原因。

岩石排替压力的大小与流体性质有关。在亲水岩石中，油水界面张力小于气水界面张力，所以在粒级相同的条件下，石油比天然气更容易排替岩石中的水，单从这个角度讲，油藏比气藏对盖层的封闭要求高。但是，由于气水之间的密度差远远大于油水之间的密度差，在油柱与气柱高度相同的条件下，水对气的净浮力远远大于水对油的净浮力，使天然气容易散失，并且气体易于扩散，活动力强，因此气藏对盖层的密封要求大大高于油藏。

对于地下储气库而言，评价盖层封闭性不仅是评价原始状态的封闭能力，更重要的是评价储气库盖层在最高运行压力下以及在高低压变化过程中的岩石封闭能力。一旦盖层出现微裂缝，则盖层的封闭能力将极大地降低。

主要利用分析化验手段评价盖层的微观孔隙特性，包括排驱压力孔隙度、渗透率、孔隙中值半径、突破压力、扩散系数等。评价盖层物性封闭力的参数可细分为三类，一类是决定毛细管封闭能力的最主要参数排替压力与突破压力及其派生参数，即由排替压力计算产生的参数，如最大连通孔径、最大封闭气柱高度、扩散系数等；另一类是与排替压力相关的参数，如孔隙度、渗透率、比表面积等；三类是影响排替压力的因素，如黏土矿物的类型与含量、孔隙中值半径等。

依据上述参数，通过与强、中、弱封闭能力盖层微观孔隙特性参数值的对比评价，可定性或定量确定气库盖层的封闭能力。通常用排替压力、渗透率、孔隙度、孔隙中值半径4项参数作为盖层综合评价的指标，将总值视为1，将参数按相对重要性赋予权重系数，其中排替压力最为重要取值0.5，渗

第二章 枯竭油气藏储气库建设工程技术与管理

透率取值 0.3，孔隙度取值 0.1，孔径小于 10nm 的孔隙含量取值 0.1；当盖层综合评价的权值大于 0.8 时为密封性强的 Ⅰ 类盖层，权值 0.6~0.8 时为密封性较强的 Ⅱ 类盖层，权值 0.5~0.6 时为密封性一般的 Ⅲ 类盖层，权值 0.3~0.5 时为密封性较弱的 Ⅳ 类盖层，权值低于 0.3 时为无密封性的盖层。

2）断层封闭有效性评价技术

（1）断层封闭机理。

断层是油气藏最常见的封闭形式，其封闭机理主要有以下几点：

① 断层的性质。受扭力作用产生的断层，断裂带表现为紧密性，常使断层面具封闭性质，而张力断层的断裂带常不紧密，易起通道作用。

② 断层带内，由于地下水的作用，水中溶解物质（如碳酸钙）沉淀，破碎带胶结起来，而起封闭作用。

③ 在比较柔性的地层中（如泥岩）产生断层，沿断层面形成致密的断层泥，可起封闭作用。

④ 油气沿开启的断裂带运移过程中，由于原油的氧化作用，形成固体沥青等物质，堵塞了运移通道，可起封闭作用。

⑤ 断层一侧或两侧接触的岩层为不渗透岩层，可起封闭作用。

⑥ 在断层两侧若发现存在着明显的压力差、不同性质的流体，则证明断层是封闭。

（2）断层封闭有效性评价方法。

研究断层封闭性的目的在于防止由于断层附近的井强注强采，压力强升强降，高低频式中化，造成断层面活化而引起泄漏。

评价断层封闭有效性的方法和标准主要是依据断层的封闭机理，对于某一特定的断层存在着一种或数种断层封闭的机理，则可判断为该断层封闭。

在一般情况下，对于由大段泥岩加砂岩组成的剖面断距小于泥岩厚度时，封闭条件较在大段泥岩层内的单层砂岩，受断距的影响小。

不论哪一级断层，在整个地质历史发展过程中，变化是很复杂多样的，我们可以通过以下几方面的综合分析，来定性评价断层的封闭性。一是根据断层的性质分析，挤压逆断层密封性强、拉张正断层密封性弱；二是根据断层两侧对接地层的岩性分析，断层外侧为非渗透性岩层则密封性强、外侧为渗透性岩层则密封性弱；三是根据断层两侧对接地层的压力水平分析，压力水平明显不同则密封性强、压力水平相同或相近则密封性弱；四是根据断层两侧对接地层的流体性质分析，流体性质明显不同则密封性强、流体性质相同或相近则密封性弱。

国内有论述断层封闭机理与评价方法的专门著作与专用软件,可供参考。

2. 气库原始库容量评价技术

库容量是气库地质体的有效容积空间内可用于储存天然气的标准体积数量。因此对于油气藏改建的气库而言,由于储层物性与流体性质均发生了改变,它并不完全等同于油气藏原始条件时的油气地质储量或可采储量。

原始库容量是衡量气库规模的主要指标之一,它的物理意义是指气库在原始状态时能够储存气体的数量。原始库容量计算方法包括静态法(容积法)、动态法(物质平衡法等)和数值模拟方法。可根据动静态资料的完备程度选取一种或三种方法单独计算,最终可根据实际生产结果对多种方法计算的原始库容量数值进行综合评定。对于油气藏改建的气库而言,计算原始库容量的原理和方法与计算油气藏储量的方法相同,但容积不同。目前国内外介绍油气藏储量计算方法的著作较多(见参考文献)本书仅将主要方法介绍于此,供读者参考。

1)静态法(容积法)计算原始库容量

(1)已开采气藏(凝析气藏)改建的气库。

对于干气藏和凝析气藏改建的气库,由于气藏原有的气体和改成气库后将要储存的气体完全混相,则气库的储气容积等同于原气藏的气体容积,但原始库容量不等于原气藏(干气藏或凝析气藏)的地质储量。气库的原始库容量(混合气体量)=原气藏的剩余气体量(原气)+气库新储存的气体数量(新气)。由于原气和新气的组分、性质不同,其混合气体的流体性质和表征参数均较原气发生改变,体积系数和偏差系数值对库容量计算结果影响较大。

(2)油藏改建的气库。

油藏改建的地下储气库,其原始容量等于油气可采储量的储集空间所能储存的气量;油藏内无法采出的剩余油也无法储存气体。

2)动态法(物质平衡法)计算原始库容量

动态法是用于对油藏或气藏进行开发动态描述的一种方法,而此方法适用于储气库原始库容量的计算以及气库运行参数的预测。

动态法可用于两种情况,一种是气库本身在经过了较长期的注采过程后,由于录取有相关的压力、产量、流体性质等动态性数据,则可以应用动态法计算原始库容量。另外一种是人们在气库尚未建成前就需要对气库原始库容进行估算,甚至对气库的一些运行参数进行预测。

动态法的应用必须具备两个前提条件,一是气库是由已开发的气藏或油

第二章　枯竭油气藏储气库建设工程技术与管理

藏改建的;二是有已录取的油气藏开发动态资料。

目前计算原始库容量常用的动态法一般包括有物质平衡法、弹性二相法、压力—产量递减法、气藏探边测试法等。其中物质平衡法是最重要、最常用、应用范围最广的方法。

3）数值模拟法计算原始库容量

数值模拟法是计算地下储气库各项指标的综合性计算方法,它以油田地质学、油层物理学、油藏工程学、采油工程学、热力学、数学、计算机技术为理论依据;以地质特征、流体性质、渗流规律为物理模型基础;以运动方程、连续性方程、状态方程为数学模型要素;以大型计算机计算求解为手段;对实际的气库生产动态进行历史拟合与效果预测;从而揭示气库真实的生产物理过程。因此该方法计算精度相对较高,预测气库各项参数的能力较强。但该方法要求的参数多,计算量大。

4）库容量计算结果综合评价技术

静态法(容积法)是目前国内外应用最普遍、适用气库类型最广的一种方法,也是公式最简单、引用参数少、误差率可能最高的方法,主要是储气层物性的静态参数难以取准,在构造落实程度低、储层非均质性强的气库更加明显。对于开发后的油气藏改建的气库,由于在油气藏开发阶段已经具备了非常丰富的地质信息和较高的地质认识程度,所选参数准确度高、代表性强,则公式的计算结果比较可信,并可以作为气库预可研、可研、甚至正式方案编制阶段的库容设计依据。而对于没有前期开发基础的新区新库,因资料少而计算结果精度较低,只能在气库前期研究阶段要求较低时使用。

动态法(物质平衡法)反映的是气库内连通体的容量变化关系,适用于采出程度大于10%的各类气藏,它主要利用气藏动、静态资料进行气库指标的计算,具有简明、快捷、实用的特点,在气库方案的研究与设计阶段,该方法都是有效的。该方法计算结果的精度取决于对于气库类型的正确判断和各种参数的准确程度。特别适用于已开发油气藏改建的气库,而不适用于新区新建的气库。

数值模拟方法不仅考虑了地质特征、储层物性,也考虑了流体特性和渗流特性,并且拟合了开发历史动态资料,因其具有较强的全面性和实用性,也是目前计算气库容量最好的方法。但因需要使用大量的动静态资料、投入较多的专业人员、占用较长的时间与资源,往往在气库方案研究的早中期较少使用,而在最终方案设计阶段则作为最优技术使用。

第二节　工程设计

地下储气库主要由地下储气层、注采气井及地面设施组成。地下储气库的建设需具备一定条件，要符合储气要求的技术特性。

油气藏型地下储气库是利用地下储层中砂岩晶体或多孔碳酸盐之间的天然孔隙储存天然气，包括由枯竭的气藏（凝析气藏）或油藏改建的地下储气库。利用枯竭气藏作为地下储气库是最理想的，一方面它具备适用于储气的构造、地质和岩性等固有条件，另一方面储层厚度、孔隙度、渗透率、均质性、储层面积以及原始地层压力、温度等资料已准确掌握，一般不需再进行勘探；此外，储气层中残留的天然气，减少了垫底气量，并且油气田的部分设施可重复利用，因此该类型储气库建库周期较短，投资和运行费用也较低，其单位工作气量的投资约为盐穴储气库的 1/3，约为含水层储气库的 1/2~3/4；其运行费用约为盐穴储气库的 1/5，约为含水层储气库的 3/4~3/5。

枯竭油藏也具备类似储气条件，但废弃的油藏中还残存有一定量的残余油造成回采出的气体中携带有一定量的原油，需要特殊处理，故不如枯竭气藏理想。

油气藏型地下储气库的设计要点主要有：

（1）库址的筛选。地理位置应距用气市场较近，便于输送、监控；储气层应具有较高的渗透性；密闭性能要好，以保证竖向和侧向不漏气；弱水驱，以避免采气时随地层压力的降低，边水和底水进入气藏；能承受较大波动的日采出量和注入流量。

（2）地质油藏设计。主要对枯竭油气藏的密封性、孔隙度、渗透率、储气层厚度分布、地层压力、温度、含水饱和度以及边底水的影响等进行设计。

（3）气库参数设计。主要对储气库的库容、有效工作气量、垫底气量、运行压力区间、采出气量、注入气量、井数、注气和采气时间以及气库监测方案等进行设计。

（4）钻采工程设计。主要对新钻注采井的井身结构、固井工艺、完井工艺、井下工具、井口设备等进行设计，关键是如何满足储气库长期高压循环注采以及交变载荷工况条件下的气密封要求。

（5）老井处理工程设计。利用枯竭的油气藏改建储气库，还涉及分布在

第二章 枯竭油气藏储气库建设工程技术与管理

油气藏内的探井和开发井如何处理的问题。根据储气库的运行工况评价后，能够重新利用的可以用作储气库的采气井或监测井；不能利用的，要永久性封堵废弃。封堵工艺和材料要能够确保储气库的长期密封性。

（6）地面工程研设计。主要对压缩机、集注系统、气体处理和计量站以及辅助系统等进行设计。国内已建的地下储气库主要为枯竭油气藏型地下储气库，此类型气库地层埋层深，地层压力高，随着天然气的不断注入，地层压力不断升高，压缩机出口压力波动大。由于往复式压缩机从适应性、运行上都更能适应出口压力高且波动范围大，入口条件相对不稳定的情况，在注气效率、操作灵活性、能耗、建设投资、交货期等方面具有突出优势，国内已建的储气库均采用往复式压缩机。

注气压缩机组选型与匹配主要包括确定机组的参数、型式、驱动机型式及台数等。机组设计参数包括入口压力、入口流量以及出口压力等，各项参数需要综合气源参数、长输管道系统参数及储气库注气期运行参数进行分析优化确定。压缩机出口压力根据储气库地层工作压力区间确定，同时还需要考虑注气井井身结构、注气井深度等造成的注气沿程摩阻，一般需满足注气末期地层压力需求。压缩机入口压力根据长输管线注气期供气量、用户用气量以及长输管道配套的其他地下储气库的注气量进行平衡分析，较大的压力波动可在压缩机前通过设置调节阀进行调节。

从机组灵活性分析，机组台数越多，灵活性越好，但投资和备品备件费用相应增加，天然气发动机转速可以在60%~100%范围内变化，最适当的范围是在80%~100%范围内变化。综合考虑气量平衡和各种工况出现的概率，只需保证偏离正常工况操作参数出现的概率达到最小，压缩机和发动机大部分工作时间处于较适当的工作范围，即可认为压缩机台数匹配是合理的。所以压缩机组台数匹配的基本原则即尽可能地选用大功率机组，同时兼顾小流量工况出现的概率；机组台数不宜少于2台；不设备用机组。在需要设置采气增压流程时，注气压缩机应按照注气工况进行选型，同时兼顾适应采气增压工况。

（7）经济分析。测算钻采工程、地面工程等所需投资，以及研究费、监理费等费用，并进行经济分析。

一、钻井工艺设计

1. 设计的基本原则

在进行油气藏型地下储气库钻井工艺设计时，油田开发钻井设计中所遵循的一般原则和方法都是适用的。但是，由于地下储气库有其独特的运行规律和使用工况，因此在进行储气库钻井设计时还要遵循一些特殊的原则。

（1）钻井设计的基本内容应包括地质设计、工程设计、施工进度计划及费用预算等部分。

（2）地质设计应明确提出设计依据、钻探目的、设计井深、储层、完钻层位及原则、完井方法、取资料要求等；地质设计应提供全井地层孔隙压力梯度曲线、破裂压力梯度曲线、试油压力资料、区块压力等高线图和地质剖面、地层倾角、地层物性、油气水性质、邻井资料及故障提示等，以及500m井距以内注水井井位图和注水压力曲线图。对于在已建储气库上钻井，还要提供区块内注采井注气压力周期变化数据。

（3）钻井设计必须以地质设计为依据，有利于取全取准各项地质、工程资料，有利于保护储气层；采用本地区和国内外成熟、先进的钻井技术，提高注采井质量及井筒气密封性，实现最佳的技术经济效益，为储气库注采井安全运行提供保障。

（4）储气库注采井一般采用定向井或丛式井技术设计。对自然增斜严重的地区，用一般的方法控制井斜角困难时，应利用地层自然造斜规律，移动地面井位，采用"中靶上环"的方法，使井底位置达到地质设计要求。

（5）钻井设计要考虑储气库注采井特殊工况要求，尽可能采用"储层专打"井身结构，按固井水泥返至地面的要求进行固井工艺设计，以利于保护储气层和提高注采井安全性能。

（6）目前国内储气库的主要作用是城市调峰，库址一般选择在城市附近，地表环境复杂，安全环保要求严格，钻井设计应充分论述环境保护和井控装备要求。

（7）费用预算和施工进度计划应根据本地区切实可靠的定额，并结合储气库注采井的特点完成。

2. 钻井方式及平台（井场）设计

1）钻井方式

储气库的建造一般需要新钻几口井甚至数十口井，为了有利于后期管理及建设需要对钻井方式进行合理选择。

（1）直井钻井方式。

① 钻直井的优点。

a. 钻井工艺简单易操作，不易出现施工复杂和事故，风险小。

b. 钻井井深最短，单井钻井周期最短，钻井工程投资最低。

c. 直井作用于井壁的摩擦力小，有利于各种完井管柱的下入。

d. 直井相对于定向井更易于提高固井质量。

② 钻直井的缺点。

a. 新钻多少口井就需要修建多少个井场和通往井场的道路，占地面积庞大，征地费用高。

b. 从目前国内已经建成的储气库来看，若钻直井，地面上避免不了有水塘、养鱼池或工厂、民房等建筑设施，部分地区还需要搭建钻井平台，地面占用补偿费和井场建设成本高。

c. 井口分散，地面建设需要铺设的高压注采管线相对较多，增加了地面投资。

d. 井口分散不便于运行后对井口的安全防护和日常生产管理。

（2）定向井钻井方式。

① 钻定向井的优点。

a. 钻定向井受地面限制相对较小，对于地面不利于或不允许设置井场的情况，可通过钻定向井方式完成钻井。

b. 选用丛式定向井钻井方式，相对于直井大大减少了土地占用面积，减少了地面管线、道路、井场的建设，降低了建设投资。

c. 井口相对集中，有利于运行后对井口的安全防护和日常管理。

② 钻定向井的缺点。

a. 由于丛式钻井的特殊性，井眼之间防碰距离较近，增加了钻井工程的设计和施工难度，井眼测量深度较深，钻井周期较长。

b. 采用丛式定向钻井不可避免会有大位移定向井，造成井斜角增大，对井眼轨迹控制要求高，增加了管柱与井壁之间的摩擦阻力，易发生复杂情况。

（3）钻井方式选择。

通过比较可以看出，储气库注采井采用直井钻井施工简单，但地面工程建设征地面积大，费用高，且不便于运行管理；而采用丛式井的钻井方式，可减少征地面积，减少修建井场、铺垫道路和铺设注采管线的工程量，节约了地面建设费、地面注采管网费及钻机搬运安装费等相关费用，并且便于建成后的运行管理，具有良好的综合经济效益。

因此，根据储气库规模、油气藏构造特性、单井注采能力和注采生产运行方式，采用在构造合适位置上选择钻井平台（井场），用丛式定向井的钻井方式来完成储气库注采井钻井。

2）平台（井场）设计

丛式井平台（井场）设计包括：

① 优选平台（井场）个数。

② 优选平台（井场）位置。

③ 优化地面井口的排列方式。

④ 优选丛式井组各井井口与目标点间的井眼轨道形状。

(1) 设计原则。

在一座储气库上钻丛式井有时需要建造多个平台（井场）。平台（井场）位置的选择、数量的确定，以及每一个平台（井场）上钻多少口井是进行丛式井总体设计的第一步。平台（井场）数量和每个平台（井场）的丛式井数量需要从安全和经济等角度进行优化，不是建造的平台（井场）越少、每个平台（井场）钻的井越多越好。平台（井场）数量少，虽然能降低建造平台（井场）、钻前安装、搬迁等运输费用，但同时会增加井深和水平位移，增大井斜角，从而增加钻井、测井、注采完井的施工难度，也提高了钻井和完井等投资成本。

丛式井平台（井场）设计总的原则是：满足储气库建设整体部署要求，有利于加速钻井、试采和集注等工程的建设速度，降低建井和基本建设的总费用，提高整体投资效益。

(2) 设计内容。

① 平台（井场）数量优选。

优化平台（井场）设计是一项复杂的工作，首先应根据构造特征、注采井网的布局和井数、目的层深度、地面条件、钻井工艺技术要求和建井过程中每个阶段各项工程费用成本构成进行综合性的经济技术论证。本着降低风险和施工难度的原则测算出每一个平台（井场）能够控制的井数，然后对所有目标点优化组合，经过反复计算和论证，达到理想的分组效果。当然还需要结合地面条件最终确定平台（井场）数，若地面条件受限，则只能适当减少平台（井场）数。例如：大港板876储气库5口注采井受地面限制，经过反复计算和优化最终采用1个井场；大港大张坨储气库12口注采井采用2个井场；西气东输刘庄储气库10口注采井采用3个井场。

储气库注采井是一级风险井，因此在选择平台（井场）时一定要满足井控安全标准对周围环境的要求。对于部分水平位移较大的井应该采取多平台（井场）的钻井方式，以缩短水平位移，降低钻井施工难度和风险，缩短钻井周期和建设周期。

第二章 枯竭油气藏储气库建设工程技术与管理

② 平台（井场）位置优选。

优选平台（井场）位置可按照平台（井场）内总进尺最少、水平位移最小等原则进行优选。根据注采井网布置、地面条件、拟定的平台（井场）个数、地层特点、定向井施工技术措施、工期以及成本等反复进行计算，直到选出最佳平台（井场）位置。

a. 平台（井场）位置选择原则。

充分利用自然环境、地理地形条件，尽量减少钻前施工（包括平台或井场建造、修路等）的工作量；平台（井场）宜选在各井总位移（之和）最小的位置；应考虑钻井能力和井眼轨迹控制能力；有利于降低定向施工和井眼轨迹控制的难度。

b. 平台（井场）布置。

钻机大门方向宜朝向钻机移动的方向；钻机大门前方不应摆放妨碍钻机移动的固定设施；若储气层中含硫化氢，井位设计时应考虑使大门方向朝向季节风的上风向；设备布置遵循设备移动尽可能少的原则。

③ 平台（井场）井口布局。

根据每一个丛式井平台（井场）上井数的多少选择平台（井场）内地面井口的排列方式。根据平台（井场）内各井目标点与平台（井场）位置的关系确定各井的布局，排列方式应有利于简化搬迁工序，使钻完全部井组的时间最短。新钻注采井井间距应根据井场面积、布井数量、安全生产以及后期作业等因素统筹考虑，原则上不小于 10m。

平台（井场）井口分布要有利于井与井之间的防碰，做到布局合理，尽量避免出现两井交叉，减少钻井过程中井眼轨迹控制的难度。如果分布不恰当，产生了防碰绕障现象，将会增加钻井难度，甚至会影响后续注采井的钻井。

丛式井平台（井场）内井口的常用排列方式如下：

a. "一"字形单排排列。适合于平台（井场）内井数较少的丛式井，有利于钻机及钻井设备移动。这种钻井方式，是目前大港几座储气库应用最多的一种。

b. 双排或多排排列。适合于一个丛式井平台（井场）上打多口井，为了加快建井速度和缩短投产时间，可同时动用多台钻机钻井。两排井之间的距离一般为 30~50m。大港板 828 储气库就是采用这种方式布井。

c. 环状排列和方形排列。这两种井口排列方式适用于钻井数较多的平台（井场）。目前在储气库钻井中尚未应用。

平台（井场）内井口布局应满足地面及钻井施工方便与安全的要求，同时还要考虑到满足钻井安全、修井作业和安装注采设备的要求。井口排列方向应既考虑当地气候和风向，还要兼顾地面条件。在布置钻井平台（井场）及井口位置时，还应尽量兼顾到后期储气库的扩建问题，为后期工程建设留有余地。在储气库井场钻加密井时一定要与注采生产井留有安全距离，而且在施工时必须要做好注采生产井的防护，以保证储气库的生产安全。

3. 井身剖面设计及井眼轨迹控制

1) 井身剖面设计

（1）设计依据。

① 设计基本数据。

地面井位坐标、地下目标点坐标和目的层垂直深度是进行定向井设计的基本数据。根据这些基本数据，通过坐标换算，可计算和设计出方位角、井斜角和水平位移。此外，还需要根据地质提供的全层位井位构造图来进行相邻井的防碰设计。

② 地质条件。

进行剖面设计时，应详细了解该地区的各种地质情况，如地质分层、岩性、地层压力、断层等地质特性。同时还应了解地层的造斜特性、井斜方位漂移及所钻区块的复杂情况等，以利于优化剖面设计，减少复杂情况的发生。

③ 工具要求。

在定向井设计时，设计的井眼曲率要符合施工工具及钻具组合的造斜能力，使设计的井身剖面具有可实施性。

（2）井身剖面设计原则。

① 在满足钻井要求的前提下，应尽可能选择比较简单的剖面类型，尽量使井眼轨迹短，以减小井眼轨迹控制的难度和钻井工作量，有利于安全快速钻井，降低钻井成本。对于水平井，在地面和地质条件允许的情况下尽可能设计为二维剖面。

② 要满足注采工艺的要求。在选择造斜点、井眼曲率及最大井斜角等参数时，应有利于钻井、完井及注采作业和修井作业。

③ 受限于地面条件而移动井位，剖面设计首先要考虑储气库注采井的技术要求。

（3）优选井组各井的井眼轨迹形状。

根据丛式井平台（井场）数量和位置的优选结果及确定的井口布局，需要着重优化每口井的剖面设计和确定钻井顺序。

第二章 枯竭油气藏储气库建设工程技术与管理

尽量采用简单井身剖面,如直—增—稳三段制剖面,减少施工难度,降低摩阻,减少钻井时复杂情况发生的可能性。相邻井造斜点垂深要相互错开(不小于50m),水平投影轨迹尽量不相交。但对于方位相近的或仅靠调整造斜点深度达不到安全防碰距离的,可以对位移相对较小的井采用五段制剖面。

钻井顺序应按照先钻水平位移大和造斜点位置浅的井,后钻水平位移小造斜点深的井。这样做的目的是防止在定向造斜时,磁性测斜仪器因邻井套管影响发生磁干扰,有利于定向造斜施工和井眼轨迹控制。

(4) 剖面类型。

① 定向井。

定向井的井身剖面多种多样,常用的剖面有三段制剖面(直—增—稳)和五段制剖面(直—增—稳—降—直),进行剖面设计时要根据钻井目的、地质要求和防碰等具体情况,选用合适的剖面类型进行设计。

定向井设计井身剖面按在空间坐标系中的几何形状,又可分为二维定向井剖面和三维定向井剖面两大类,储气库新钻井的井身剖面大多都是二维定向井剖面。在平台(井场)内布井,依据地质井位进行井口布局可能会出现三维井身剖面,但为了降低钻井施工及后期作业的难度,在选择平台(井场)时,应和地质部门沟通,通过调整地质井位和地面坐标尽可能设计二维井身剖面。

② 水平井。

利用水平井作为储气库注采气井在国外储气库中应用较多,在国内储气库中尚处于试验阶段。水平井按从垂直井段向水平井段转弯时的转弯半径(曲率半径)的大小可分为长半径、中半径、中短半径、短半径和超短半径;按空间位置可分为二维剖面和三维剖面。对于水平井剖面设计,宜采用单增剖面(直—增—平)和双增剖面(直—增—稳—增—平)。

水平井井身剖面主要类型及特点如下:

a. 长曲率半径水平井。

长曲率半径水平井可以使用常规定向钻井的设备和方法,其固井和完井也与常规定向井基本相同,只是施工难度较大,钻进井段长,摩阻大,起下管柱难度大。

b. 中曲率半径水平井。

中曲率半径水平井的特点是增斜段要用弯外壳井下动力钻具或导向系统进行增斜,使用测量仪器进行井眼轨迹控制,是目前实施较多的水平井类型,可以根据工艺装备所能达到的条件和实际需要合理设计。

c. 短半径和中短半径水平井。

此类水平井需要特殊的造斜工具，完井多用裸眼或下割缝筛管完井。

储气库水平井剖面一般采用单增或双增剖面，双增剖面井眼曲率变化平缓，施工难度小，达到的水平延伸段长，有利于提高中靶精度，依据各井的水平位移设计为长曲率和中曲率半径水平井。

(5) 关键技术指标优化。

① 造斜点。

a. 造斜点应选在比较稳定、可钻性较均匀的地层，避免在硬夹层、岩石破碎带、漏失地层或容易坍塌等复杂地层定向造斜，以免出现井下复杂情况，影响定向施工。

b. 丛式定向井中相邻井的造斜点上下至少应错开50m。

c. 造斜点的深度应根据设计井的垂直井深、水平位移和选用的剖面类型决定，并要考虑满足注采气工艺的需要。例如：设计垂深大且位移小的定向井时，应采用深层定向造斜，以简化井身结构和强化直井段钻井措施，提高钻井速度；在设计垂深小且位移大的定向井时，则应提高造斜点位置，在浅层定向造斜，既可减少定向施工的工作量，又可满足大水平位移的要求。

d. 在方位漂移严重的地层钻定向井，选择造斜点位置时应尽可能使斜井段避开方位自然漂移大的地层或利用井眼方位漂移的规律钻达目标点。

② 最大井斜角。

通过定向井钻井实践，若井斜角小于$15°$，方位不稳定，容易漂移；井斜角大于$45°$，测井和完井作业施工难度较大，扭方位困难，转盘扭矩大，并易发生井壁坍塌等情况。因此，设计时应尽量不使井斜角太大，以避免钻井作业时扭矩和摩阻增加，同时也可以减小钻井施工的难度，保证其他钻井作业的顺利进行。为了有利于井眼轨迹控制和测井、完井、注采作业，储气库注采井尽可能地将井斜角控制在$20°\sim40°$范围内。

由于地质目标要求或其他限制条件只能采用五段制井身剖面时，井斜角不宜太大，一般控制在$18°\sim25°$范围内，否则降斜井段太长，会给钻井工作带来不利因素。如果设计的最大井斜角影响注采作业，增加施工难度，应将造斜点提高或增大井眼曲率。

③ 井眼曲率。

在选择井眼曲率值时，要考虑造斜工具的造斜能力，减小起下钻和下套管的难度以及缩短造斜井段的长度等各方面的要求。为防止井眼曲率过大给

第二章 枯竭油气藏储气库建设工程技术与管理

后续钻进、测井、下套管、下完井管柱及工具等作业带来困难,应将井眼的造斜率控制在 ($6°\sim10°$)/100m,水平井尽量控制在 $16°/100m$ 以内。

为了保证造斜钻具和套管安全顺利下井,必须对设计剖面的井眼曲率进行校核。应该使井身剖面的最大井眼曲率小于井下动力钻具组合和下井套管抗弯曲强度允许的最大曲率值。

(6) 丛式定向井防碰措施。

解决丛式定向井防碰问题,一是设计时尽量减小防碰问题出现的概率;二是施工时采取必要措施防止井眼相碰。

在整个丛式定向井设计时,要把防碰考虑体现在设计中,主要措施有:

① 相邻井的造斜点上下错开 50m。

② 尽量用外围的井口打位移大的井,造斜点较浅,用中间井口打位移小的井,造斜点较深。

③ 依据地质井位,按整个井组的各井方位,尽量均布井口,使井口与井底连线在水平面上的投影图尽量不相交,且呈放射状分布,以利于井眼轨迹跟踪。

④ 对于防碰距离近的井,还可通过调整造斜点和造斜率的方法增大防碰距离。

⑤ 对于有防碰问题的一组井或几口井的剖面设计,先钻的井必须要给后续待钻的相邻井提供安全保障。

2) 井眼轨迹控制

井眼轨迹控制是定向井施工中的关键技术,它是一项使实钻井眼沿着预先设计的轨迹钻达目标靶区的综合性技术。根据设计井每个井段剖面形状,选用合理的下部钻具组合和相应的钻进参数,使钻出的井眼沿设计井眼轨迹前进,这是井眼轨迹控制的主要依据。

(1) 影响定向井井眼轨迹因素。

影响定向井井眼轨迹的因素主要有地质因素岩石可钻性、不均匀性、地应力以及地层倾角等;下部钻具组合及钻进参数;钻头类型及地层的相互作用。随着定向井钻井设备、工具和工艺技术的进步,目前施工中可以做到即时监测与预测井眼轨迹,可以根据实钻结果,及时调整下部钻具组合和钻进参数。

(2) 定向井常用钻具组合。

① 造斜钻具。

最常用的定向井造斜钻具组合是采用弯接头和井下动力钻具组合进行定

向造斜。造斜钻具的造斜能力与弯接头的弯曲角和弯接头上面的钻铤刚性大小有关，弯接头弯曲角越大，钻铤刚性越强则钻具的造斜能力越强，造斜率也越高。

② 稳斜钻具。

稳斜钻具组合是采用刚性满眼钻具结构，通过增大下部钻具组合的刚性，控制下部钻具在钻压作用下的弯曲变形，达到稳定井斜和方位的效果。

③ 降斜钻具。

降斜钻具一般采用钟摆钻具组合，利用钻具自身重力产生的钟摆力实现降斜目的。降斜井段的钻井参数设计，应根据井眼尺寸限定钻压，以保证降斜效果，使降斜率符合剖面要求。

（3）钻进参数设计。

钻进参数是指影响钻井的机械钻速与井眼质量的可控参数，主要包括钻头类型、钻压、转速、水力参数、钻井液体系等。定向井钻进参数的设计，除遵循常规井钻井参数优选原则外，更要注意井眼轨迹的控制及安全施工，钻头类型、钻压和转速都是对井斜及方位影响较大的参数。

（4）井眼轨迹控制。

① 直井段轨迹控制。

根据造斜点的深度和井眼尺寸合理选择钻具组合和钻井参数，严格控制井斜角，要求井斜角尽可能小，以减少定向造斜施工的工作量。上部直井段一般根据垂直井段的深度采用钟摆钻具或塔式钻具，下部直井段则采用钟摆钻具。直井段钻完后，采用多点测斜仪系统测量一次，在有磁干扰的井段应进行多点陀螺测斜，根据测斜数据进行井眼轨迹计算，为定向及防碰施工提供可靠的实钻井眼数据。

丛式定向井都存在防碰问题，因此，必须严格控制每一口井的轨迹。开钻前必须对井口进行校正，防止井口偏斜，先期完成的井必须给后续待钻的相邻井提供安全保障。

② 定向造斜井段轨迹控制。

目前定向造斜基本采用动力钻具造斜工具（导向钻具），它既可以用于井下动力钻具定向造斜，又可用于钻进中的连续测量定向造斜钻进，要按规定加压，均匀送钻，使井眼曲率变化平缓，轨迹圆滑，防止在下部钻进中在该井眼处形成键槽引发卡钻现象。在防碰井段，要密切注意机械钻速、扭矩和钻压等的变化和MWD所测磁场有关数据的情况，并密切观察井口返出物和钻进情况，发现异常应及时停钻检查。

第二章 枯竭油气藏储气库建设工程技术与管理

③ 稳斜井段轨迹控制。

目前一般采用满眼钻具或导向钻具控制井眼轨迹，主要是依据井身剖面和防碰距离合理选择。如果水平位移较大、井斜角大或防碰距离小，就需要采用导向钻基本具控制井眼轨迹；反之对于水平位移较小、防碰距离相对安全的井段则可以采用满眼钻具。

稳斜钻进中要加强测斜，及时监测井眼轨迹，若发现井斜和方位变化较大时，应调整钻井参数或钻具组合控制井眼轨迹，使之符合中靶要求。

④ 降斜井段轨迹控制。

降斜段一般接近完井井段，井下扭矩及摩阻较大。为了安全钻进，一般都在满足井眼中靶条件下，简化下部钻具组合，减少钻铤和稳定器的数量，甚至可用加重钻杆代替钻铤。

⑤ 水平井段轨迹控制。

水平井的轨迹控制要求高、难度大，轨迹控制的精度稍差，就有可能脱靶。这就要求一方面需要精心设计水平井轨道，一方面需要具有较高的轨迹控制能力。正确选择和合理利用钻具组合，既可以提高水平井井眼轨迹控制精度及钻进速度，又有利于获得曲率均匀和光滑的井眼。

直井段及初始造斜井段同常规定向井、大斜度井段及水平段需要采用"倒装钻具"，将施加钻压的钻铤和加重钻杆放在小井斜井段或直井段，以便施加钻压，同时可避免钻进中普通钻杆出现屈曲问题。为增加大斜度段和水平段井下复杂情况和事故的处理能力，可在井下适宜位置配置随钻震击器。造斜井段及水平段采用优质的钻井液体系，合理利用固控设备及时消除钻井液中的有害固相，并加强钻井液的管理和维护，以保持钻井液具有良好的润滑性和携岩性。

4. 完井方法和井身结构设计

1）完井方法

（1）注采井完井要求。

完井的主要任务是使井眼与储层间具有良好的连通，同时保持井眼的长期稳定，使井在较长时间内稳产、高产。完井方法应根据储层类型、地层岩性、储层稳定程度、渗透率和经济指标综合分析优选确定。因此，对储气库注采井完井的基本要求是：

① 最大限度地保护储气层，防止对储气层造成伤害，保证注采井的单井高产。

② 气层和井底之间应具有最大的渗流面积，减少气流进入井筒时的流动

阻力。

③ 克服井塌或产层出砂，保障注采井长期稳定运行。

④ 能有效地封隔油气水层，防止各层之间的互相干扰。

⑤ 利于实施酸化等增产措施。

（2）完井方式需要考虑的因素。

完井方式的选择需要考虑的因素有：储气层类型、储气层岩性和渗透率、油气分布情况、完井层段的稳定程度、附近有无高压层、底水等。对于均质硬地层可采用裸眼完井，而非均质硬地层则采用套管完井；非稳定地层采用非固定式筛管完井；产层胶结性差、存在出砂问题，则应采用防砂筛管完井。对于储气库注采井完井方法还要考虑储气库注采井的使用特性。

砂岩油气藏改建地下储气库的注采井应考虑防砂问题。由于储气库注采井注采压力的频繁变化，致使砂砾间的应力平衡和储层胶结遭到破坏，造成地层可能出砂。因此，储气库注采井在完井方法优选时，防砂问题应给予重视。

（3）完井方式选择。

① 前期工作。

在进行储气库注采井完井方式优化前，首先要进行一系列的室内实验评价分析工作。

a. 气藏开发阶段气井出砂情况分析：生产井完井时是否有防砂措施；生产过程中是否有出砂或垮塌现象；修井时井底是否有沉砂记录。

b. 岩石力学实验评价：岩石抗压强度；杨氏模量；泊松比。

c. 井壁稳定性分析：根据岩石力学实验结果和气藏的地应力数据，进行井壁最大剪切应力和岩石抗剪切强度关系的计算分析。

d. 地层出砂预测：在储气库运行过程中，注采井储层是否出砂是选择注采井完井方式的重要依据之一。

造成储层出砂的主要原因有：有些储层中砂粒间缺少胶结物，或者没有胶结物，加上地层埋藏浅，成岩作用低，地应力变化的影响造成出砂；生产压差大，流体渗流流速大，极易造成地层出砂，尤其对于储气库注采井长期高产量生产，该因素要格外重视；钻井液滤液、作业压井液浸入地层，引起地层黏土膨胀，造成储层出砂；地层压力降低至一定值后，地应力发生明显变化，改变了原来地层砂粒间作用力的平衡，造成储层出砂；固井质量不合格，套管外缺少或没有水泥环支撑，射孔后易引起出砂。

② 完井方式确定。

目前，各类油气藏的完井方法细分有 10 余种，适用于储气库的完井方法

第二章　枯竭油气藏储气库建设工程技术与管理

主要有裸眼完井法和射孔完井法。目前国内已建成的油气藏型储气库中，大部分采用了射孔完井法；永22储气库为碳酸盐岩储层，采用的是普通筛管完井；在部分砂岩储层水平注采井中开展了防砂筛管完井试验。

a. 裸眼完井。

裸眼完井包括先期裸眼完井、裸眼筛管完井和裸眼砾石充填完井。其优点在于能提高注采气量，减少固井和射孔对储层的伤害；缺点在于受地层条件限制，层间干扰大。

从资料上看，国外储气库有采用裸眼筛管完井和裸眼砾石充填完井的实例，但井数并不多。国外在对待完井工艺和防砂方面意见尚不统一。

b. 射孔完井。

射孔完井是国内外储气库应用最多的完井方式。套管射孔完井既可选择性地射开不同物性的储气层，以避免层间干扰，还可避开夹层水和底水，避免夹层的坍塌，具备实施分层注、采和选择性酸化等分层作业的条件。砂岩或碳酸盐岩油气层均可使用此方式完井。

射孔完井需要对射孔工艺、射孔参数和射孔液等进行详细的研究，满足注采井"大进大出"的要求。

2）井身结构设计

井身结构包括套管层次和下入深度以及井眼尺寸（钻头尺寸）与套管尺寸的配合。井身结构设计是钻井工程设计的基础，合理的井身结构是钻井工程设计的重要内容。

（1）注采井井身结构设计原则。

① 注采井井身结构应满足储气库长期周期性高强度注采及安全生产的需要。

② 各层套管下深应结合建库时实际地层孔隙压力、坍塌压力、破裂压力资料进行设计。在满足条件的情况下，尽可能采用储层专打。

③ 应避免漏、喷、塌、卡等井下复杂情况产生，为全井顺利钻进创造条件，使钻井周期最短。

④ 钻下部高压地层时所用的较高密度钻井液产生的液柱压力，不致压裂上一层套管鞋处薄弱的裸露地层。

⑤ 下套管过程中，井内液柱压力和地层压力之间的压差，不致产生压差卡阻套管事故。

（2）井身结构设计方法及步骤。

① 设计所需要数据。

a. 地质方面数据：岩性剖面及其故障提示、地层压力梯度剖面、地层破裂压力梯度剖面。

b. 工程方面数据：抽汲压力系数（上提管柱时，由于抽汲作用使井内液柱压力的降低值）、激动压力系数（下放管柱时，由于管柱向下运动产生的激动压力使井内液柱压力的增加值）、地层破裂安全系数（为避免上部套管鞋处裸露地层被压裂的地层破裂压力安全增值，安全系数的大小与地层破裂压力的预测精度有关）、井涌允量（由于地层压力预测的误差所产生的井涌量的允许值，它与地层压力预测的精度有关）、压差允值（不产生压差卡套管所允许的最大压力值，它的大小与钻井工艺技术和钻井液性能有关，也与裸眼井段的孔隙压力有关；若正常地层压力和异常高压都出自一个裸眼井段，卡钻易发生在正常压力井段，所以压差允值又有正常压力井段和异常压力井段之分）。

② 设计方法和步骤。

在进行井身结构设计的时候，首先要建立设计井所在地区的地层压力和地层破裂压力剖面，油层套管的下深取决于储气层的位置和完井方法，所以设计步骤从中间套管开始，设计按以下步骤进行。

a. 求中间套管下入深度的假定点。

确定套管下入深度的依据，是在钻下部井段的过程中所预计的最大井内压力不致压裂套管鞋处的裸露地层。利用压力梯度剖面图中最大地层压力梯度推算上部地层不致被压裂所应具有的地层破裂压力梯度的当量密度。

b. 校核中间套管下到假定深度过程中是否有被卡的风险。

c. 求钻井尾管下入深度的假定点。

d. 校核钻井尾管下到假定深度过程中是否有被卡的风险。

e. 求表层套管下入深度。

（3）套管与井眼尺寸的确定。

① 套管与井眼尺寸的确定原则。

a. 确定井身结构尺寸一般由内向外依次进行，首先确定生产套管的尺寸，再确定下入生产套管的井眼尺寸，然后确定中间套管尺寸等，以此类推，直到表层套管的井眼尺寸，最后确定导管尺寸。

b. 生产套管尺寸根据注采工程设计来确定。

c. 套管与井眼之间有一定间隙，间隙过大则不经济，过小不能保证固井质量。间隙值范围为 9.5~19mm。

② 套管与井眼尺寸标准配合。

第二章　枯竭油气藏储气库建设工程技术与管理

目前，国内外所生产的套管尺寸及钻头尺寸已标准系列化。套管与其相应井眼的尺寸配合基本确定或在较小范围内变化。

5. 钻井液设计

1）钻井液性能要求

利用枯竭油气藏建设地下储气库，在新钻注采井时，保护储气层十分关键。因储气层压力严重亏损，必须尽可能减少钻井液滤液过入储气层和防止井漏的发生，同时尽可能减少固相颗粒喉道，提高渗透率恢复值，保证注采井能够达到设计注采能力。因此，利用枯竭油气藏建设储气库新钻注采井时，钻井液除具有一般作用外，还必须具有以下作用：

（1）钻井液的密度、压抑性、滤失造壁性和封堵能力等满足所钻地层要求，保证井壁稳定。

（2）控制地层流体压力，保证正常钻井。

（3）钻井液体系保持一个合理的级配，减少钻井液固相对储层的损害。

（4）钻井液液相与地层配伍性好。

（5）钻井液体系对黏土水化作用有着较强的压制能力。

（6）为保证有效地清洗井底，携带岩屑，钻井液必须具有相应的流变特性。

（7）改善造壁性能，提高滤饼质量，稳定井壁，防止井塌、井漏等井下复杂情况。

2）钻井液参数确定及性能维护

（1）钻井液密度确定。

钻井液密度是关系到井下安全、钻井速度及保护储气层的重要参数。钻井液密度主要采用三压力预测值来确定，同时用化学方法解决井壁稳定问题，并考虑其流变性能。在化学方法、流变性能解决不了井壁坍塌的情况下，再考虑适当提高钻井液密度。由于储气层孔隙压力较低，钻井液密度应在达到维持井壁稳定的前提下，尽可能选择较低的密度，使井下复杂事故减到最小。

（2）孔隙压力、坍塌压力和破裂压力预测过程。

① 利用邻井的声波、电阻率、伽马、自然电位、密度、泥质含量和井径测井成果，计算地层的弹性参数和强度参数。

② 根据地层弹性、强度参数及密度测井资料，计算上覆岩层压力和最大、最小水平地应力。

③ 利用声波和电阻率资料检测地层孔隙压力，通过两种方法预测结果对比，结合区块实测压力数据选出最佳预测结果。

④ 利用套管鞋试漏数据反算构造应力系数。

⑤ 利用摩尔-库仑剪切破坏准则和拉伸破坏准则，预测地层坍塌压力和破裂压力。

6. 固井设计

1) 储气库注采井对固井质量的要求

储气库注采井由其功能决定了必须有较强的安全可靠性和尽可能长的使用寿命，因此储气库注采井的固井质量应满足以下要求：

（1）由于长期处于注气、采气循环交变工况条件下，套管需要长期承受由于温度变化和井内压力变化所造成的交变应力，由此使套管产生变形和弯曲。因此，注采井的水泥浆必须返至地面。

（2）由于储气库大多建在枯竭的油气藏上，储气层压力系数低，而水泥封固段要求较长，因此必须采用平衡压力固井，尽量降低固井过程中的井底压力差，减少储气层受到的水泥浆伤害。

（3）储气层及盖层固井应使用具有柔韧性的微膨胀水泥体系。储气层处水泥石强度要有很好的胶结质量并满足射孔要求，其余井段的水泥石强度应达到支撑套管轴向载荷的要求。

（4）储气库注采井的生产套管在长期交变应力条件下应具有可靠的气密封性和足够的强度储备系数，以满足较长的使用寿命；应根据储气库运行压力按不同工况采用等安全系数法进行设计和三轴应力校核。

2) 固井水泥浆性能参数及要求

（1）水泥浆的性能。

由于固井工程的特殊性，水泥配制成浆体，要适应注替过程、凝固过程和硬化过程等各方面需要，因此水泥浆应具备以下特性：

① 能根据需要配制成不同密度的水泥浆，均质、不沉降、不起泡，具有良好的流动度，适宜的初始稠度，游离液控制为零。

② 易混合、易泵送，分散性好，摩擦阻力小。

③ 流变性好，顶替效率高。

④ 在注水泥、候凝、硬化期间能保持需要的物理性能及化学性能。

⑤ 水泥浆在固化过程中不受油、气、水的侵染，失水量小，固化后水泥石气体渗透率小于 0.05mD。

⑥ 水泥浆具有足够的早期强度。

⑦ 提供足够大的套管、水泥、地层间的胶结强度。

⑧ 具有抗地层水腐蚀的能力。

第二章　枯竭油气藏储气库建设工程技术与管理

⑨ 满足射孔强度要求。
⑩ 满足所要求条件下的稠化时间和抗压强度。

以下重点介绍水泥浆的密度、失水量、流变性三种性能。

① 水泥浆密度。

净水泥浆密度范围要受到最大和最小用水量（W/C）的限制，但在实际注水泥作业时一般不总是采用净水泥浆，大多数使用经外加剂处理的水泥浆。由于地层承压能力不同，对水泥浆密度有较大范围的要求。因此从密度概念上来说，与正常水灰比条件下的密度对比，低于正常密度的称低密度水泥浆，高于正常密度的称高密度水泥浆（正常密度为 $1.78 \sim 1.8 \text{g/cm}^3$）。通常获得较低密度水泥浆的两种方法是：

a. 采用膨润土（黏土）或化学硅酸盐型填充剂和过量水。
b. 采用低密度外加剂材料如火山灰、玻璃微珠或氮气等。

超低密度水泥浆的主要代表类型为泡沫水泥及微珠水泥。泡沫水泥浆密度范围为 $0.84 \sim 1.32 \text{g/cm}^3$；微珠水泥浆密度范围为 $1.08 \sim 1.44 \text{g/cm}^3$。

获得高密度水泥浆更常用的方法是掺入加重剂；加砂可获得的密度为 2.16g/cm^3，加重晶石可获得的密度为 2.28g/cm^3，加赤铁矿可获得的密度为 2.4g/cm^3。

② 水泥浆失水量。

原浆（净水泥）在渗透层受压时，促使水泥浆失水（脱水），致使水泥浆增稠或"骤凝"造成憋泵。

不同作业类型在 6.9MPa 压差、时间 30min 条件下的失水量控制范围为：

a. 套管注水泥推荐失水量控制在 $100 \sim 200 \text{mL/min}$。
b. 尾管注水泥推荐失水量控制在 $50 \sim 150 \text{mL/min}$。

有效控制气窜的水泥推荐失水量控制在 $30 \sim 50 \text{mL/min}$，$30 \sim 50 \text{mL/min}$ 是储气层最佳失水控制量。

③ 水泥浆流变性。

除了套管居中度、顶替排量、胶凝强度和密度差外，流态是实现水泥浆对环空钻井液有效顶替的一个重要因素。当排量一定时，水泥浆流体的流动剖面取决于流动状态，而流动状态又取决于流变参数，因此，在给定条件下，如何合理地调整流变参数，获得最佳顶替效率，是非常关键的。

流变参数主要由范氏黏度计测定。各种处理剂影响是多方面的，木质素磺酸盐缓凝剂有降低黏度的作用，纤维素衍生物将增大水泥浆黏度，分散剂可以减少化学成分影响的表观黏度，这些分散剂都能降低宾汉塑性流体的屈服强度，同时流体的塑性黏度取决于固相含量，化学处理剂则不易影响塑性黏度值。

（2）水泥石的性能。

① 候凝时间。

一般情况下，表层套管水泥候凝时间是12h（个别取18~24h），技术套管的水泥候凝时间为12~14h；生产套管的水泥候凝时间一般为24h。水泥候凝时间在现场取决于允许测声幅时间，当获得的声幅曲线合理时，就可进行后续施工。

② 抗压强度。

水泥石的抗压强度应满足支撑套管轴向载荷，承受钻进与射孔的震击等。常规密度水泥石24~48h抗压强度不小于14MPa，7天抗压强度应大于储气库井口运行上限压力的1.1倍，但原则上不小于30MPa。低密度水泥石24~48h抗压强度不小于12MPa，7天抗压强度原则上不小于25MPa。

③ 高温条件下水泥石的强度衰退。

在正常条件下，水泥在井下凝固，继续水化时强度增加，但当井温超过110℃时，经过一定时间后将使强度值下降，温度越高其强度衰退速度也越快，110~120℃时衰退缓慢，230℃时一个月内造成强度破坏，310℃时在几天内就造成强度破坏。加入硅粉、石英砂等热稳定剂可控制强度衰退，加量在25%~30%范围内效果较好，加量在5%~10%时比不加时情况更糟。大港油田储气层温度为100℃，问题不是很突出，但华北油田某些储气库储气层温度已超过150℃，应关注水泥石强度衰退问题。

3）固井方式的选择

储气库注采井的水泥浆要求返至井口，因此从保护储气层角度出发，做到储层不因固井时井底压差过大而受到固井水泥浆的侵害；同时为保障固井质量，可采用双级注水泥工艺，生产套管下入分级箍或回接筒，以确保储气层固井时具有较小的压差和优质的固井质量，并且能保证水泥浆返至井口。

分级箍的安放位置原则：应在充分考虑到分级箍能安全可靠工作的前提下，确保一级固井时井底有较小的压差，从而保证一级固井质量为优质。

回接筒的安放位置原则：应安放在上一层技术套管鞋以上150~200m处，回接筒的安放位置要确保一级固井质量优质。

随着国内储气库的发展，储气库受地面环境及地下目标选择的制约，建造储气库工艺技术越来越复杂，为更好地保证储气库安全性、可靠性，生产套管固井宜采用回接筒分级固井方式。

第二章 枯竭油气藏储气库建设工程技术与管理

二、注采工艺

1. 注采工艺设计基本原则

对于油气藏型地下储气库注采井，进行注采工艺设计时，油气藏开发中所遵循的一般原则和方法也是适用的，但是由于地下储气库有其独特的运行规律和使用工况，因此还要遵循一些特殊原则。

（1）储气库注采井既是注气井，又是采气井，具有双重功能，既要满足地质方案要求，又要满足地面工艺的需要。

（2）储气库注采井必须满足长期周期性交变应力条件下安全运行的需要，优选先进、成熟、适用的技术，实现最佳技术经济效益。

（3）目前国内储气库的主要作用是城市调峰，库址一般选择在城市附近，人口稠密，环境复杂，并且储气库内储存的是高压天然气，因此注采工艺要充分考虑安全、环保要求。

（4）利用油气藏建库时，油气藏处于枯竭或开发中后期，储气层压力系数低，为保证注采井具有较高的产能，要优化各种工艺及参数，尽量降低作业时造成的储气层伤害。

（5）储气库注采井大多为丛式定向井，在井下工具的选型、工艺操作的设计、注采管柱的校核等方面都要考虑井斜的影响，必要时要对钻井工艺提出要求。

（6）要考虑管柱防腐问题，以延长注采井的免修期。要根据储气库运行工况考虑腐蚀环境变化，综合确定经济合理的防腐措施，满足注采井长期防腐的需要。

（7）注采工艺管柱要满足随时监测地下动态参数的要求。

2. 注采能力设计

注采井合理的注采能力是储气库方案设计的核心指标之一，是决定储气规模的重要依据。注采井生产时，流体从地层流入井底，由井底流到井口，由井口流到地面管线；注气时，气体从地面管线流到井口，由井口流到井底，由井底流入地层。这是一个流动连续、流态不同的协调流动过程。

在注采井生产（注气、采气）的整个协调流动过程中，影响单井注采能力的主要有地层流动能力、井筒流动能力以及地面设备（包括气嘴、集注管汇）的流动能力，只有三者协调一致时，注采井的能力才是最高的。为了使

各部分流动协调成为有机整体，需要应用系统分析的思想，用节点分析的方法选定合理流量。

1）采气能力优化

（1）地层流入能力。

流体从地层流入井底的过程，是流体在地层多孔介质中的复杂渗流过程，其渗流规律遵循达西定律，一般用产能方程（指数式方程或二项式方程）来表述流入特征。

利用系统试井测试资料处理、分析得出地层产能方程，可以计算出不同地层压力、不同井底流压时的地层生产能力，从而绘制出注采井 IPR 流入动态曲线。

（2）井筒流出能力。

井筒流出动态是井筒内压降与流量间的函数关系，取决于油管尺寸和流体性质。利用枯竭油气藏改建而成的储气库，其注采井生产时，气体中都会含有不同量的水和油，即使是利用枯竭气藏或气顶改建的储气库，由于开发生产中边（底）水的侵入，储气库投产初期，油水含量都较高。随着储气库的不断注采运行，多个注采周期后，油水含量才逐渐下降，直至微乎其微。

由此可见，储气库注采井井筒流出能力是属于垂向多相流范畴。垂向多相流压力梯度是静水压力梯度、耗于摩阻的压力梯度和耗于加速度的压力梯度 3 个作用之和。一般各相之间的化学效应可以忽略，但黏度、密度、表面张力等因素应加以考虑。多个注采周期后，注采井趋于单相气流，计算相对简单。

（3）地面设备流动能力。

储气库的主要作用是"削峰平谷"，保障目标市场用气安全和保障长输管道的平稳运行。因此，储气库内储存的天然气来自长输管道，最终采出后还要还于长输管道之中去。然而天然气自储气库注采井中采出后，进入到天然气管道中需要较高的压力，具体数值视不同管道要求而不同。

储气库的运行不同于油气田开发，它不以获得最大的最终采收率为目的，因此其运行下限压力不能低至废弃压力。储气库运行下限压力的确定要综合考虑以下因素：

① 低压力对储气库密封性的影响。

② 最低压力所对应的储气库最小生产能力。

③ 最低压力对应的区块流体分布状态，考虑油或水侵入对库容和产能的影响。

第二章 枯竭油气藏储气库建设工程技术与管理

④ 最低压力对应的井筒流体组分，尤其是气液同产井。

通过以上分析可见，储气库运行时其下限压力也会保持在较高水平。通过井筒流出能力分析，优化注采油管尺寸，最大程度地利用地层能量实现天然气外输，可避免增压外输，降低投资，提高储气库经济效益。

(4) 单井采气能力优化。

只有当地层流入能力和井筒流出能力协调一致时，即流入曲线和流出曲线的交汇点，单井产能最大。

2) 注气能力优化

(1) 地层注入能力。

注气规律遵循达西定律。

(2) 井筒注入能力。

井筒注入压力梯度的计算与生产时压力梯度计算的相关式一致。注气时可按单相气流考虑。

(3) 地面设备注入能力。

主要是通过单井注入能力优化，计算出不同地层压力、不同注气量情况下所需井口的注气压力，这就决定了压缩机的排出压力。这在选用压缩机的技术规格时是很重要的。显然，所需的注气压力越大，则所需的压缩机功率就越大。

(4) 单井注气能力优化。

注气能力的设计与采气能力的设计原理及程序相似，由于储气库采用注采合一井，注采井既注气也采气，因此，对于注采油管管径的敏感性分析，以重点考虑采气工况为主。

优化的注气能力应留有上调的空间，以弥补注气井随注气周期延长而出现的能力降低。

3. 注采工艺设计

1) 注采完井工艺

(1) 射孔工艺。

对于储气库注采井推荐采用油管输送射孔工艺，具有高孔密、深穿透的优点：一次射孔厚度大，可达到1000m以上；可实现负压射孔，易于解除射孔对储层的伤害。此外，由于射孔前在井口预先装好采气树，安全性能好，且便于实现各项工艺联作。

该工艺是利用油管连接射孔枪下到储气层部位射孔。油管下部连有定位短节、带孔短节和引爆系统。通过地面投棒引爆、压力引爆、压差式引爆等方式使射孔弹引爆，一次全部射开储气层。油管内只有部分液柱形成负压。

目前，国内储气库应用最多的是投棒引爆。这种引爆方式要求油管通径畅通，井斜不能过大。在大港板中北储气库水平井射孔时，为形成负压，油管内只有部分液柱，采用了氮气油管加压引爆。为了保证射孔瞬间的负压，在加压和引爆射孔之间加装了延迟引爆，使高压氮气在引爆前释放出井口。

要获得理想的射孔效果，必须对射孔参数进行优化设计。进行有效的射孔参数优选，取决于以下几个方面：

① 不同性质储气层中射孔产能规律的认识程度。
② 伤害参数、储气层及流体参数获取的准确程度。
③ 可供选择的枪弹品种、类型。

目前国内储气库建库前大多处于枯竭报废阶段，钻井、固井施工时伤害较深，对于射孔参数优化的基本规律原则是深穿透前提下的高孔密。

（2）注采工艺。

在射孔之后，下入注采工艺管柱，实现注采井的正常生产。因此，要求注采管柱具有以下功能：

① 满足气库注采井强注强采要求。
② 实现井下安全控制。
③ 消除注采期间温度、压力交变对套管产生的影响。
④ 满足储气库运行期间温度、压力监测要求。

该工艺是在射孔后，通过压井作业，再下入注采管柱。但需要采取措施防止对储气层造成二次伤害。储气库注采井完井管柱结构从井口到井底依次为油管、流动短节、井下安全阀、流动短节、循环滑套、封隔器、坐落接头、钢丝引鞋。

（3）射孔—注采联作工艺。

该工艺射孔与注采完井只下一次管柱即可完成，避免了储气层二次伤害，既安全又经济，管柱的具体结构和封隔器等井下工具型号因井而异。

该工艺是将射孔枪、引爆系统、带孔短节和定位短节连在注采管柱底端，一同下入井中，定位、调整短管长度后，坐封隔器、坐井口，替保护液，掏空降液面，然后投棒引爆，而后开井放喷投产。

从井口到井底依次为油管、流动短节、井下安全阀、流动短节、循环滑套、封隔器、上坐落接头、带孔管、下坐落接头、平衡隔离工具、射孔枪丢手、射孔枪总成。

目前该工艺在国内储库中应用最多，但该工艺施工复杂，协调单位多，

第二章 枯竭油气藏储气库建设工程技术与管理

需精心组织施工。

（4）射孔—注采—酸化联作工艺。

该工艺主要针对碳酸盐岩储层的储气库而设计，是在射孔—注采联作工艺的基础上发展而形成的工艺技术，施工时下入联作管柱，先射孔，再测试，然后直接进行酸化施工。

设计时，要重点考虑井下工具和井口装置的耐酸保护，强化酸液的缓蚀性能。由于是利用枯竭油气藏改建储气库，要根据施工时地层流体性质、地层压力等参数，加强残酸返排的措施研究。

2）油管设计

（1）油管尺寸优化。

根据节点分析，优化油管尺寸，满足地质配产配注气量的要求，满足地面天然气外输的要求，满足井底不积液，井筒不冲蚀的要求。

（2）油管强度校核。

储气库注采井不同于普通生产井，其运行工况比较复杂，其工作状态依次包括：管柱下入、封隔器坐封、注气、关井、采气、封隔器解封、管柱起出等。在各个工作状态中，压力、温度的变化，都会引起管柱受力的变化，对于压力、温度变化引起的鼓胀效应、活塞效应以及温度效应等论述著作颇多，这里不再赘述。在进行注采井油管强度校核时不仅仅要考虑静载荷，还要考虑压力、温度变化引起的动载荷的影响。可利用专业计算软件进行计算，但值得注意的是，若选用的是可取封隔器，还要考虑修井作业时，解封封隔器附加载荷的影响。

（3）油管螺纹选择。

在常规井的油管设计时，一般只进行强度校核设计，而不考虑螺纹的密封问题。但对于储气库注采井要高度重视油管螺纹的气密封性问题，尤其是在高低压交变应力作用下，螺纹反复拉伸、压缩后的气密封性能。

储气库对注采管柱密封性要求高，应采用金属对金属的气密封螺纹油管，并具有较高的抗应力交变的能力。油管的气密封螺纹技术要求与套管的气密封螺纹技术要求相同，在此不再赘述。

（4）油管材质选择。

注采气井油管材质是根据储气库原有流体组分、将来注气组分和地层参数、流体性质共同来决定的。优选的油管材质既要满足防腐的要求又要经济合理。

三、注采完井配套技术

1. 地下储气库动态监测技术

地下储气库动态监测主要包括储气库井筒密封性能监测、动态参数监测以及盖层和油气水界面监测等。国外的动态监测技术日趋完善,仪器设备齐全配套,但由于地质情况和对储气库的要求存在差异,各国对地下储气库的监测内容略有差别。例如,法国地下储气库在运行时,对注采气井不做井下生产动态监测,只在井口和地面进行压力、流量和组分的实时测试;美国等国家在储气库气水界面附近和盖层附近布置一批观察井,用以监测储气库井下的动态变化,包括气顶、气水界面和盖层的密封情况。

我国地下储气库的研究和建造尚处于初始阶段,运行时间较短,监测技术尚未形成标准做法。

1) 井筒密封性监测

国外储气库在停气期,会对储气库注采井进行放射性测试,监测注采井固井质量和检查套管的密封性。固井质量差容易造成套管泄漏,气体会通过套管进入渗透层,因此,尤其需要对固井质量差的部位进行重点监测。可采用放射性示踪剂或者通过温度测井、中子测井监测。

2) 盖层及油气水界面监测

储气库盖层密封性的监测,是储气库安全运行的关键因素之一。由于盖层分布得不均衡,当注气压力较高时,未探明的盖层可能发生异常,进而使气体向上运移。当气体渗入盖层以上第一个可渗透层时,压力观察井将显示该层压力迅速增大,同时由于水的压缩性低,亦可通过水位测定判断有无气体进入该层。对于盖层和油气水界面的监测一般都是利用监测井射开相应层位观察压力变化情况也可用中子测井,监测套管外孔隙内气体情况。

3) 动态参数监测

对于储气库监测的动态参数,采气期包括产气量、产液量、地层流压、流温、井口压力、温度、含砂等数据;注气期包括注气量、注气压力、温度、地层流压、流温等数据。通过监测注采井的动态参数,可及时掌握储气库的注采量及库内流体的分布和移动规律,进而分析储气库的运行状况。

(1) 临时监测。

临时监测是指测取储气库某一特定时刻或阶段的压力、温度值,可以通过下入直读式电子压力计直接读取,这时地面需要有读取和存压力数据配

第二章　枯竭油气藏储气库建设工程技术与管理

套的设备、人员、车辆。根据现场情况,也可以通过钢丝作业将存储式压力计下入井底,测试完毕后再通过钢丝作业将仪表挂座和压力计取出。在高压气井中下电缆压力计要格外慎重、仔细实施。

(2) 实时监测。

为便于及时掌握储气库压力运行动态,在储气库重点井中下入仪器进行重点监测。目前常用的有毛细管测压装置、电子压力计测压装置和光纤测压装置。

2. 天然气水合物防治技术

天然气水合物是在一定压力、温度条件下,天然气中的自由水和烃类气体构成的结晶状复合物。

1) 水合物的生成条件

水合物的生成除与天然气的组分、游离水含量有关外,还需要一定的热力学条件,即一定的温度和压力。概括起来,生成水合物的主要条件有:

(1) 天然气的温度必须等于或低于天然气中水汽的露点,即气体处于水汽的过饱和状态,有自由水存在。

(2) 有足够高的压力和足够低的温度。

(3) 在具备上述条件时,水合物有时还不能形成,还必须要求一些辅助条件,如压力波动、气体扰动、高流速、存在酸性气体(H_2S 和 CO_2),晶核诱导等。

水合物生成的临界温度是水合物存在的最高温度。高于此温度,无论压力多高,也不会形成水合物。但随着压力的增加,气体形成水合物的临界温度也增加。

2) 水合物生成条件的预测

天然气水合物的生成温度和压力与天然气的组分有关。目前,有许多可供选择的确定天然气水合物生成压力和温度的方法,常用的有查图法和经验公式法。

3) 预防水合物生成的措施

现场实际操作中,为防止水合物的生成,常用的措施主要有以下4种:

(1) 把压力降低到低于给定温度下水合物的生成压力。

(2) 保持气体温度高于给定压力下水合物的生成温度。

(3) 气体脱水,把气体中的水蒸气露点降低到操作温度以下。

(4) 往气体中加入防止水合物生成的抑制剂,降低水合物的生成温度。

根据水合物生成条件预测以及现场实际运行情况,目前,国内储气库注采井在正常生产的时候，井口温度远高于当时工况条件下水合物生成的临界温度。只是在生成初期，井筒温度场未建立的较短时间内，井口有可能生成水合物。因此，对于储气库注采井防止井口生成水合物的主要措施是加入抑制剂。

对于水合物抑制剂的基本要求是：
(1) 尽可能大地降低水合物生成的温度。
(2) 不和气、液组分发生化学反应，无固体沉淀产生。
(3) 不增加天然气及其燃料产物的毒性。
(4) 完全溶于水，并易于再生。
(5) 来源充足，价格便宜。
(6) 冰点低。

目前常用的水合物抑制剂有甲醇、乙二醇、二甘醇等。应用抑制剂防止水合物的生成要解决两个问题：一是抑制剂作用下水合物生成临界温度下降幅度的定量关系；二是所需抑制剂的量。

经对比，甲醇一般不能回收，损失量较大，对环保有不利影响，大量注入时一般不采用。乙二醇可以回收，工艺成熟投资低，可同时达到脱水和防冻的目的，操作灵活可靠。目前，大港储气库注采井都是采用注乙二醇作为抑制水合物生成的措施。

3. 注采井油套环空保护技术

注采管柱下入生产套管内，封隔器坐封后油套环空内应加注保护介质，用以保护环空内套管、油管、井下工具等，以有利于延长注采井寿命，同时能平衡封隔器上下压力，以利于封隔器稳定工作。

保护介质可以是惰性气体，油基保护液或水基保护液。目前，现场应用最广泛的是水基保护液。该保护液具有很好的杀菌、缓蚀、阻垢作用，价格便宜，现场操作安全，便于施工。

1) 腐蚀因素分析

产生腐蚀的主要原因：
(1) 溶解氧腐蚀。
(2) 溶解盐的腐蚀。
(3) 微生物的腐蚀。

2) 保护液腐蚀性能评价

鉴于以上产生腐蚀的原因，在进行保护液配方研究时，有目的地从杀菌、除氧、缓蚀、阻垢等方面进行药剂的筛选复配试验。

第二章 枯竭油气藏储气库建设工程技术与管理

4. 气密螺纹检测技术

螺纹的气密封性是影响井筒气密封的关键因素之一。除利用扭矩仪严格控制上扣扭矩外,目前国内储气库常用的做法是利用氦气检测螺纹气密封性。

1) 检测原理及工艺

利用氦气分子直径小、能在气密螺纹中渗透的特点,检测螺纹的气密封性。在管柱内下入有双封隔器的测试工具,向测试工具内注入氦氮混合气,加压至规定值,通过高灵敏度的氦气探测器在螺纹外探测有无氦气泄漏,来判断螺纹的气密封性。

2) 检测压力及质量的确定

检测压力按照储气库运行上限压力的 1.1 倍或油套管抗内压最大载荷的 75%确定。

在一定的检测压力下,当泄漏率大于某一规定值时,就判定螺纹气密封性不合格。为保证检测结果的正确性,在发现氦气检测仪检测结果为不合格时,应对同一螺纹进行再次检测,方可判断此螺纹气密封性不合格。螺纹气密封性不合格管柱不能入井,必须加以改正,再次检测合格后方可入井。

四、油气藏型地下储气库储层保护技术

1. 储层保护技术设计原则

一般情况下,用于改建地下储气库的油气藏都有一个共同特点,就是被开采多年或是被废弃的枯竭油气藏,储层压力亏空严重。由于储层压力亏空严重,如果没有很好的保护措施,将会严重伤害储层,造成注采井达不到设计的注采能力,严重影响储气库的生产运行。建库过程中,在钻开储气层、注水泥、射孔试油酸化、注采、修井等不同的施工环节,都会不同程度地破坏储气层原有的物理化学平衡状态,并可能给储气层带来伤害。因此,必须加强建井各个施工环节中对储层的保护,储层保护技术设计原则为:

(1) 坚持以预防为主的方针,立足于现有工艺技术,研究储气库钻采工程伤害特点,提出与现场工艺配套的储层保护措施,重点推荐出保护储层的入井液体系。

(2) 分析研究储层伤害的内因,即根据地质资料认识储层潜在的敏感性。根据岩心敏感性流动试验,定量判断地层的敏感程度,确定地层在未来建库及运行过程中可能发生的伤害。

(3) 分析研究储层伤害的外因，即通过分析原有的入井液体系性能、施工工艺、现场实施等情况，认识在油气藏开发过程中储层保护现状。

(4) 分析储气库运行的特点及难点，并结合国内其他已建储气库的储层保护成功经验，提出有针对性的储层保护技术要求，并形成适用于储气库的入井液体系。

(5) 满足质量、安全、环保、健康的要求。

2. 钻完井工程储层保护技术

1) 钻完井过程中储层伤害因素

在储气库注采井钻完井过程中，储层伤害因素包括储气层内因及工程因素。

(1) 储气层伤害内因。

通过开展岩心敏感性试验，并结合储层地质、化验资料，分析其潜在敏感性，研究确定储气层伤害内因。

(2) 储气层伤害工程因素。

① 完井液、水泥浆性能因素。

a. 钻井液性能不当将诱发水敏、水锁、化学不配伍及固相堵塞等伤害；

b. 水泥浆对储气层造成水锁、碱敏、固相颗粒侵入及化学不配伍伤害。

② 工程因素。

a. 钻井工程因素导致固液两相侵入储层深部，加重储层伤害。

b. 固井质量因素导致系列入井流体不配伍，诱发各种伤害。

c. 射孔完井过程参数不合理带来附加伤害。

2) 钻完井工程储层保护措施

(1) 钻井过程中储层保护措施。

钻井过程中储层保护措施主要从钻井工程设计、钻井液性能控制及钻井工程管理等方面入手。

① 由于储气库储层亏空严重，建库前地层压力系数低，压差因素对储层的伤害影响较大，因此钻井工程设计方面应做好压力预测，优化井身结构，设计合理的钻井液密度，避免高密度、高压差条件下钻井液滤液的深部伤害。

② 经钻井液方面着重从体系的筛选及应用入手。为了防止钻井液固相颗粒及滤液侵入伤害，对钻开储气层前钻井液的性能要求如下：

a. 钻井液密度必须与储层孔隙压力相适应，控制合适钻井液密度，防止出现井喷、井漏、井塌事故发生。

b. 增强钻井液的抑制性，推荐添加无机盐或有机小分子防膨剂。

第二章　枯竭油气藏储气库建设工程技术与管理

c. 控制储层段钻井液的滤失量，并防止高渗层的漏失。

d. 储层段控制钻井液 API 滤失量小于 5mL，钻井液含砂量小于 0.3%，HTHP 滤失量小于 12mL，MBT 小于 60g/L。

e. 采用屏蔽暂堵技术保护储气层。根据储层孔喉半径的大小，选用与之相匹配的钻井液类型及暂堵剂，体系中加入 2%~3% 复合油溶暂堵剂。钻遇储层后及时补充储层保护材料，保持其浓度稳定。

f. 用好固控设备，清除无用固相，保持钻井液的清洁。

③ 进入储层前检查钻井设备，保证设备运转正常，准备好所需各种材料和工具，做好各项工序的衔接工作，提高机械钻速，快速钻穿储气层，优化测井项目，减少对储层的浸泡时间。

④ 建立健全储层保护监督体系，全体施工人员必须树立保护储气层的意识，保证各项措施的实施。

（2）固井过程中储层保护措施。

固井过程中储层保护措施主要从固井方式、施工参数及水泥浆性能等方面入手。

① 储气库注采井要求固井水泥浆必须返至地面，因此要选择好固井方式，详细计算固井时的循环压力，防止水泥浆漏失造成储层伤害。

② 为了既保证固井施工的顺利进行，又不压漏地层，模拟计算固井时的循环压力，限制固井时的排量和泵压，防止循环压力过大而压漏储层。

③ 为了防止水泥浆滤液侵入储气层深部，引发与地层水不配伍、结垢等伤害，应加强水泥浆失水量的控制，水泥浆游离液控制为 0，滤失量控制在 50mL 以内。

（3）射孔过程中储层保护措施。

射孔过程中储层保护措施主要从射孔工艺、射孔参数和射孔液性能等方面优化入手。

① 射孔工艺选择。

射孔过程一方面是为油气流建立若干沟通储气层和井筒的流动通道，另一方面又会对储气层造成一定的伤害。因此，射孔工艺对注采井产能的高低有很大影响。如果射孔工艺选择恰当，可以使储气层的伤害程度减到最小，而且还可以在一定程度上缓解钻井、固井过程对储气层的伤害，从而使注采井产能恢复甚至达到天然生产能力。采用负压差射孔工艺，并选择合理的射孔负压差值，可确保孔眼完全清洁、畅通，因为在成孔瞬间由于储气层流体向井筒中流入，对孔眼具有清洗作用。大港储气库注采井采用了油管传输负

压射孔工艺，通过选择合理的负压值达到保护储气层的目的。

② 射孔参数优选。

射孔参数的选择直接决定了储气层与井筒之间的连通形式。在前期钻井、固井过程中保护储气层措施非常有效的情况下，储气层的完善程度很大程度上取决于射孔效果。射孔参数的优选是决定射孔效果的最重要因素，因此参数优选就决定了储气层的完善程度。

③ 射孔液优选。

射孔液的基本要求是保证与储气层岩石和流体配伍，防止射孔作业过程中和后续作业过程中，对储气层造成进一步伤害，同时又能满足射孔施工工艺要求，而且成本低、配置方便。

3. 修井作业储层保护技术

1) 修井作业过程中储层伤害因素

在储气库注采井下完井管柱、更换完井管柱、补层补孔等作业中，为了保证安全施工，通常需要用压井液压井，而作业过程中的储层伤害主要与储层敏感性、压井液性能、施工工艺（包括作业方式、作业时机、作业后返排方式）等因素有关。

2) 修井作业保护措施

储气库不同于油气田开发，伤害一经发生，将难以补救。对于油田开发，即使发生修井液伤害油层，也可以通过补孔、补层、酸化、压裂、提高生产压差等措施，改善油层渗透性；对于储气库而言，其作业风险大、作业成本高、作业时机少，一旦储气层受到伤害很难得到改善。因此，为避免储气库注采井作业过程中发生储层伤害，需要从优化压井液性能、提高作业工艺水平、选择适当作业时机、提高返排效率等着手，才能有效保护注采井产能。

(1) 压井液的设计原则。

压井液设计主要包括压井液的类型、配方、密度、配置地点、设备、配置液量等。

① 压井液的类型的选择。

选择主要依据施工目的、施工工艺和注采井井况来选择合适的压井液体系和类型，满足作业顺利，不喷不漏的要求，并起到保护储层的作用。

② 配方。

配方成分满足与地层流体配伍性能好、在井底温度下正常工作、环保、成本合理等要求。配方要求与地层流体配伍，不能产生结垢、水敏、沉淀、絮凝等现象，而且其中聚合物组分也要与配方基液配伍，不然聚合物将难以

第二章 枯竭油气藏储气库建设工程技术与管理

溶胀而失效；要求配方组分中暂堵剂颗粒与地层孔喉匹配且软化点与地层温度匹配；配方中各类添加剂不能使用对人体和环境有害的化学品，满足环保健康要求；配方中各类添加剂的选择尽量做到成本合理，不宜使用过高成本材料，选择性价比较高的产品。

③ 密度的确定。

确定原则是根据注采井压力系数进行确定，压井液密度在注采井压力系数的基础上增加 $0.07\sim0.15\text{g/cm}^3$。对于低压漏失井应选用防漏压井液，根据防漏压井液的承压能力，合理选择其密度。

④ 压井液配制地点和设备要求。

为了压井液性能能够得到很好的保障，压井液配制地点原则上在配液站配制，配液站拥有良好的配液设备和有经验的人员，包括搅拌机、搅拌罐、投料设备、加料漏斗、过滤设备、检验设备、稳定的水源、电力等。

现场配制压井液费时费力，且压井液性能无法得到有效保证。

⑤ 压井液配制液量。

压井液的配制液量一般是井筒容积的 1.5 倍~2.0 倍，可根据现场实际情况合理调整配制液量。

（2）低压储层防伤害压井液的性能要求。

压井液应满足如下性能要求：

① 密度可调，气井作业期间能防漏、防喷、防气侵，保证施工安全。

② 防漏失能力：承压 6~8MPa、作业时间 15 天不漏失。

③ 储层保护性能好：易返排，作业后压井液容易返排出井筒；岩心伤害率低于 15%。

（3）低压储层压井液配方研究与性能优化。

综合储层的伤害特点、现场作业条件，推荐选用可降解暂堵型压井液体系，用于低压注采井作业。优化研究可降解暂堵型压井液的具体配方和性能，主要包括基液、聚合物增稠剂、降失水剂、暂堵剂、稳定剂等的优化选择。

① 基液优选。

压井液基液的选择既要满足防膨要求，与地层配伍性好，又要与配方中其他添加剂配伍性好，发挥添加剂应有的作用，共同维护配方的整体性能，同时密度满足地层压力要求。

室内进行了 3%KCl 溶液的黏土膨胀试验，结果表明 3%KCl 溶液的防膨率为 65%~70%，说明使用 KCl 作为基液和防膨剂简单易行。

另外作为基液，KCl 溶液具有以下优势：

a. 作为一价化合物,具有极小的结垢可能性。
b. KCl 溶液呈中性,不会造成碱敏伤害。
c. 与一般的聚合物和添加剂相溶性好。
d. 在常温下 KCl 盐水体系密度在 $1.02 \sim 1.20 \text{g/cm}^3$ 之间可调节,可以满足注采过程中不同储层压力情况下的密度要求。

② 主要添加剂优选。

针对低压注采气井,可降解暂堵型压井液在正压差作用下会在井壁上形成滤饼,在形成有效滤饼前损耗的液体即初滤失液,基本上取决于压井液滤膜的稳定性以及承压能力。压井液研究应该要保证初滤失液低而且滤饼稳定,暂堵效率高,从而控制终失水,减轻水锁伤害,这就需要选择合适的降失水剂、稠化剂和暂堵剂。降失水剂、稠化剂等添加剂一方面具有提黏、悬浮能力,另外,它还可以协同暂堵剂控制滤失。

压井液在井壁上形成滤饼后,液体施加于滤饼壁上的剪切应力和滤饼的屈服应力大小控制着滤饼厚度的增加范围,进而控制初滤失量。当液体剪切应力等于滤饼的屈服应力时,滤饼停止增长;当液体剪切应力大于滤饼的屈服应力时,滤饼开始消蚀。而滤饼的屈服应力取决于滤饼中聚合物的浓度和压力梯度,剪切应力则依据液体的流变性和地层面上的剪切速率而定。因此,需优化压井液配方,合理添加添加剂,结合变形粒子的使用,保证压井液具有适当的屈服值,从而减弱由于冲刷造成的滤饼破坏,形成高强度滤膜,减少滤失。

五、油气藏型储气库老井评价与处理技术

1. 老井评价与处理基本原则

油气藏型地下储气库是利用已枯竭或接近枯竭的油气藏改建而成。这类油气藏在开发过程中钻有很多探井和生产井,这些井大多年限较长,井筒情况复杂且其质量受到损坏,甚至有的井本身就是事故井或工程报废井。储气库建成之前如不及时有效地处理这些老井,无法保证储气库的整体密封性,同时埋下了巨大的安全隐患。因此,储气库老井处理技术是地下储气库建设过程中的一项关键技术。

储气库建库区域内的老井,首先应进行评价。根据评价结果,符合储气库技术要求的可以作为储气库的监测井或采气井再利用,其余不符合要求的要进行封堵处理。

第二章 枯竭油气藏储气库建设工程技术与管理

1) 评价所需资料

利用枯竭油气藏改建储气库时,原有的老井大多处于停产、报废状态,在其生产期间射开多套油层进行生产,部分油层还进行过防砂、压裂、酸化等措施改造,长期生产过程中可能存在井下落物、套管变形、腐蚀穿孔等诸多复杂情况,且地面环境也会发生较大改变。因此,正确掌握老井资料是评价认识老井的第一步。

首先要对老井钻井资料进行详细复查,确认老井井身结构、套管组合、固井质量以及钻井事故的处理经过等;其次对老井开采期间的生产情况进行调研,包括试油资料、生产资料以及历次作业情况,详细了解停产前的射孔数据、各层生产数据及作业过程中套管损坏记录、井底落物记录等;最后进行现场踏勘,踏勘时需要确认老井位置、老井井口状况、周边自然环境以及作业井场和进出井场道路等多项资料,为老井处理作业提供准确的资料。

对老井目前井况进行评价的相关资料至少应包括以下内容:

(1) 老井周边环境。老井周边的自然环境,以及是否具备符合作业要求的井场等。老井所处周边环境会直接影响老井处理的施工作业,从而关系到储气库能否建设,例如,若老井紧邻高速公路、铁路或位于建筑群、河道、水库、堤坝内,将给储气库的建设带来巨大的困难。

(2) 老井井口情况。老井井口位置及井口状况,如井口是否可见、井口装置是否齐全、套管头等井口附件是否完整等。

(3) 井筒情况。老井属于正常生产井,还是工程或地质报废井;老井井筒是否存在补钻、套变、落鱼、套管错断等复杂情况,是否有井下落物或封隔器、桥塞等井下工具,井筒内原有水泥塞的具体位置等。

(4) 管外固井质量。老井固井质量测井资料,固井第一、第二界面的胶结情况。

(5) 老井历史资料。钻井井史、完井报告、试油射孔总结、历次修井作业资料、相关生产资料等。

(6) 其他相关地质资料。包括储气层位的孔隙度、渗透率、温度、压力以及各老井所处构造位置等相关地质资料。

2) 老井评价与处理基本原则

在全面掌握老井资料的基础上,根据老井不同井况进行分类,并针对不同类型老井制订相应的处理措施。老井评价与处理的基本原则如下:

(1) 掌握全面、准确的所有待评价老井的相关工程、地质资料,并重点排查是否存在以目前修井工艺技术无法进行有效处理的老井(如裸眼井、侧钻井、工程报废井等）。这些老井可能成为影响库址筛选的决定性因素，有时会因此类井的存在而影响储气库的建设。

（2）与地质方案相结合，初步筛选可以再利用的老井。筛选、确定再利用老井时，除了需要考虑老井所处建库区块的构造位置外，还须要满足以下3个条件。

① 储气层及盖层段水泥环连续优质胶结段长度不少于25m，且以上固井段合格胶结段长度不小于70%。

② 按实测套管壁厚进行套管柱强度校核，校核结果应满足实际运行工况要求。

③ 生产套管应采用清水介质进行试压，试压至储气库井口运行上限压力的1.1倍或套管剩余抗内压强度的80%，30min压降不大于0.5MPa为合格。

经过评价，确认老井管外水泥胶结质量或套管质量不能满足上述要求，该老井将不能进行再利用，而进行永久封堵处理。

（3）针对不同待封堵井的井况特点，分别制订相应的封堵处理措施，制订的封堵措施必须遵循如下原则：

① 防止天然气沿井筒内外窜至井口，以保障储气库对周边环境的安全。

② 采取必要的措施，使储气层与其他层之间不窜，确保储气库整体密封性，减少天然气由储气层窜向其他非储气层造成的损失以及带来的安全隐患。

③ 老井封堵效果必须长期有效，满足储气库多个注采周期、高低交变应力运行工况特点的要求。

2. 老井评价内容及方法

储气库老井处理前的评价内容，主要包括井口坐标及井眼轨迹复测、管外水泥胶结质量评价、套管剩余强度及承压能力评价等。通过评价，可以掌握老井目前状态，有利于制订有针对性的处理措施，而且为建设数字化储气库的需求，留存库区内老井的相关过程资料。

1）井眼轨迹复测

储气库老井在处理之前应重新测量所有老井的井眼轨迹，这既是建设"数字化储气库"的要求，同时也为新钻注采井井眼防碰提供了可靠依据。复测方法通常有陀螺测井和连续井斜方位测井等。

陀螺测井技术是以动力调谐速率陀螺测量地球自转角速率分量和石英加速计测量地球加速度分量为基础，通过计算得出井筒的倾斜角、方位角等参数，绘制井身轨迹曲线。该技术广泛应用于井身轨迹复测、钻井定向和侧钻井开窗定向等方面。

第二章 枯竭油气藏储气库建设工程技术与管理

连续井斜方位测井主要依靠连续测斜仪完成，其井下部分一般由一个测斜仪和一个井径仪组成。它能测量井斜的角度和方位及两个相互垂直且互不影响的井径信号，可用来确定井眼的位置和方向，并根据测得的方向数据，计算出真实的垂直深度。

2) 管外水泥胶结质量评价

储气库老井在处理之前需要对管外水泥胶结质量进行评价，一方面判别该井是否满足老井再利用条件，另一方面通过固井质量评价结果为封堵井提供处理依据。

(1) 管外水泥胶结质量测定方法。

管外水泥胶结质量的测定有多种方法，如声幅（CBL）测井技术、变密度（VDL）测井技术、扇区水泥胶结（SBT 和 RIB）测井技术、超声波成像测井技术（IBC）等。上述各种测井技术精度差别很大：CBL 测井曲线只能在一定程度上探测水泥与套管（第一界面）胶结的好坏，而未充分检查水泥与地层（第二界面）胶结情况的信息；CBL 与 VDL 测井配合使用，可提供两个界面胶结情况的信息，但没有完全克服声幅测井的缺点，没有提高纵向分辨率，对第二界面只能做出定性评价，固井质量评价结果也会出现一定程度偏差；扇区水泥胶结测井（SBT 和 RIB）不受井内流体类型和地层的影响，可确定井内绝大多数纵向上窜槽的位置，直观显示不同方位的水泥胶结状况，不需进行现场刻度，不受井内是否有自由套管的限制，识别精度比 CBL 和 CBL & VDL 有很大提高；超声波成像测井技术是最近几年新兴的一项测井技术，具有较高的精度，处理结果更加直观，能精确识别 CBL 或 VDL 等不能识别的水泥胶结缺陷。

测井方法的选择必须以老井对固井质量识别精度要求为依据，并结合再利用井类型合理选用测井方法，如一般封堵井，目前常用 CBL 或 VDL 测井对固井质量进行复测，如果待处理老井需再利用为监测井，应选用扇区水泥胶结测井的方法；如再利用为采气井，则应选用识别精度最高的超声波成像测井方法。

(2) 管外水泥胶结质量评价方法。

管外水泥胶结质量的评价主要以固井质量的复测结果为依据。以扇区水泥胶结测井为例，其胶结质量可以根据解释成果图进行评价：将管外水泥胶结质量分为 5 个级别，以分区声幅的相对幅度 E 为标准，当 E 值为 $0 \sim 20\%$，灰度颜色为黑色，表示水泥胶结优质；当 E 值为 $20\% \sim 40\%$，灰度颜色为深灰，表示水泥胶结良好；当 E 值为 $40\% \sim 60\%$，灰度颜色为中灰，表示水泥胶结中等；当 E 值为 60%～80%，灰度颜色为浅灰，表示水泥胶结较差；当 E 值为 80%～100%灰度颜色为白色，表示管外无水泥胶结。

经过评价，老井在储气层及盖层段水泥环连续优质胶结段长度不少于 25m，且以上固井段合格胶结段长度不小于 70%，则该井能够满足再利用井对固井质量的要求；如经过评价，老井在储气层顶界以上环空水泥返高小于 200m 或连续优质水泥胶结段小于 25m，则封堵该井时需要进行套管锻铣作业，锻铣段长度不小于 40m，锻铣后对相应井段扩眼，并注入连续水泥塞封堵。

3）套管剩余强度评价

当储气库老井需要再利用时，必须进行生产套管剩余强度评价，其目的是确定再利用井管柱强度是否满足储气库运行工况的要求，评价的主要依据是套管壁厚及内径的变化情况。

（1）套管壁厚及内径检测方法。

套管内径的变化可以通过多臂井径仪测得，目前常用四十臂井径成像测井技术，通过 40 条测量臂来检查套管的变形、弯曲、断裂、孔眼、内壁腐蚀等情况。与传统的井径测井仪器相比，其测量数据大，能够比较准确地对套管进行检测，并且形成立体图、横截面图、纵剖面图以及套管截面展开图，可以更直观地了解套管的腐蚀、错断、变形等情况。

套管壁厚变化主要通过电磁探伤测井直接反映。电磁探伤测井技术属于磁测井技术系列，其理论基础是法拉第电磁感应定律，原理是给发射线圈供一直流脉冲，接收线圈记录随时间变化产生的感应电动势。当套管厚度发生变化或存在缺陷时，感应电动势将随之发生变化，通过分析和计算，在单套、双套管柱结构下，不仅判断管柱的裂缝和孔洞，而且得到管柱的壁厚数据。

值得注意的是，电磁探伤测井只是利用套管厚度的变化对套管伤害进行定量解释，但厚度反映的是套管四周的平均值，难以反映局部的损伤，不能直接监测套管内径及圆度变化。因此，该方法与多臂井径配合使用效果更好。

（2）套管剩余强度评价方法。

套管剩余强度评价需从井史资料入手，对相关测井数据进行分析处理，然后进行模拟试验并对试验数据进行分析，通过计算机模拟软件分析计算套管柱剩余强度，确定薄弱点（带）分布位置，并依据 GB/T 20657—2011《石油天然气工业 套管、油管、钻杆和用作套管或油管的管线管性能公式及计算》、GB/T 19830—2017《石油天然气工业 油气井套管或油管用钢管》、GB/T 21267—2017《石油天然气工业 套管及油管螺纹连接试验程序》、

第二章 枯竭油气藏储气库建设工程技术与管理

SY/T 6268—2017《套管和油管选用推荐作法》、Q/SY 1486—2012《地下储气库套管柱安全评价方法》等相关行业标准进行分析评价,最终得出该井套管柱适用性结论。

进行套管强度评价需要收集或录取的资料如下:

① 井史资料,包括钻井设计、地质设计、钻井日志、完井日志(完井地质资料)、生产日志(试油地质总结)、气/液分析化验报告等。

② 老井再利用检测资料,包括试压报告、固井解释报告、四十臂井径成像及电磁探伤测井所测得的套管柱几何尺寸(直径和壁厚)等测井资料,测井数据应能反映全井段同一截面多点套管直井与壁厚的变化数据、全井段套管裂纹、腐蚀坑数据等。

③ 从同一区块废弃井中取出的套管(长度2~3m),通过室内实验准确掌握长期服役后套管材料强度的真实变化。

收集完上述资料后,由专业研究评价单位按照行业标准,开展老井生产套管柱的强度评价工作,评价内容主要包括以下5个方面:

① 测井数据处理。全井段测井数据处理,将所测直径和壁厚值校正至同深同截面。

② 几何尺寸分析。依据 GB/T 19830—2017 和 Q/SY 1486—2012 进行全井段测量数据的直径、壁厚、椭圆度以及不均度的计算分析,寻找套管柱尺寸和变形的薄弱点(带)。

③ 抗内压和抗外挤强度分析。依据 GB/T 20657—2011,SY/T 6268—2017 和 Q/SY 1486—2012 标准进行全井段套管柱强度分析,确定套管柱结构抗内压和抗外挤强度薄弱点(带)位置。

④ 老井套管材料强度的折减。依据前期套管试验成果或同区块老井套管室内实验数据,对年代久远的老井套管的服役强度进行折减分析,使管柱强度分析结果更接近目前状况。

⑤ API 螺纹的气密封性能分析。依据 GB/T 20657—2011 和 GB/T 21267—2017 标准对套管柱的气密封能力进行评价。

4)套管承压能力评价

储气库老井处理时需要对套管承压能力进行评价,套管承压能力评价主要以套管试压值为依据。对于封堵井而言,通过套管承压能力评价,一方面可以查找套漏点或未知射孔层,确认套管目前状态;另一方面也可以为封堵施工时最高挤注压力确定提供依据;对于再利用井而言,通过套管承压能力评价,可以确定其套管质量是否满足储气库运行工况要求。

当老井再利用为采气井或监测井时,需对老井生产套管用清水试压至储气库运行时最高井口压力的1.1倍或套管剩余抗内压强度的80%,如试压结果满足要求,则允许将老井再利用,否则需转为封堵井。

在现场实际操作时,要注意试压工艺的选择。笼统试压工艺简单,现场操作简便,但某些情况下,不能采用笼统试压方法。如建库储气层位较深,若试压至储气库井口最高运行压力的1.1倍时,虽然满足相关标准要求,但井底套管将承受超高压力,造成套管损坏,甚至可能会超过套管的抗内压强度。此时,需要采用分段试压的方法,即用封隔器对不同井段套管分别以不同压力值进行试压,各试压压力值与井筒内液柱压力相加达到储气库井口最高运行压力1.1倍压力值。

以某储气库为例,该气库设计井口运行压力为9~20MPa,根据标准需对再利用井套管试压至22MPa。某井为该储气库一口再利用监测井,井深2500m,储气层位深度2200m,油层套管直径为139.7mm。对该井分段试压方法如下:

(1)首先将封隔器坐封于500m处,反挤清水22MPa对上部套管进行试压,此时作用在500m处套管的压力为27MPa可以满足生产套管试压至储气库井口运行上限压力的1.1倍的要求,判断0~500m套管承压能力是否满足要求。

(2)然后将封隔器下放至1000m再坐封,反挤清水17MPa试上部套管,此时500m处套管承压值为22MPa,1000m处套管最高承压27MPa,可以判断500~1000m套管承压能力是否满足要求。

(3)封隔器下放至1500m再坐封,反挤清水12MPa试上部套管,此时1000m处套管承压值为22MPa,1500m处套管最高承压27MPa,可以判断1000~1500m套管承压能力是否满足要求。

(4)以此类推,直至完成全部井段套管试压。

采用分段试压的方法对再利用井套管目前承压能力进行评价,可以保证评价结果的准确、客观,同时直观判断再利用井套管质量是否满足设计要求。

3. 老井封堵工艺技术

储气库老井的风险点主要集中在井筒、储层以及管外环空,因此老井封堵应由井筒封堵、储层封堵和环空封堵3个重要部分组成。井筒封堵通常采用G级油井水泥注井筒水泥塞处理措施,而储层封堵和环空封堵主要采用高压挤堵的处理措施,所用堵剂体系主要是以超细水泥为主体并复配多种水泥添加剂的复合体系。

第二章 枯竭油气藏储气库建设工程技术与管理

1) 井筒封堵技术

（1） G 级油井水泥堵剂体系。

储气库老井井筒封堵通常采用密度 $1.85 g/cm^3$ 左右的 G 级油井水泥浆注长度不小于 300m 连续井筒水泥塞的方法。G 级水泥浆固结后水泥石的渗透率和抗压强度将直接决定储气库老井井筒密封效果。

常规水泥石的抗气渗能力可以通过渗透率测定仪测定。将 $1.75~1.90 g/cm^3$ 的 G 级油井水泥浆在 20MPa 压力条件下养护 7h 后，用渗透率测定仪分别测定不同密度岩心的气相渗透率和水相渗透率。

（2） 井筒封堵工艺。

储气库老井井筒封堵主要包括两部分：一是储气层射孔井段底界至人工井底段的生产套管的密封处理，二是储气层射孔井段顶界以上的生产套管的密封处理。这两部分井筒的封堵均采用 G 级油井水泥循环注井筒水泥塞的工艺方法。前者注塞井段一般要求为人工井底至储气层射孔井段以下 10~20m，后者则要求储气层射孔井段以上至少 300m，一般注塞至生产套管水泥返高以上 300m。

通过注井筒水泥塞，可以在井筒内形成有效屏障，防止注入的天然气通过井筒上窜至井口或下窜至其他非目的层，保障储气库安全运行，同时避免天然气地下窜流造成气体损失。

2) 储层封堵技术

（1） 堵剂体系及添加剂的优选。

储层封堵的核心技术是堵剂体系，堵剂体系的综合性能将直接影响储层的封堵效果。因此，必须通过一系列室内实验筛选、调整、优化堵剂体系以及各种添加剂的合理配比以保证最佳封堵效果。

因储气库具有高低交变应力、多注采周期、长期带压运行的工况特点，老井封堵体系目前仍以超细水泥为主。主要原因是超细水泥注入性能好，可以顺利挤入地层，此外其固化后强度高，能够满足储气库注采循环交变压力要求。但是，必须合理添加一定比例的添加剂以优化超细水泥浆整体性能，才能保证封堵效果。

① 封堵体系优选原则。

a. 堵剂体系配制简单，需具有较好的可泵送性，便于现场施工。

b. 堵剂体系需具有良好的注入性，可有效封堵地层深部，保证封堵质量。

c. 堵剂体系需具备可控的稠化时间，可根据不同井况特点及施工时间预期进行调整。

d. 堵剂体系固化后具有较高抗压强度，满足储气库注采交变应力的长期作用。

e. 堵剂体系需具备优良的防气窜性及抗气侵性，可有效防止储气库注气后气窜、气侵现象的发生。

f. 强度抗衰退性能好，老化时间长，满足储气库长期运行要求。

② 堵剂体系性能指标。

老井封堵所用堵剂体系在保证施工安全的前提下，必须满足以下性能要求：

a. 堵剂体系游离液控制为 0，滤失量控制在 50mL 以内。

b. 堵剂体系气相渗透率小于 0.05mD。

c. 沉降稳定性实验堵剂体系上下密度差应小于 0.02g/cm^3。

d. 堵剂体系 24~48h 抗压强度应不小于 14MPa。

③ 堵剂体系粒径的选择。

通过查阅常用的 800 目超细水泥粒径分部的范围，可以发现，最大粒径小于 30μm，平均 7.34μm，而常规 G 级油井水泥平均粒径达到 53μm。因此，超细水泥更容易进入储气层孔隙和缝隙当中；超细水泥比表面积大，达到 16240cm^2/g，而常规 G 级油井水泥比表面积只有 3300cm^2/g。超细水泥水化反应的程度比常规水泥高，而水化程度的高低反映水泥石微观结构密封性的好坏，常规水泥颗粒较大，水化程度低，水泥颗粒之间存在不完整结合，一定程度上影响了常规水泥石的密封性。

超细水泥粒径范围将直接影响老井封堵效果，若选择粒径范围大，水泥颗粒在注入过程中极容易堵塞储气层孔隙吼道，不能实现深部封堵，无法保证封堵效果；若选择粒径范围太小，水泥粒径在注入压差的作用下被推送至地层深部，无法建立起有效封堵屏障，完全封闭储层。

超细水泥的比表面积过大，水化速度快，容易出现闪凝现象，施工过程需要添加合适配比的缓凝剂及其他添加剂来控制堵剂体系的初凝时间，确保施工的安全性。

④ 堵剂体系添加剂的优选。

为确保堵剂能够顺利地挤入地层，除要求堵剂粒径与地层孔喉直径相匹配外，还要求堵剂本身具有良好的悬浮性能和流动性，静失水小；要有足够的稠化时间和较高的抗压强度，另外添加适量的助流剂、增韧材料、防气窜纳米材料，可以使配制的堵剂具有更好的流动性，提高其注入性能，可以有效地防止气窜、气侵现象的发生，显著提高封堵效果。

第二章 枯竭油气藏储气库建设工程技术与管理

a. 降失水剂的优选。水泥浆在压力下流经渗透性地层时将发生渗滤，导致水泥浆液相漏入地层，这个过程通称为"失水"。如果不控制失水，液相体积的减少将使水泥浆密度增加，稠化时间、流变性偏离原设计要求，大量液体流入地层，使水泥浆变得难以挤入地层，影响封堵效果。因此，通常在堵剂中加入具有降失水性的材料，从而控制水泥浆的失水量。

目前主要采用具有吸附、聚集及提高液相黏度双重作用的多功能悬浮剂作为堵剂体系的降失水剂。该体系的降失水性能可以通过实验进行评价。具体评价方法为：将多功能悬浮剂与超细水泥颗粒按 $1:1.2 \sim 1:2.0$ 水灰比配制成封堵浆液，搅拌均匀后倒入 100mL 比色管中，放置到常温下静置 1h，观察体系的析水量。

在相同降失水剂加量的情况下，随着水灰比的提高，水泥颗粒对自由水的包覆能力增强，水灰比达到 $1:1.6 \sim 1:2.0$ 比例后，常温条件下静置 1h，其析水量均为 0。这表明多功能悬浮剂对较高水灰比的超细水泥颗粒悬浮性能好，可以有效地降低堵剂的静失水量，可以保证现场堵剂配制的质量。

b. 分散剂的优选。增大堵剂体系中颗粒的浓度，可以大幅提高封堵剂固化后的最终强度，从而提高储气库的承压能力。但随着超细水泥颗粒浓度的增加，堵剂的流动性也随之降低，当流动度降低到一定程度时，会使现场泵送困难。为改善堵剂浆体的流动性能，需要加入一定量的分散剂。

分散剂（又称减阻剂）是油井水泥外加剂中重要的一员，它可以在低水灰比下赋予水泥浆好的流动性和固化后的高强度。目前已成功应用的油井水泥分散剂主要有 B-萘磺酸甲醛缩合物和磺化丙酮甲醛缩合物。B-萘磺酸甲醛缩合物是以萘为原料，通过磺化、缩合、中和等步骤合成得到，具有良好的分散能力，但产品中含有相当量的因中和过量硫酸而生成的硫酸钠，硫酸钠的存在会腐蚀水泥石；磺化丙酮甲醛缩合物是目前国内油井水泥分散剂中的主导产品，它是通过丙酮磺化、甲醛缩合得到的，具有良好的分散能力，使用温度可达 150℃，是目前国内最好的高温油井水泥分散剂。

经过对目前常用分散剂如改性木质素聚羧酸、多酰胺类、B-萘磺酸甲醛缩合物和磺化丙酮甲醛缩合物等的筛选及评价，并综合考虑经济、环境及健康安全等各方面的因素，筛选出 FSJ-01 有机分散剂。

通过室内流动性评价实验，堵剂体系中加入一定量的 FSJ-01 有机分散剂可以显著改善堵剂体系的流动性，增加流动度。

c. 缓凝剂的优选。目前油井水泥缓凝剂主要包括单宁衍生物、褐煤制剂、糖类化合物、硼酸及其盐类、木质素磺酸盐及其改性产品、羟乙基纤维素、

羧甲基羟乙基纤维素、有机酸、合成有机聚合物等。为满足老井封堵施工过程对堵剂体系稠化时间的要求，保证堵剂顺利挤入地层，避免出现堵剂过早稠化造成的工程事故，综合经济、安全、环保等各方面的因素，通过对目前常用缓凝剂的筛选评价，最终选定 HNJ-01 有机缓凝剂。

在模拟储层温度 80℃，压力 30MPa 条件下进行的稠化实验表明，堵剂体系中添加一定量的 HNJ-01 有机缓凝剂，可以使堵剂体系稠化时间延长至 3h 以上，从而满足老井封堵现场施工时间的要求，并且加入 HNJ-01 有机缓凝剂的堵剂体系还具有直角稠化的性能，可以有效避免堵剂体系固化过程中气侵现象的发生，保证老井封堵效果。

d. 防气窜剂的优选。井筒内堵剂如果在凝固过程中体积收缩或是当堵剂注入环空后，环空堵剂液柱静压力开始下降，当传递的压力低于地层气体压力时，气体就易于进入水泥浆内，使堵剂凝固后本体气相渗透率相对较高，为今后储气库的运行带来隐患。为避免此类问题，需要在堵剂中添加适量的防气窜材料。目前主要有 3 种防气窜材料：水泥膨胀类材料，如无水磺化铝酸钙、硫酸钙等；水泥发泡类材料，如三氧化二铝、各种活性发泡剂等；水泥填充类材料，如二氧化硅、橡胶粉等。

通过对目前常用防气窜剂的筛选及评价，并综合考虑成本、安全性等因素，筛选出 FQC-01 纳米防气窜剂，其主要是通过在颗粒材料中添加适量的纳米材料，填充颗粒之间的空隙，来改善堵剂的孔隙结构和致密性，降低堵剂的渗透性，从而提高固化后堵剂体系的防气窜性。

室内研究中可以将添加纳米防气窜剂的堵剂与普通堵剂在相同压差、不同密度条件下分别测定其固化后的气相渗透率，以此评价堵剂体系的防气窜性能。

气相渗透率可以降低两个数量级以上，固化强度稍有增加，表明堵剂体系中添加纳米防气窜材料，可以在增加堵剂体系的固化强度的同时显著提高堵剂体系的防气窜性能。

e. 增韧材料的优选。水泥类堵剂固化后形成的水泥石为具有一定微观缺陷的脆性材料，并且其抗拉强度低。随着所受应力的增加，一旦断裂强度因子大于材料的断裂韧度，裂纹将迅速扩展，继而产生宏观的裂纹和裂缝，造成储气层内的气体沿着水泥塞裂纹或裂缝上窜。因此，改善水泥类堵剂的力学性能，增加水泥石的韧度和弹性，对防止井筒内水泥塞产生裂缝，消除储气库运行的安全隐患有重要的意义。

根据断裂力学原理和复合材料理论进行堵剂体系配方的设计，并通过一

第二章 枯竭油气藏储气库建设工程技术与管理

系列的室内实验，对常用的水泥增韧材料进行综合评价。研究发现有机富硅纤维和有机弹性颗粒作为复合增韧剂可以显著提高超细水泥固化后的抗折强度。

与未添加复合增韧材料的堵剂相比，添加复合增韧材料的堵剂体系其抗折强度可提高约20%，但其抗压强度稍有降低。这是因为添加的复合增韧材料为塑性材料，堵剂体系的柔韧性会有大幅提高，相对而言抗压强度会受影响，但抗压强度下降值仍在可控范围之内，通过对堵剂体系性能的综合优化，其抗压强度仍然可以满足储气库运行压力的要求。

(2) 堵剂体系综合性能评价。

研究筛选堵剂体系的合理配比时，需要以建库储气层位的温度、压力、孔隙度、渗透率等储层物性等为依据，通过稠化时间、抗压强度、岩心实验和封堵性能评价等一系列室内实验对堵剂体系的综合性能进行评价。

经室内研究优化，在实验温度90℃条件下，堵剂体系的标准配比为1:1000，超细水泥556g，多功能悬浮剂16.6g，68mL FSJ-01（有机分散剂），11.12mL HNJ-01（有机缓凝剂），30gFCQ-01（纳米防气窜剂），若实验温度发生变化，只需合理调整上述配比中HNJ-01有机缓凝剂的加入量即可。

① 稠化时间评价。

稠化时间是指在特定实验温度条件下，配制成的堵剂体系稠度达到100Bc所用的时间，稠化时间的长短直接决定着老井封堵过程的施工安全。在90℃实验温度，25MPa实验压力条件下，将上述堵剂体系进行高温高压稠化实验。

在90℃实验条件下，上述堵剂体系稠化时间可以达到5h以上，可以使堵剂在浆体稠化之前顺利挤入地层，满足现场施工时间要求。该体系具备直角稠化性能，可在一定程度上防止气侵。

② 抗压强度评价。

堵剂体系固化后的强度是保证储气库老井长期、有效封堵的关键指标，固化强度越高，堵剂所承受的交变压差越大，发生气窜的可能性就越小，有效期就越长。

室内研究中将上述堵剂体系制成标准试块，置于温度90℃、压力25MPa环境条件下进行养护。养护结束后，分别测定1天、3天和28天的堵剂体系的抗压强度，以此评价堵剂体系的承压能力。

该堵剂体系养护3天后平均抗压强度达26.23MPa，远远高于常规G级油井水泥21.4MPa抗压强度值，表明该堵剂体系固化后承压能力较强，可以有效保障储气库运行时高、低交变应力变化产生的生产压差。

③ 注入性及封堵性评价。

在老井封堵施工过程中,如果堵剂注入性差就会造成施工压力过高,堵剂不能按设计量进入地层而导致措施有效期短,影响封堵效果。因此堵剂的注入性是保证堵剂可顺利注入地层的一个重要指标。此外,堵剂固化后的封堵性能是决定储气库密封性的关键,直接决定着储气库的寿命。

挤注后的岩心气测渗透率下降明显,并且原始渗透率越高,下降幅度越大,表明该堵剂体系对气相介质具有很好的封堵性能,可以保证储气库老井的气密封效果。

3) 储层封堵工艺

储气库老井储层的封堵主要采用高压挤堵、带压候凝的施工工艺,即通过井口加压,将堵剂有效挤入封堵层,随后带压关井直至候凝期结束,这样可以避免在堵剂候凝过程中,水、气对堵剂的侵蚀,有效提高封堵质量。

通过高压挤注堵剂,可以在射孔层位附近获得一定的处理半径,堵剂固化后形成一道致密屏障,有效阻止注入天然气外泄。此外,高压挤注过程对管外水泥环和第一、第二界面的裂隙进行有效弥补,从而提高了管外密封效果。

经高压挤注后岩心端面的电镜扫描结果直观反映了储气库老井储层封堵效果。通过观察板中北储气库岩心(渗透率为137mD)和板876储气库岩心(渗透率16.8mD),高压挤注超细水泥后的微观结构不难发现:

(1) 挤注超细水泥后,岩心挤注端面水泥分布均匀,均形成了渗透性极低的水泥结膜,对端面进行了有效的封堵。

(2) 相对板876储气库岩心而言,超细水泥更容易挤入板中北储气库岩心,说明其更容易进入中、高渗透岩心内部,并对岩心造成永久性堵塞。

4. 环空封堵技术

储气库范围内的老井大多数已有几十年历史,水泥环长时间经历压力、温度以及矿化度的影响,水泥环与地层以及水泥环与套管之间的胶结状况有所降低,容易在套管与水泥环、地层与水泥环之间出现微裂缝和微裂隙,尤其是在射孔层附近,受到射孔弹剧烈的冲击,射孔层附近水泥环会产生放射性裂缝。环空出现裂隙或裂缝主要在套管与水泥环、地层与水泥环的胶结面,同时水泥内部也有少量的微裂隙存在。

1) 堵剂体系挤注裂缝性能

堵剂体系能否顺利挤入管外水泥环的微裂缝,直接影响了其对管外环空的封堵效果。实验中将超细水泥堵剂、G级水泥和H级水泥分别挤入0.15mm

第二章 枯竭油气藏储气库建设工程技术与管理

人造窄缝，计量通过体积，以此评价堵剂体系挤注窄缝的性能。

通过分析，即使未添加分散剂的超细水泥堵剂其通过 0.15mm 窄缝的体积分别达到了 96%，添加 2%分散剂后该数值达到了 99%，而普通 G 级和 H 级水泥通过体积只有 15%左右，说明超细水泥具有很好的挤入裂缝能力。在挤注过程中，一部分超细水泥浆进入环空裂缝中，能够彻底封堵炮眼和因射孔或其他因素在储层周边形成的微细裂缝，从而对管外环空进行有效封堵。

2）环空封堵工艺

储气库老井管外环空封堵主要依靠高压挤注堵剂封堵储气层的同时，对管外水泥环和第一、第二界面的裂缝、裂隙进行有效的弥补来实现。因超细水泥堵剂具有较强的穿透能力，向储气层高压挤注堵剂的同时，堵剂可以沿管外固井质量较差井段的微间隙上下延伸，从而提高了管外环空的密封效果。

若老井管外固井质量较差，环空封堵还可以通过锻铣套管来实现。当储气层顶界以上环空水泥返高小于 200m 或连续优质水泥胶结段小于 25m 时，应对储气层顶界以上盖层段进行套管锻铣，锻铣长度不小于 40m，锻铣后进行扩眼并注入连续水泥塞。但是，应谨慎采取锻铣套管工艺封堵，套管锻铣后井筒的完整性遭到破坏，不利于今后的应急抢险作业，尤其是对于大斜度井在钻塞抢险作业时，套管锻铣段容易划出新眼，使井况复杂化。

5. 老井封堵工艺方法及参数优化

储气库老井的安全隐患主要有两个方面：一是注入的天然气沿固井水泥环第一和第二界面向上（下）运移，或沿着射孔孔眼窜入井筒，向非储气层位和井口运移，使天然气向非目的层或井口泄漏；二是封堵后的老井在储气库运行过程中由于应力的高低交替变化，造成固井水泥环水泥塞破坏，使注入的天然气发生泄漏。因此，不管采用何种封堵工艺，均要求处理后的老井可以彻底封堵注气层位、非注气层位、管内井筒以及管外环空，有效防止层间窜气、井筒漏气以及环空窜气，保证储气库的整体密封性。

1）老井处理施工流程

储气库老井特点及封堵质量要求决定了其处理流程不同于常规井下作业修井施工流程。储气库老井处理施工过程严格遵循"由地面到地下，由井口至井筒，先测试后封堵"的处理原则。处理流程包含以下内容：

（1）修复井口。对于地面井口装置遭破坏的井需首先进行井口的修复，以满足安装井口装置和后续作业要求。

（2）处理井筒。指采用通井、刮削和各种大修工艺（如套铣、磨铣、钻铣、打捞等）将老井井筒进行清理的过程，一般需要将井筒清理至储气层以下20~30m。

(3) 测井评价。按要求进行井口坐标复测陀螺（或连续井斜）测井、固井质量测井、套管壁厚及套管内径检测、电磁探伤测井等项目。

(4) 综合评价。对拟再利用井的套管剩余强度固井质量、套管承压能力等进行综合评价，以评估老井目前状况是否满足储气库运行工况的要求，如评价结果不理想，则取消该井作为再利用井的方案，将其进行封堵处理。

(5) 处理老井。对于需弃置的老井进行有效封堵；对于再利用老井按用途下入相应的完井管柱。

(6) 恢复井场。对井口及作业井场按要求进行处理。

2) 老井封堵施工工艺

目前所应用的老井封堵工艺方式多种多样，归纳起来主要有以下几种。

(1) 循环挤注工艺。

循环挤注工艺是将油管下到封堵层位的底界，将堵剂循环到设计位置，然后上提管柱，洗井后，井口施加一定压力使堵剂进入储气层的施工工艺。使用该工艺时，堵剂与地层接触时间较长，对堵剂整体性能要求高，施工过程也较为烦琐，不适合跨度较大的多层段地层的封堵。

(2) 挤工艺。

挤工艺是将油管下至待封堵层位顶界，施工过程先将堵剂顶替至油管内一定位置，然后关闭套管阀门，油管内施加一定的压力，将堵剂完全挤出油管，挤入地层；而后，为保证施工安全，再关闭油管阀门，打开套管阀门，继续反挤一定量液体，循环洗井后，关井候凝。该工艺虽施工中避免了起管柱，但对堵剂用量的控制必须相当精确，稍有不慎便会出现"插旗杆"或"灌香肠"等井下事故，且施工过程不可避免地会引起堵剂的反吐，不能实现带压候凝；另外也不适合跨度较大的多层段地层的封堵。

(3) 插管式封隔器（桥塞）挤注工艺。

插管式封隔器（桥塞）挤注工艺是将插管式封隔器（桥塞）坐封在待封堵层位的上部，然后下入带插管的油管，将插管插入封隔器（桥塞），此时单流阀开启，可对储气层进行高压挤注，挤注完成后提出插管，封隔器的单流阀自动关闭，使挤注层段实现带压候凝，反循环洗井后，关井候凝。该工艺施工工序简单，针对性强，可实现带压候凝，有效防止堵剂反吐，提高封堵质量，但其对插管式封隔器（桥塞）胶筒的耐温性及抗老化性要求较高，尤其是在高温高压条件下应用时，对胶筒及其整体性能要求更为严格。

第二章 枯竭油气藏储气库建设工程技术与管理

(4) 电缆（钢丝）输送打塞工艺。

电缆（钢丝）输送打塞工艺是一种新兴工艺方法，其是将特制的注灰器用电缆或者钢丝输送至目的层位，用机械或者爆炸点火的方式打开注灰器，将堵剂准确输送至目的层位的施工工艺。该施工工艺能显著缩短施工时间，节约成本，且注塞位置精确，施工过程不引起井内液面的变化，适合漏失井施工；另外，对于小夹层的封堵优势明显。

根据储气库的运行特点以及对老井封堵质量的要求，储气库老井封堵施工工艺应该优选循环挤注工艺和插管式封隔器（桥塞）挤注工艺，具体来说，对于单独射开储气层的井，如果储气层间跨度不大、层间非均质性不严重，应选用循环挤注工艺；而对于储气层与非储气层共存的井，如果各射孔层段之间跨度较大、储气层间非均质性严重或是射孔层位以上套管存在套损等问题，此时应选用插管式封隔器（桥塞）挤注工艺。

3）老井封堵施工步骤

储气库老井封堵总体施工步骤如下：

(1) 压井。选用合适密度及类型的压井液压井，要求压井后进出口液性能一致，井口无溢流及明显漏失现象。

(2) 安装防喷器。根据地层压力情况选用合适级别的防喷器，并按相关标准对防喷器进行试压，保证其处于良好工作状态。

(3) 起原井管柱。如果井内有原井管柱（油管及抽油杆等生产管柱），则将原井管柱提出，起管过程中需严格控制速度，并根据井控要求及时灌注压井液，保持井内压力平衡，井口无溢流。

(4) 通井。根据套管内径选用合适的通径规进行通井，确认目前井筒状况，落实有无套变、落鱼等复杂井况。若井筒内有复杂井况，则采取相应的大修处理工艺（如套铣、磨铣、钻铣、打捞等）将老井井筒进行清理，一般需要将井筒清理至储气层以下 20~30m。

(5) 刮削。根据套管内径选用合适规格的刮削器进行井筒刮削，并在封隔器及桥塞坐封位置反复刮削 3 次以上直至悬重无变化。

(6) 清洗井壁。用清洗剂（主要是油溶性表面活性剂）对套管内壁附着的油污进行清洗，要求干净、彻底；如清洗不彻底，套管壁残余油污会影响后期堵剂的胶结，使固化后的堵剂在套管壁附近形成微环空或缝隙，存在井筒气窜的风险。

(7) 套管试压。将封隔器坐封在封堵层位上部 5~10m，对上部套管进行试压，试压值应达到或超过最高挤注压力值，避免挤注堵剂过程对上部套管

造成破坏，同时验证上部套管的抗压强度。对于再利用井，需对老井生产套管用清水试压至今后储气库运行时最高井口压力的1.1倍。

（8）资料录取。采用GPS重新测定井口坐标；陀螺或连续井斜测井复测全井井眼轨迹；CBL/VDL，SBT和RIB等常用测井手段进行全井固井质量检测，对于再利用井需要加测四十臂井径和电磁探伤测井，并进行套管质量综合评价。

（9）确定封堵体系。根据封堵目的层孔喉半径选取合适粒径范围的堵剂，并根据目的层的温度、压力等参数进行室内稠化模拟实验，确定堵剂配方。

（10）确定堵剂用量。根据挤注半径、射孔层位厚度、目的层有效孔隙度以及井筒内堵剂留塞高度来确定堵剂用量。

（11）确定封堵工艺。根据不同井况特点选取合适的封堵工艺。

（12）确定最高挤注压力。最高挤注压力通常设定为地层破裂压力的80%，且不超过油层套管抗内压强度极限值，地层破裂压力可根据破裂压力系数进行推算。

（13）挤注目的层。根据确定的堵剂体系、封堵工艺及施工参数封堵目的层，候凝结束后应采用正向试压与氮气（液氮或汽化水等）掏空后反向试压相结合的试压方式验证封层效果。

（14）注井筒水泥塞。采用循环注塞工艺和带压候凝方式注井筒水泥塞，储气层顶界以上管内连续水泥塞长度应不小于30m，一般来说应注到生产套管水泥返高位置以上。

（15）锻铣套管。如果前期固井质量检测管外水泥环不能满足要求，在盖层位置选取合适的井段锻铣油层套管40m以上，扩眼后加压挤注堵剂进行封堵。

（16）灌注保护液。为延缓套管腐蚀速度，同时提供液柱压力以避免漏失气体直接窜至地面，水泥塞上部井筒灌注套管保护液。

（17）下完井管柱。为保留弃置井应急压井功能，确保出现井筒窜气等异常情况能快速压井，弃置井封堵完井时应下入一定数量的油管作为压井管柱。

（18）封堵收尾。恢复井口采油（采气）树，油层套管、技术套管环空安装压力表，以便巡井观察。

（19）标准化井场。为了规范储气库弃置井的管理，保障储气库安全，同时确保当出现紧急情况时可实现应急作业，储气库封堵井井场和进场道路均需要保留，并进行井场标准化建设。

（20）建立定期巡井制度，定期记录油层套管、技术套管带压情况，做好

第二章 枯竭油气藏储气库建设工程技术与管理

备案)。

4) 老井封堵工艺参数优化

老井封堵施工中各相关参数设计是否合理,直接决定着老井的封堵质量。施工之前必须对各关键参数进行优化设计,以确保老井封堵质量达到设计要求。这些参数包括挤注压力、封堵半径、堵剂用量、井筒内堵剂留塞高度等。

(1) 挤注压力的确定。

挤注压力直接影响老井的封堵效果,如果设定的挤注压力太低,堵剂不能完全挤入地层,将会降低封层效果;如果设定的挤注压力太高,易使生产套管破裂,无法准确向目的层挤注堵剂,严重时还会压裂地层,造成堵剂大量漏失,无法保证封堵效果。

最高井底压力原则上不应该超过地层的破裂压力,为安全起见通常设定井底压力为地层破裂压力的 80%,且不超过油层套管抗内压强度极限。

(2) 封堵半径的确定。

从理论上来说,封堵半径越大,其封堵效果越好,但封堵半径受地层物性和工程因素的制约。要设计合理的封堵半径还必须综合考虑以下几点因素:

① 封堵目的层的孔隙度、渗透率等原始地层物性情况。

② 固井时第一界面和第二界面可能存在弱胶结情况,为获得较大处理半径而采用高压挤注时,存在破坏第一、第二界面得危险,影响整体封堵质量。

③ 由于长期开采,目前地层压力比原始地层压力要低得多,地层孔隙会有一定程度的闭合,孔隙度、渗透率会降低,造成堵剂不易进入地层深部。综合考虑上述因素,为保证堵剂能顺利挤入地层,起到有效封堵目的层的作用,一般设计封堵半径为 0.5~0.7m。这与实际统计的部分储气库老井实际封堵半径是一致的,根据国内部分储气库老井挤注半径统计情况发现:这些储气库均已运行多个注采周期,迄今还未发现老井漏气现象,这说明 0.5~0.7m 的设计处理半径是合理的,可以保证储气库的整体密封性和运行安全要求。

(3) 堵剂用量的确定。

老井封堵施工中堵剂用量的确定需根据挤注半径、射孔层位厚度、地层有效孔隙度以及井筒内堵剂留塞高度来确定。

(4) 井筒内堵剂留塞高度的确定。

封堵射孔井段时,井筒内堵剂留塞高度目前国内没有统一的标准。美国有关报废井作业的标准中规定:对有套管的废弃井用水泥封堵射孔井段时,井筒内水泥塞的位置从射孔井段以下 15.24m(50ft)至射孔井段以上 15.24m。初期,国内储气库废弃井封堵射孔井段时,井筒内堵剂留塞高度不

少于50m。近年来，国内实际施工中，射孔层位以上连续堵塞的高度一般执行"储气层顶界以上管内堵剂留塞高度应不小于300m"的规定。

六、地面工程设计

1. 一般规定

（1）地面工程设计依据的基础资料应包括以下几个方面：

① 地下储气库与输气管道干线的接入点及在各种输气工况下外输天气接入点的运行压力、温度、水露点、烃露点等参数。

② 地质应提供地下储气库注采模式、建库周期、库容量、有效工作气量、垫气量、注采天数、单井注采气能力、产液情况、井流物组分、井流物气液比等。

③ 钻采应提供注采井地面井位、注采气井口压力、温度及不同注采气量下的井口压力等。

（2）应结合联络线、地下储气库集注站、井场及周边所依托的已建设施等进行总体布局优化。

（3）根据地下储气库注采气期井口参数，结合长输管道运行参数，合理确定注气系统、采气系统各主要节点压力。

（4）注采气装置设计规模宜根据地下气库的功能定位、储气库注采模式、单井注采气能力，结合长输管道供气能力和调峰需求等合理确定。

（5）地下储气库与长输管道联络线宜双向输气，且满足注气工况和采气工况输气能力要求，联络线输气规模应统筹考虑注气工况、采气工况及储气库（群）的建设规模。联络线设计压力宜与天然气长输管道保持一致。

（6）注气站与集气站宜合建为集注站。集注站宜靠近井场布置，在区域条件及地质条件允许的情况下优先考虑注气站与集气站毗邻建设。

（7）应做好地下储气库注气压缩机噪声控制措施，集注站宜远离噪声敏感区。

（8）地下储气库地面工程设计宜进行危险和可操作性分析（HAZOP）。

（9）储气库采出气处理后的产品气指标应满足 GB 17820—2018《天然气》的要求。

2. 集输系统设计

储气库具有注采交替运行的特点，在注气期，仅注气设施运行，采气设施处于维护状态；在采气期，则采气设施运行，注气设施停用。集输流程的

第二章　枯竭油气藏储气库建设工程技术与管理

选择应符合储气库的特点。

注气期，来自长输管道的天然气经双向输送管道输至集注站，增压后出站，进入注气集输管道，到达注采井场，计量后经采气树注入地层。采气期，注采井的采出物在井口（根据工艺也可设置在集注站）节流、计量后，经采气集输管道输送至集注站，在集注站处理合格后经双向输送管道输至长输管道，参与管道调峰供气。

储气库集输工艺是指从注采井口到集注站进（出）站所采用的工艺流程，主要包括注采井场工艺和注采管道输送工艺。基于总体布局研究确定的集注站位置和进（出）站压力要求，进行储气库集输工艺的优选。

1）集输流程设计原则

注采集输工艺流程选择应遵循以下原则：

（1）由于储气库具有"大进大出、注采交替、变工况运行"等特点，因此注采集输工艺流程应尽可能简单、适应性强、注采切换灵活、远程调控自动运行。

（2）为了满足灵活调整注采气量及满足地质部门对相关参数的需求，每口注采井的注气量、采气量均需进行计量，单井注、采气计量装置应根据储气库井口具体参数情况设在注采井场或集注站。

（3）由于储气库多为丛式布井，宜采用多井集气工艺，在多井井场设注采阀组，具备集气、计量等功能。

（4）由于储气库注采井产液量一般不高，因此采气集输宜采用气液混输方式。

（5）由于储气库多为长输管道调峰，我国长输管道的运行压力较高，为了充分利用地层压力能，宜采用高压集气方式，所有采气管道采用一套压力系统。

（6）注采井场需要考虑采气时的节流、防止水合物措施和开井低温工况的应对措施。

（7）宜采用集中注气工艺，即在集注站集中设置注气压缩机，高压输送至各注采井。

（8）注采管网采用注采分开还是注采合一需要进行对比论证。

如双6储气库采用了"注采井口双向计量，采气时井口加热节流、投产注醇、气液混输，注采双管"的集输工艺。

2）注采井场

（1）注采井类型。

储气库井类型包括：注采井、采气井（一般为老井利用）、监测井等。储

气库新钻井一般为注采井，同时具备注气和采气功能；改建储气库之前的部分生产老井评价合格的可以作为采气井，部分老井转作监测井，废弃不用的老井需要进行严格封堵。

注采井多为丛式布井，每座井场布置2~6口井不等。注采井场有单井井场和多井井场。

（2）注采井场的功能。

注采井场除了要满足正常的注气、采气生产以外，还要满足录取生产运行数据、防止冻堵、防止腐蚀、事故检修、安全措施等要求。注采井场一般具备以下功能：紧急关断、井口压力检测、井口温度检测、单井注气量计量、单井注气量调节、单井采出的气/油/水量计量、出砂检测、单井采气节流、注入水合物抑制剂或加热、检修时放空、检修时排污、清管发球装置、井口取样、井口腐蚀检测挂片等。

① 紧急关断系统：注采井设井下、采气树上及地面紧急切断阀。当压力超高或超低、温度超高或超低、管道大量泄漏、井喷等事故情况下触发关断。

② 录取生产数据：主要是温度、压力、流量、出砂情况的检测，数据一般上传至位于集注站的控制中心。

③ 防止冻堵：由于采气初期井口压力较高，井口温度低，且采出气为湿气，易形成水合物，需要采取防止水合物的措施，常用的有注入防冻剂或加热方式。正常采气时是否设置防冻降凝措施需根据正常采气时工况参数确定。

④ 井口节流：井口采气压力一般远高于集输压力，尤其是采气初期，所以一般在井口设节流。

⑤ 检修：井场设施故障需要停产检修时，需要先关闭井场出口的阀门，然后排净管道内的油气后才能打开管道进行相应的检修工作。修井作业时，需要从井口引一根放喷管，将井筒内的易燃介质引至远离井场的安排地点排放。

⑥ 清管：为了提高采气管道的输送效率、减缓腐蚀，采气期结束时或者采气过程中需要定期对采气、集气管道清管。

⑦ 防腐：当采出物中含有较高的H_2S、CO_2等腐蚀性介质时，需要考虑可靠的防腐措施，如采用耐腐蚀管材，或者筛选加注缓蚀剂，并对管道腐蚀情况进行监测，在易蚀部位设置腐蚀挂片、腐蚀探针等。

井场的功能应因地制宜，以简单实用为原则，既能满足安全生产的要求，又能节省投资、方便运行管理。

如德国Rehden储气库16口注采井位于集注站内，分为三列集中布置。

第二章 枯竭油气藏储气库建设工程技术与管理

井口功能非常简单,仅设置了紧急切断阀、井口温度检测、井口压力检测,未设其他功能。

大张坨储气库采用了丛式布井方式、多井井场,井场功能包括:紧急关断、井口压力检测、井口温度检测、单井注气量计量、单井采出的气/油/水量轮换计量、注甲醇、就地放空阀、就地排污阀。

辽河双6储气库采用了丛式布井方式,多井注采井场。井场功能包括:井口紧急关断、采气支路紧急关断、井口压力检测、井口温度检测、单井注气量计量、单井采出的气/油/水量轮换计量、注甲醇、采气加热节流、就地放空阀、就地排污阀。

(3)注采气量调节与计量。

储气库的注采井不同于普通的采气井,普通采气井需要合理配产来提高天然气的采出率,并延长采气井的寿命,注采井每一个注采周期都进行采气和注气的作业,它的核心功能是调峰。由于目的不同,在实际操作中也是不同的,气田采气井的井口节流阀长期处于一个开度,注采井在采气期需要根据实际的需求进行频繁的调节。早期建设的储气库注采井口节流阀为手动阀门,频繁操作,导致操作人员工作强度大,调节精度低,后加装了电动执行机构,实现了注采流量的远程调节。

① 流量调节。

储气库的注、采气流量调节阀的应用是势在必行的,为此对于注、采气流量的调节可采用两种方案进行设置。

方案一:采用具有双向调节功能的"轴流式节流阀"进行单井注、采气量调节。单井注气调节为流量调节,被测参数为单井注气流量。单井采气调节为压力调节(相当于可调喷嘴),节流阀的开度调整由集注站内值班人员进行远程设定,在一定时期内相对固定。

方案二:注气期的流量调节采用"可控球阀"进行流量调节,在采气期采用"角式节流阀"进行流量调节。其控制方案同方案一。该方案是将原来注气流程上的切换球阀调整为电动可控球阀,该种阀门阀内件采用碳化物喷涂,耐磨性好,其既可实现注气调节,也可作为切换阀使用。

干气藏储气库井流物携带的杂质较少,在采气期对阀门的冲蚀较小,阀门维护量小,可优选方案一。油气藏型储气库优选方案二,其原因在于现场检修的方便。

② 计量。

对于纯气藏改建的储气库,采气时采出气中仅含有极少量的水,可以考

虑注采双向计量,在井口设允许少量带液、能够双向计量的流量计,如超声波流量计、靶式流量计等。对于油藏、凝析气藏等改建的储气库,采气时带有较多的油水等液体,应注采分别计量,可以每口井设一套注气流量计,可选用靶式流量计、孔板流量计或超声波流量计等;采气计量方式需要进行方案对比,可以考虑多井轮换两相或三相分离计量、每口井单独计量等多种方式,分别计量气、油、水的产量。计量分离器可设在多井井场、注采阀组、集配站或集注站。

(4) 防止生成水合物。

从气井井口采出的天然气含油、水,同时有些油中含有蜡。当压力一定时,天然气温度降低至等于或低于露点温度时就会析出液态水,而当天然气温度等于或低于水合物形成温度时,液态水就会与天然气中的某些气体组分形成水合物,当含蜡流体温度降到析蜡温度以下时,会导致蜡的析出,堵塞管道和设备。

根据天然气水合物形成的基本条件,可采用物理方法和化学方法防止天然气水合物形成。物理方法是用脱除、加热(保温)、降压等方法来预防和清除水合物的形成。化学方法是通过加入一定量的抑制剂,改变水合物形成的热力学条件、结晶速率或聚集形态,来达到保持流体流动的目的。

地下储气库井口发生冻堵现象的状况是间歇的、短时的和不确定的。地下储气库常用井口防冻防凝工艺如下:

① 加热节流工艺。

常用的加热工艺有两种,一是采用水套式加热炉加热,二是采用导热油加热。采用导热油加热,需要在井口新建换热器及热媒加热系统,由于井口压力较高,管壳式换热器的设计压力需要达到20~30MPa,设备结构复杂,制造困难,且投资较高,因此不推荐采用。目前国内在高压水套式加热炉的制造方面技术比较成熟,较导热油加热工艺投资低,推荐采用此工艺。当井口温度较高时可采用两级节流加热方式,以降低炉管设计压力。

加热节流工艺适用于井口压力较高、温度较低的气井。优点是单井集输管道设计压力较低,管道投资费用较少,可同时解决水合物及结蜡问题。缺点是井口设施投资高,工艺流程复杂。

② 井口不加热高压集输工艺(油嘴搬家)。

井流物不经加热高压集输至集注站,各单井井流物在集注站进行节流。此工艺适用于井口压力不太高、温度较高而且距集注站较近的气井。高压集输流程优点是充分利用了地层压力能,但单井集输管道设计压力较高,管道

第二章 枯竭油气藏储气库建设工程技术与管理

投资费用较高。

③ 井口节流注防冻剂不加热工艺。

此工艺适用于井口压力较高、温度较高的气井。优点是单井集输管道设计压力较低，管道投资费用较少，操作简便，投资省。缺点是防冻剂运行消耗量较大，增加了防冻剂的运输管理难度，不能解决析蜡问题。

常用抑制剂通常包括甲醇、乙二醇（EG）或二甘醇（DEG）等。从防冻效果看，乙二醇最低只能适应$-20℃$，而甲醇最低能适应$-40℃$。

（5）投产初期低温工况。

开井初期，地层温度场未建立起来时，井口温度低，并且此时采气管道压力低，井口节流阀前后压差很大，焦耳-汤姆逊效应导致节流阀后温度下降很快，极易生成水合物冻堵管道。防止开井初期生产水合物冻堵的措施主要有：

① 给单井采气管道充压，提高井口节流阀后压力，从而降低节流阀前后的压力降和温度降。

② 采用移动式注醇橇注入甲醇防冻。

③ 采用加热炉加热后再节流防冻。

3）注采管道设置

（1）注采管道设置方式。

井场与集注站间的管线一般包括注气管线、采气管线及计量管线，随着混相流计量技术的发展和地面流程不断简化，目前多采用井口计量的方式，即计量设施设置于井场，因此井场与集注站间的管线简化为注气管线及采气管线。由于储气库运行方式的特殊性（注气与采气交替运行）及不同类型储气库采出气物性差别较大，因此衍生出注气管线与采气管线分开设置与合一设置的两种方式，注、采管道分开设置与合一设置流程如图2-1所示。

大港油田已建的大张坨储气库井场与集注站之间管道采用采气汇管独立设置、注气汇管和计量管道合一设置的方式，利用$\phi 219mm \times 23mm$的注气管道在采气期作为单井采气计量管道。在后续的板876、板中北高点、板中南高点、板808、板828、京58储气库均延续了大港油田已建储气库注采管道设置原则，即注气汇管、采气汇管和单井计量管道均独立设置。即注采管道分开设置。西气东输刘庄储气库、华北苏桥储气库采用注气与计量管道合一建设、采气管道独立建设，呼图壁、相国寺、双6、板南、陕224储气库均采用了注采合一设置方案。

注采集输管道设计压力高，在地面工程投资中所占的比例高，注采管道

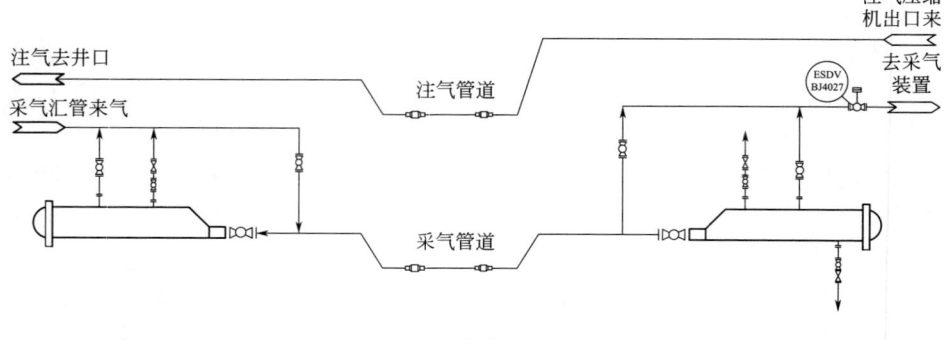

(a) 注采分开

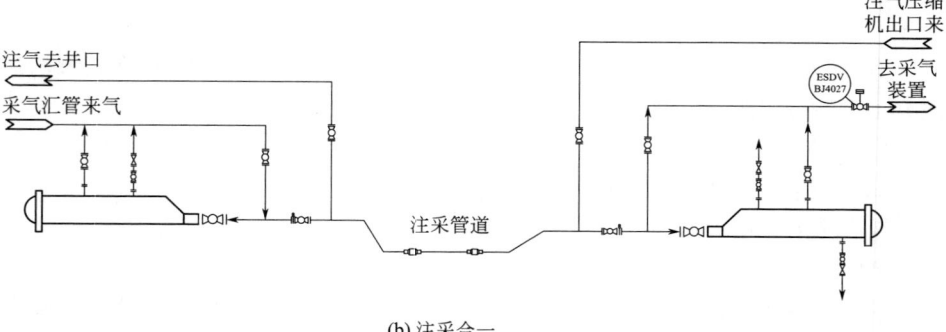

(b) 注采合一

图 2-1 注采管道设置流程

注采分开还是注采合一，需要进行方案对比，根据地质部门提供的井流物参数，从经济性及操作运行难易程度等方面综合对比分析，以做到操作运行便利、节省工程投资。

储气库采气期井流物的性质将直接影响注采管道优先设置方式。对于凝析气藏或油藏型储气库，当井口采出井流物为油气水三相时，尤其当油品重组分含量高或含蜡时，可能发生重烃低温凝管或结蜡的发生，采气期若存在清管不彻底现象，管道中的残留物，特别是腐蚀性杂质，在注气期有可能随干气一起注入地下，造成地层的二次污染，给地下储气库的使用寿命带来不利影响，此外注气期和采气期需切换阀组，对操作管理带来不便。因此对于凝析气藏或油藏型储气库，优先考虑注采管道独立设置方案；对于干气藏型储气库，由于井口采出井流物主要为天然气和水，不含液态烃，不会发生温度降低凝管或结蜡等问题，且随着注采周期的延长，井流物中携带的地层水

第二章 枯竭油气藏储气库建设工程技术与管理

逐渐减少。因此当采出气含水量较低，对管道冲蚀较小的情况下，优先考虑采用注采管道合一设置方案。

（2）典型注采管道设置方案对比。

注采管道的设置应根据储气库的总体布局、注采规模、注采气工艺等进行优化。分析计量方案、注采气管道的设计能力、设计压力等参数，考虑我国的钢管制管水平、管件制作水平和管道建设的施工技术水平，对注采管道的设置方案进行对比，择优选择。

井场至集注站的注气管道、采（集）气管道、计量管道合一还是分开设置，应根据各项目的具体情况，从管材费、配套阀门、施工费、征地费、方便运行管理等方面进行技术经济对比和综合分析，选择最佳配置方案。

（3）注采合一与注采分开设置界限。

对不同注采规模、不同长度，采用两种管材方案（双金属复合管和碳钢+缓蚀剂）的技术经济研究表明：

① 集输距离 5~20km，注气规模小于或等于 $1000 \times 10^4 m^3/d$（采气 $1500 \times 10^4 m^3/d$）时，两种管材方案，注采合一优于注采分开，随着注、采规模增大，注采合一的优势逐渐减小。

② 集输距 5~20km，注气规模大于 $1000 \times 10^4 m^3/d$（采气 $1500 \times 10^4 m^3/d$）时，两种管材方案，注采合一和注采分开投资费用基本相当，注采合一的优势不明显。从方便注气、采气操作减少管道转换等考虑，优先选用注采分开方案。

（4）注采管道设置建议。

① 储气库注采管道的投资费用受管材价格、配套阀门价格等影响很大，在具体的工程建设中，应结合注气采气设计规模、注采管道长度、采出物油水含量、油品物性参数、设备与管材生产情况与价格、方便运行管理等方面，进行综合技术经济比较后择优选择。

② 凝析气藏或油藏型储气库，当油品重组分含量较高或含蜡时，应优先采用注采分开设置方案，以防低温条件下的重烃凝管或结蜡现象的发生，同时也可以避免注气期内管壁附着物再次污染地层。

③ 纯气藏型储气库，由于井口采出井流物主要为天然气和水，不含液态烃，不会发生低温凝管或结蜡等问题，且随着注采周期的延长，井流物中携带的地层水逐渐减少。优先采用注气管道与采气管道合一的"注采合一"设置，或者注气管道、计量管道合一"注计合一"设置。

④ 对于大型、超大型储气库，注采气量较大，需要设置多条注采干线时，

若采用注采合一，注采流程转换阀门数量较多、比较烦琐，考虑到方便管理，宜采用注采分开。

⑤ 注采合一设置需要注意：注采转换时，要加强清管。注采转换阀门开关状态要明确，防止误操作。

⑥ 注气管道、采集气管道线路切断阀的设置满足 GB 50349—2015《气田集输设计规范》的要求。

3. 注气系统

1）注气系统基本要求

（1）注气装置设计规模应根据地下储气库的库容及注气能力结合长输管道供气能力、用户调峰需求确定。

（2）注气装置能力宜满足长输管道低月均日的调峰要求，注气装置应满足整个地下储气库运行周期内的工况范围条件要求。

2）注入气应满足以下要求

（1）来气在地下储气库分输站或集注站内应进行清管、计量，计量应满足采气及注气双向计量要求，当业主有要求时，需满足交接计量精度要求。

（2）应充分利用来气管道的压力能，当来气压力波动范围不能满足注气压缩机入口压力范围要求时，可在注气压缩机前设置调压设施，调压设施宜与来气计量阀组合建在地下储气库分输站内。

（3）注气压缩机组入口应设置过滤设备，处理后的天然气中机械杂质的粒度、含量应符合压缩机组对气质的技术要求。

（4）根据储气库地质条件要求，对注入的天然气应采取除油措施。

（5）根据地质方案要求，宜对单井的注入气量进行流量控制。

3）注气压力

注气系统进出口压力取决于长输管道来气压力和储气库井口压力。

当长输管道来气压力高于储气库地层压力时，可以利用管网直接注气，即长输管道来气计量后进入注气干线、单井注气管线，经注采井注入地层。在地层压力较低时，常采用这种方式。

大多数储气库正常情况下地层压力高于长输管道来气压力，需要增压注气。注气系统入口压力为长输管道节点压力减去双向输气管道摩阻，一般情况下集注站注气压缩机入口前的压力设计等级与长输管道、双向输送管道的压力等级一致；注气系统出口压力为注采井口背压，一般情况下，根据地层压力、注采井口的注气压力等参数计算确定压缩机出口压力，压缩机出口至注采井口的设计压力等级一致。

第二章　枯竭油气藏储气库建设工程技术与管理

注气压缩机出口压力可按下式计算：

$$p_d = p_{地层} + \Delta p_1 - H + f_1 + f_2 + \Delta p_2$$

$$p_{wh} = p_{地层} + \Delta p_1 - H + f_1$$

式中　p_d——注气压缩机出口压力，MPa；

p_{wh}——井口压力，MPa；

$p_{地层}$——储气库地层压力，MPa；

Δp_1——为保证单井生产能力需要的地层与管柱之间的流动压差，MPa；

H——井口与地层位差产生的静液柱压差，MPa；

f_1——注气时管柱上产生的流动摩阻，MPa；

f_2——注气管道产生的摩阻，MPa；

Δp_2——注气压缩机后冷器、出口过滤器等产生的压差，MPa。

一般情况下，地层及井底流压由地质部门确定，管柱压差由钻采部门确定。

4）注气流程

国内外储气库绝大多数采用集中增压、高压配气工艺。即在集注站集中设置注气压缩机，增压后的高压天然气经注气管道输送至各注采井。

典型注气流程：长输管道来天然气进入集注站，经旋风分离器（或旋流分离器）、过滤分离器脱除夹带的杂质后进入注气压缩机，增压后再经后冷器、除油器脱除夹带的液滴后进入注气汇管，经注气干线、单井注气管线，最后通过注采井口注入地层，如图 2-2 所示。

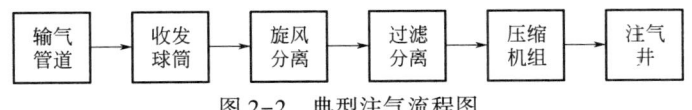

图 2-2　典型注气流程图

5）注气压缩机

注气压缩机运行工况复杂，与长输管道来气压力、储气库井口压力密切相关。注气过程中，压缩机出口压力随井口压力升高而升高，注气量和入口压力随管网运行情况而变化，注气压缩机应能适应各种运行工况，可采取两种措施：

（1）压缩机采用多级增压。注气压力低时，采用单级增压或各级并联运行，注气压力高时，各级串联运行。

（2）电驱注气压缩机设置合理的流量调节措施，必要时设置无级流量控制。

6) 压缩机选型应考虑的因素

(1) 根据储气库地层压力及注气量要求，选择压缩机组形式，不同类型储气库压缩机配置建议如下：

对于小型储气库，工作气量小于 $5×10^8 m^3$，压缩机功率小于 12MW，宜选 2~3 台往复机。

对于中型储气库，工作气量为 $5×10^8$ ~ $10×10^8 m^3$，压缩机功率为 12~25MW，宜选 1~2 台离心机+1 台往复机。

对于大型储气库，工作气量 $10×10^8$ ~ $30×10^8 m^3$，压缩机功率为 25~100MW，宜选 2~4 台离心机+1 台往复机。

对于超大型储气库，工作气量大于 $30×10^8 m^3$，压缩机功率大于 100MW，宜选多台离心机。

注气压缩机兼顾采气时增压工况，具有灵活的串联、并联流程。

往复式压缩机可选配无级流量调节装置，离心机可选配变频控制装置。

离心压缩机可采用两段增压方案。

(2) 根据输气管网的运行压力范围确定适宜的注气压缩机入口压力范围；根据地层压力、注采井口的注气压力等，确定适宜的注气压缩机出口压力，并应考虑不小于5%的余量。

(3) 根据地层储气能力、季节调峰气量、日调峰气量、当地供电情况，确定适宜的压缩机单机排量与单机功率。

(4) 根据压缩机出口压力变化范围，注气压缩机组可采用多台全压头压缩机或分级压缩机两种配置方式。

(5) 注气压缩机组不宜设置备用机组，机组数量不宜少于两台。

(6) 注气压缩机冷却后出口温度不宜高于70℃。

7) 驱动机选型应考虑的因素

(1) 应结合压缩机选型，对电动机、燃气发动机、燃气轮机等驱动方式进行经济技术比选。

(2) 驱动机功率应大于压缩机及其驱动的辅助设施所需的最大功率之和至少5%。

(3) 当注气压缩机组由燃气发动机驱动时，宜选择低排放的发动机。

(4) 燃气发动机应配备完善的消声器、排气管、膨胀节及外保温防护，并考虑排气筒防雨措施。

8) 压缩机组布置及安装需要考虑的因素

(1) 应对注气压缩机组及管线进行气流脉动和管线机械振动分析，脉动

第二章 枯竭油气藏储气库建设工程技术与管理

控制系统的分析应考虑多台压缩机组并联操作及机组外工艺配管。

（2）应对包括压缩机进出口管线的配管系统进行应力分析计算。

（3）压缩机组出口应设置抗脉动的止回阀，各级出口应设置安全阀。

9）注气压缩机组配套设施一般要求

（1）压缩机组应配带入口洗涤和级间分离器，后分离器满足注入气体含油要求，分离器应设置液位指示、高液位报警、超高液位停车和排放等设施。各级分离器排出的凝液应排入可回收系统中。

（2）压缩机组应配带工艺气级间冷却器和后冷器，冷却宜采用鼓风卧式空冷器，并有出口温度控制措施，冷却应有不少于20%的余量。

（3）压缩机组的配套应满足机组现场启动，停车及并联运行的要求。

（4）采用燃气发动机驱动的注气压缩机组，其燃料气应设置自动切断、调压、计量、放空设施。

（5）采用燃气发动机驱动时，宜采用压缩空气启动。

（6）采用往复式压缩机时，注气压缩机中体、填料函、润滑油箱的放空应单独设置并引至压缩机厂房外安全处放空，不得接入站场工艺气放空系统。

10）机组控制与保护应考虑的要求

（1）压缩机组自身应配套完整的检测、控制、报警和联锁停车保护系统，机组控制系统应留有远程紧急停车的硬线接口，接收来自站控系统的紧急停车命令，实施紧急停车。

（2）现场控制盘宜采用交流电源供电。

（3）压缩机组中的预、后润滑油泵的供电宜设置备用供电设施。

（4）应满足现行国家标准 GB 50251—2015《输气管道工程设计规范》对注气压缩机的安全控制要求。

4. 采出气处理系统

1）地下储气库采出气处理系统应满足的要求

（1）采气规模应根据地质部门提供的储气库有效工作气量、地下储气库的功能定位、市场分析得到的季节/日调峰量及应急调峰量综合确定。

（2）以季节调峰为主时，采气装置的规模一般按均采均注计算，并根据用户需求考虑一定的调峰系数，采气处理装置不宜设置备用。以应急安全调峰为主时，采气装置的规模应按照储气库的最大调峰能力确定，采气装置宜按多套并联设置，采气装量的规模设置也应考虑气库运行灵活性的需要。

（3）集注站的布置应根据注采井网、分输站和联络线的位置等因素进行技术经济比较后确定，当集注站与注采井场合一布置时，集注站与井场间宜设置隔离设施。

（4）采气装置处理工艺的设计应满足启停方便，调节灵活，操作弹性大的要求。

（5）油气藏型地下储气库，凝液处理设施宜依托当地已有相关设施进行建设。地下储气库以应急、安全调峰供气为主时，凝液考虑应急储存，储存时间由解决凝液处理设施故障所需维修时间确定，不宜超过 3d。

2）常用采气处理要求及处理工艺

（1）储气库采气处理要求。

由于储气库地质构造的不同，在采气期自地层采出的天然气中一般含有游离水、凝析油或原油等组分，它们的存在会给天然气的输送造成困难。为保证外输气在运输过程不会因为温度和压力的变化而形成水合物，堵塞管道，造成运行事故，因此需要综合考虑储气库运行压力、采气量波动变化情况等因素后，确定最适合的采出气露点控制工艺。

储气库采气处理工艺选择原则：

① 满足安全、经济、节能、环保要求。

② 满足采出气流量的变化波动，适应输气管网的参数变化要求。

③ 应综合考虑采出气井口压力与外输气压力变化情况，充分利用压力能。

④ 根据储气库的气藏类型和采出气组成，合理确定处理工艺。

（2）采气处理工艺类型及原理。

地下储气库采出气要达到外输条件，除了要除去其中所携带的固体杂质和游离液体外，还必须除去在输送条件下会凝结成液体的气相水和天然气液烃（NGL）组分。天然气脱水脱烃即指脱除天然气中会影响其在输送条件下正常流动的那部分气相水和 NGL 组分，以满足天然气在管输条件下对水露点和烃露点的要求。地下储气库采气装置只需对外输干气的水露点及烃露点进行控制，不以回收轻烃为目的，这种只为满足输气要求的脱水脱烃通常被称为"浅脱"。

对含有较多 NGL 组分的储气库采出天然气（油藏型、凝析气藏型）而言，能同时有效脱除其中水和烃的方法是低温法，其中包括节流膨胀制冷法和外部制冷法；对不需要控制烃露点的储气库采出气而言，用于天然气脱水的方法有多种，主要有溶剂吸收法、固体干燥剂吸附法等，应视其具体情况选用脱水方法。

① 低温法。

低温法是通过降低天然气的温度，将其中所含影响天然气在管输条件下正常输送的那部分气相水和重烃组分冷凝并分离出来，以满足外输气水露点

第二章 枯竭油气藏储气库建设工程技术与管理

和烃露点要求的一种脱水脱烃方法。使用该法需防止天然气在降温过程中生成水合物堵塞系统的设备和管道，为此需要在天然气降温前注入水合物抑制剂。常用防冻剂主要有甲醇和乙二醇，其适用范围如下：甲醇适用于气流温度低于-40℃，且压力较高的场合，也可用于季节性或临时性局部解冻，如果甲醇用量较大，则应予以回收；当气流温度不低于-25℃时，宜用乙二醇；当气流温度介于-40~-25℃之间时，根据原料气组成、压力等具体情况选择抑制剂。

对于地下储气库而言，正常生产情况下，低温处理后的天然气温度一般高于-20℃，水合物抑制剂采用甲醇、乙二醇均可满足要求，但考虑到甲醇回收难度较大，一般推荐采用乙二醇。

其中乙二醇主要用于浅冷装置中，用于深冷装置的主要是甲醇，优点是能耗低，缺点是甲醇的损失量较大，对环保有不利影响，新的天然气处理装置已不再采用此工艺。

降温方法主要有J-T阀节流制冷降温和外部辅助制冷降温两种类型。前者要损失天然气自身的压力能；后者虽然不会损失压力能，但需要设置辅助制冷系统（一般采用丙烷辅助制冷），投资及运行成本较高。

J-T阀节流制冷：目前在国内储气库采气处理工艺上已有广泛应用。J-T阀节流制冷属于等焓节流降温工艺，优点是脱水脱烃工艺过程和设备相对简单，易于实施；缺点是浪费了压力能，制冷效率低。典型工艺流程如图2-3所示。

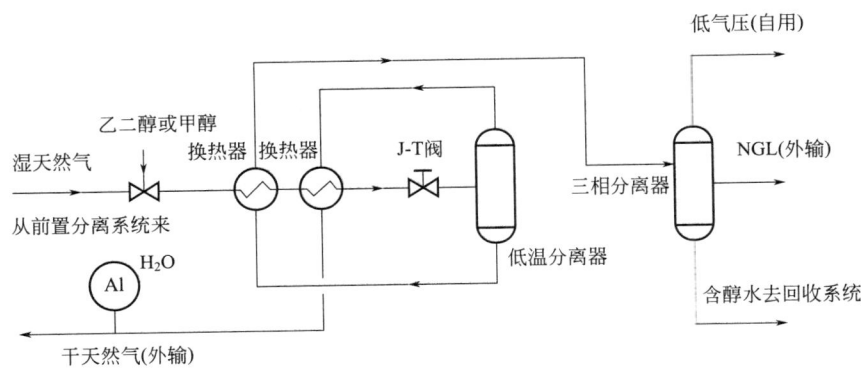

图2-3　J-T阀节流制冷脱水脱烃典型工艺流程图

外部辅助制冷：对于没有可供气体节流降温的自然压力能的采出气，要将其升压后再节流降温很不经济，这时大多采用外部辅助制冷的方式冷却天然气，将其中会影响天然气输送的那部分气相水和重组分冷凝并分离出来，以满足输气的水露点和烃露点要求，目前国内大部分油气藏型地下储气库采出气露点控制装置多采用丙烷作为辅助制冷剂。典型的工艺流程如图2-4所示。

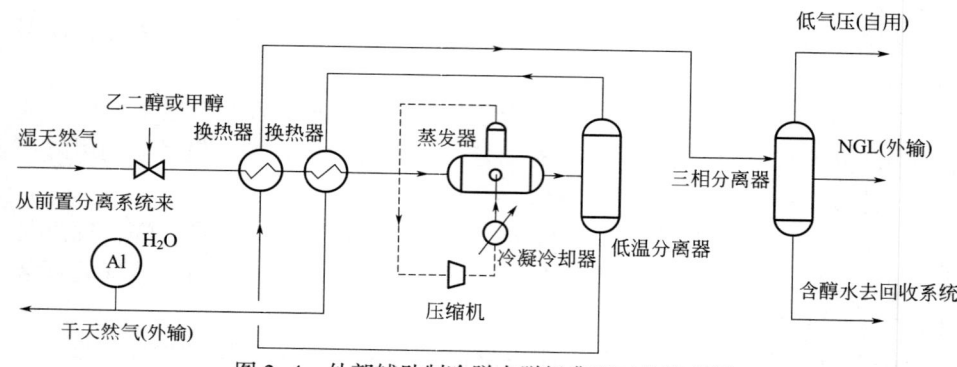

图2-4 外部辅助制冷脱水脱烃典型工艺流程图

② 溶剂吸收法。

溶剂吸收法是脱水较为普遍的一种做法，常用的溶剂有二甘醇和三甘醇。目前国内外普遍使用三甘醇作为吸收剂，天然气水露点降可达到50℃。世界上已有数百套三甘醇脱水装置在运行，在美国已投入使用的甘醇法中，三甘醇占85%，国内已经投产的甘醇脱水装置也多使用三甘醇。三甘醇脱水典型工艺流程如图2-5所示。

③ 固体干燥剂吸附法。

吸附脱水的固体吸附干燥剂，多采用硅胶、活性氧化铝和分子筛三种。主要物性见表2-1。

表2-1 常用吸附剂的物性

物理性质	硅胶	活性氧化铝	分子筛
	R型	F-1型	4A~5A
表面积，m²/g	550~650	210	700~900
孔体积，cm³/g	0.31~0.34	/	0.27
孔直径，Å	21~23	/	4.2
平均孔隙度，%	/	51	55~60
堆积密度，g/L	780	800~880	660~690

第二章 枯竭油气藏储气库建设工程技术与管理

续表

物理性质	硅胶	活性氧化铝	分子筛
	R 型	F-1 型	4A~5A
比热容，J/（g·℃）	1.047	1.005	0.837~1.000
再生温度，℃	150~230	180~310	150~310
静态吸附容量（相对湿度60%），%质量	33.3	14~16	22
颗粒形状	球状	颗粒	圆柱状

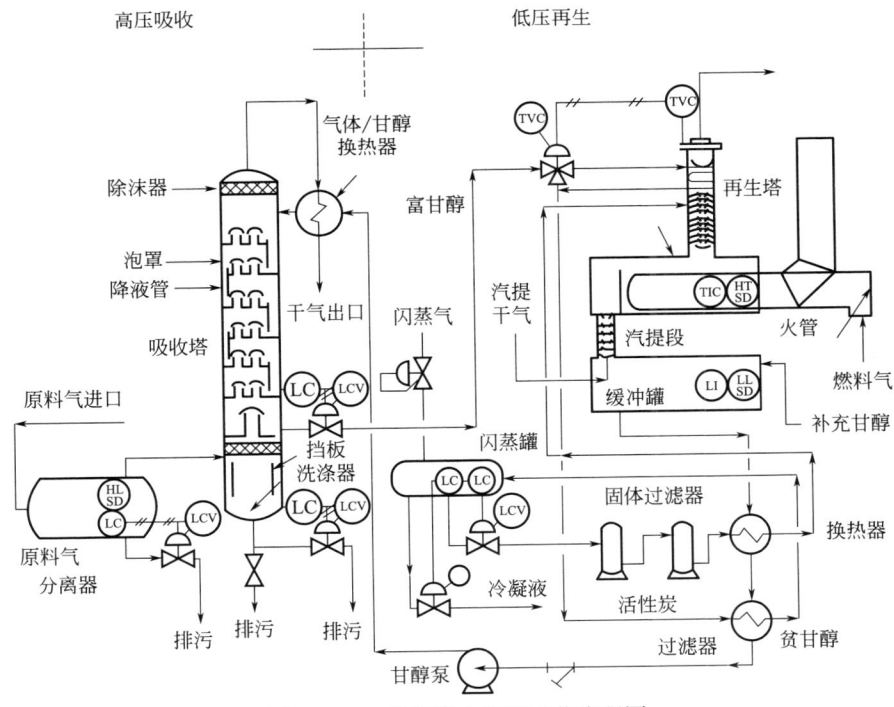

图 2-5 三甘醇脱水典型工艺流程图

a. 硅胶。

a）普通硅胶吸附机理。

硅胶的化学组成为 $m SiO_2 \cdot n H_2O$，其基本结构单元是硅氧四面体，硅氧四面体以不同的方式连接，若连接规则形成 SiO_2 晶体，无规则堆积在一起则形成类似玻璃态的 SiO_2 胶粒，构成硅凝胶的骨架。堆积的孔隙为水凝胶时被水填充,干凝胶时为空孔隙。所以当硅胶与水接触时,硅胶表面的硅原子会发生化学吸附水形成硅羟基,进一步在硅羟基上可以与水分子形成氢键而发生水的物理吸附。

由于其在吸附和解吸过程中始终保持固态,有良好的物理化学稳定性,即使在高湿度下也能保持其表面不结露,对周边设备无腐蚀,并且可以用清水直接清洗表面覆盖的灰尘和油污,因此得到了广泛的应用。

虽然硅胶吸附水蒸气的性能特别好,但硅胶作为吸附材料也有本身耐热性能差,长时间处于 80~150℃ 再生环境中,易出现熔融、塌陷、堵塞孔道等现象,从而使吸附性能下降。普通硅胶与液态水接触很易炸裂,产生粉尘,增加压降,降低有效湿容量。

b) 金属改性硅胶。

为了克服硅胶在吸附性能、耐热性能和机械强度方面存在的不足之处,自 20 世纪 80 年代中后期出现了金属掺杂硅胶吸附材料,即在硅胶中引入少量金属离子(M),金属原子部分替代硅原子进入硅胶的网络中,但不改变硅胶的主体网络结构。由于硅胶表面形成了 M—O—Si 键(M 为 B, Al, Ti 等),增加了材料表面的质子酸和路易斯酸的酸性活性中心数目和酸性强度,增强了材料表面与水的亲和力,使硅胶的吸水性能得到提高;同时金属离子掺杂进硅胶后,改变了硅胶的微结构,增大了其比表面积和孔容,使硅胶的吸附能力得到增强。

近年来,在改性硅胶脱水、脱烃研究方面取得了长足的发展,国外如 BASF 公司(原恩格哈德公司)的 Sorbead 系列硅铝胶吸附剂产品,自 20 世纪 80 年代初开始在欧洲储气库采气处理装置上开始商业应用。目前已有 300 多套 Sorbead 吸附剂装置应用在天然气脱水和脱重烃方面。如荷兰 NAM 公司的 Grijpskerk UGS 地下储气库设计采出气脱烃脱水装置单线规模达到了 $2000 \times 10^4 m^3/d$,吸附床直径 4.7m,吸附剂床层高度 8.5m,装填量达到了 $10^3 t/$床。

改性硅胶具有较高孔容的多孔结构,并且具有较低的再生温度,不仅能脱除水分,还能脱除重烃。改性硅胶产品的出现,解决了以往采用传统 J-T 阀+注乙二醇法脱水脱烃、三甘醇法脱水装置中,由于设备尺寸大小限制而制约大型地下储气库采气处理规模的瓶颈,在大型地下储气库采气处理装置上有着广泛的应用前景。改性硅胶吸附脱水脱烃典型工艺流程如图 2-6 所示。

BASF 公司 Sorbead 系列硅胶吸附特点:

Sorbead 是氧化铝改性的硅胶,采用油滴成型工艺和专有的生产工艺。与

第二章 枯竭油气藏储气库建设工程技术与管理

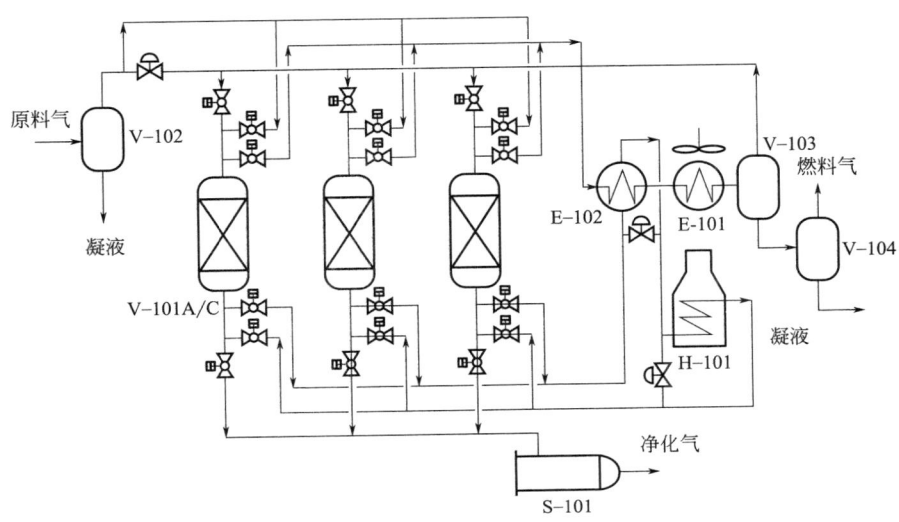

图 2-6 改性硅胶吸附脱水脱烃典型工艺流程图

普通硅胶相比，Sorbead 吸附剂具有压碎强度高（200~230N/颗），使用寿命长（通常使用寿命在 10 年以上），对水和重烃的吸附能力高。

Sorbead R 或 H 通常采用原料湿气再生，特殊情况下也可以采用产品气再生；再生气体可以利用压差返回吸附床，而不需要压缩机增压。

Sorbead R 或 H 吸附装置的整体压力损失小，通常为 200~500kPa。

Sorbead 吸附剂比其他普通硅胶、活性氧化铝和分子筛相比，其磨损率低，只有 0.05%，其他吸附剂都在 0.1%~0.5%，这也是其使用寿命长的原因之一。

b. 活性氧化铝。

活性氧化铝是一种多孔、吸附能力较强的吸附剂。对气体、蒸气和某些液体中的水分有良好的吸附能力，再生温度 175~315℃。国外天然气脱水常用的活性 Al_2O_3 有 F-1 型粒状、H-151 型球状和 KA-201 型球状三种。经活性氧化铝吸附脱水后，油田气的露点最高点可达 -73℃；但再生时消耗热量多，选择性差，易吸附重烃，呈碱性，不宜处理含酸性气体较多的天然气。

c. 分子筛。

分子筛是具有骨架结构的碱金属的硅铝酸盐晶体，是一种高效、高选择性的固体吸附剂。其分子式如下：

$$M_{2/n}O \cdot Al_2O_3 \cdot xSiO_2 \cdot yH_2O$$

式中 M——某些碱金属或碱土金属离子，如 Li、Na、Mg、Ca 等；

n——M 的价数；

x——SiO_2 的分子数；

y——水的分子数。

分子筛通常分为 X 型和 A 型两类。它们的吸附机理是相同的，区别在于晶体结构的内部特征。A 型分子筛具有与沸石构造类似的结构物质，所有吸附均发生在晶体内部孔腔内。X 型分子筛能吸附所有能被 A 型分子筛吸附的分子，并且具有稍高的容量。常用分子筛性能见表 2-2。

表 2-2　常用分子筛的性能

型号	孔直径 Å	吸附质分子	排除的分子	应用范围
4A	4	直径<4Å 的分子，包括以上各分子及乙醇、H_2S、CO_2、SO_2、C_2H_4、C_2H_6 及 C_3H_6	直径>4Å 的分子，如丙烷等	饱和烃脱水
5A	5	直径<5Å 的分子，包括以上各分子及 $n-C_4H_9OH$、$n-C_4H_{10}$、C_3H_8 至 $C_{22}H_{46}$	直径>5Å 的分子，如异构化合物及 4 碳环化合物	从支链烃及环烷烃中分离正构烃、脱水
10X	8	直径<8Å 的分子包括以上各分子及异构烷烃，烯烃及苯	二正丁基胺及更大分子	芳烃分离
13X	10	直径<10Å 的分子包括以上各分子及二正丙基胺	$(C_4H_9)_3N$ 及更大分子	同时脱水、CO_2、H_2S 等

分子筛的主要特点：具有选择性；具有深度脱水特性；露点降大；对极性分子具有很强的吸附性；在较高的温度下仍然具有较强的吸附性。

分子筛脱水宜用于要求深度脱水的场合（1ppm 以下），一般适用于将水露点降到-120～-70℃的场合；而硅胶适用于将水露点降到-60～-40℃的场合，对于储气库采出气采用吸附法脱水控制水露点时，应根据工艺要求作技术经济比较，选择合适的吸附剂。

（3）采气处理工艺适应性。

由于储气库地质构造的不同，在采气期自地层采出的天然气的组成也各不相同。干气藏型的储气库采出气中一般都含有饱和水，但不含重烃组分，因此只考虑控制外输气的水露点即可；油气藏型和凝析气藏型储气库采出气中除了含有饱和水之外，还含有重烃，因此，脱水的同时还必须考虑脱除重烃，即同时控制外输气的水、烃露点。

因此，对于采气处理工艺的选择，应结合我国不同类型储气库的特点、规模综合比较后确定。

第二章 枯竭油气藏储气库建设工程技术与管理

（1）当外输天然气需要增压时，采气系统增压装置宜与注气系统低压装置统一考虑。

（2）外输天然气应设置计量装置，可与注气计合一设置。

（3）采、注气管线可合一使用；采用注、采气管线合一时，采气、注气系统应采取可靠的截断措施。

（4）地下储气库天然气外输管道应符合现行国家标准 GB 50251—2015《输气管道工程设计规范》的规定，凝液管道应符合现行国标准 GB 50253—2014《输油管道工程设计规范》成 GB 50349—2015《气田集输设计规范》的规定。

5. 仪表自控

1）仪表自控应满足以下基本要求

（1）地下储气库各站场的控制系统应是集成的、标准化的过程控制和生产管理系统，控制系统的硬件、软件配置及其功能要求应与装置的规模和控制要求相适应，控制系统设计可按现行标准 GB/T 50823—2013《油气田及管道工程计算机控制系统设计规范》的要求执行。

（2）储气库地面系统实现数字化检测与控制管理。采用三级调控的管理模式：储气库调控中心—站控系统—就地控制。采用 SCADA 系统对储气库生产过程进行集中监测、控制和调度管理。SCADA 系统由调度中心、站控系统、井口 RTU 和数据传输系统组成。SCADA 系统上位机可设在集注站控制中心或者作业区调度中心。

（3）集注站控制系统宜采用离线控制系统（DCS），井场控制系统宜采用远程终端单元（RTU），当 RTU 与集注站控制系统间的通信采用专用通信光缆时，可不设置备用路由。

（4）注气压缩机，制冷压缩机、加热炉等操作独立性强的单体设备，宜采用相对独立的就地控制盘控制，其控制系统宜采用可编程控制器（PLC），可编程控制器（PLC）与站控系统通过通信接口传输数据。

（5）地下储气库应设置火气系统、紧急停车及安全联锁系统，应独立于过程控制系统，当该系统不设置独立的操作站时，需配置相应的通信接口，使过程控制系统操作站能够监视紧急停车及安全联锁系统。

（6）集注站控制室的设计应符合现行标准 GB/T 50892—2013《油气田及管道工程仪表控制系统设计规范》的规定。

2）主要监测及控制方案应满足以下要求

（1）站场中生产单元的控制方案应切合实际，并着重于保证安全生产，提高产品质量、降低生产消耗、减少操作人员劳动强度、提高计量精度。

（2）密闭压力容器应设有液位控制和超高、超低报警和超压报警。

（3）计量分离器、生产分离器和低温分离器等高压容器液位控制除采用单回路PID调节外，还应满足调峰采气波动时的计量要求。

（4）站场进口和生产单元压力分界点应设置必要的紧急关断阀，集注站应设置专门的紧急放空间。

（5）对可燃气体的检测，应按现行行业标准SY/T 6503—2016《石油天然气工程可燃气体检测报警系统安全规范》的要求执行。

3）仪表选型应满足以下要求

（1）检测仪表应选用电动智能仪表。

（2）就地温度仪表宜选用双金属温度计，远传的温度仪表宜采用一体化温度变送器，温度检测元件应选用Pt100铂热电阻。

（3）测量压力时，对脉动介质（泵、压缩机、风机出口等）应采用防振措施，对低温介质（冰点接近环境温度）应采取防冻措施，对易凝介质（凝固点接近环境温度）应采取伴热措施。

（4）生产分离器、低温分离器、乙二醇闪蒸分离器、乙二醇再生釜、甲醇储罐、闭式排放罐、分液罐和聚结分离器选用磁翻柱液位计；气缸润滑油储罐、机身润滑油储罐选用双色石英玻璃管液位计。清水池和雨水池选用顶装盘式浮球液位计。分液罐、生活水箱液位开关选用音叉液位开关。

（5）凝液外输和低温分离器液相流量计量采用质量流量计。其余流量检测采用差压式流量计或涡街流量计。

（6）各注采单井在井口设单井控制盘，用于控制井安全阀，单井控制应在井口设置易熔塞，并在井口管线上设置低压感应器，并可接收站控系统的指令，远程关断井下安全阀。

（7）各注采单井应设紧急切断阀。

（8）各采气井的井口采气节阀宜采用带阀位回送的电动执行机构，在开关方式工作，实现远程动开度控制，RTU按照站控系统发出的人工设定开度指进行开度控制。

（9）现场安装的仪表应能防尘，防水。用于爆炸危险场所内的仪表设备防爆等级应符合现行国家标准GB 50058—2014《爆炸危险环境电力装置设计规范》的规定。

6. 消防给排水

（1）给水系统的选择应根据生产、生活、消防等各项用水对水质、水温、

第二章　枯竭油气藏储气库建设工程技术与管理

水压和水量的要求，结合当地水文条件及外部给水系统等综合因素确定。

（2）根据用水量和对水质的要求，供水水源宜采用站外厂矿或市政供水系统，也可采用自建的地表水或地下水供水水源。

（3）生活水水质应符合现行国家标准 GB 5749—2006《生活饮用水卫生标准》的规定，生产水水质应满足工艺要求。

（4）当新建水源以及外部供水系统的水质指标不能满足工程用水需求时，应考虑进行相应的水质处理，以满足工程用水水质要求。在一个区域内，有两座或两座以上站场需要进行相同或相似项目水质处理时，应根据技术经济比较确定采用分散或集中处理形式。站场内生产用水建议少用新鲜水，宜一水多用，循环使用。

（5）当新建水源以及外部供水系统的水量或水压不能满足工程用水需求时，站场内应设置储水及增压装置，以满足工程用水水量及水压要求。

（6）给水排水设计应符合现行行业标准 SY/T 0089—2019《油气厂、站、库给水排水设计规范》的规定，接纳消防用水的排水系统应按最大消防水量校核排水系统能力，并设有防止受污染的消防水排出储气库站场外的措施。

（7）采出水经处理后宜用于回注，按现行国家标准 GB 50428—2015《油田采出水处理设计规范》和 GB 50391—2014《油田注水工程设计规范》的有关规定执行。

（8）集注站生产装置区消防给水系统的设置应按照国家现行标准 GB 50183—2015《石油天然气工程设计防火规范》、GB 50974—2014《消防给水及消火栓系统技术规范》等的有关规定执行；井场、清管站等五级站场可不设消防给水设施。站场（包括倒班公寓）内建（构）筑物的消防给水系统应按照国家现行标准 GB 50016—2014《建筑设计防火规范（2018 年版）》、GB 50974—2014《消防给水及消火栓系统技术规范》等的有关规定执行。站场内建（构）筑物及生产装置区应配置灭火器，其配置类型及数量按现行国家标准 GB 50140—2005《建筑灭火器配置设计规范》的有关规定确定。

7. 供配电

1）电力负荷等级

储气库各类站场的电力负荷等级应根据 GB 50052—2009《供配电系统设计规范》的有关规定，结合生产特点及中断供电所造成的损失和影响程度划分，电力负荷等级划分如下：

（1）集注站采气电力负荷为一级；注气电力负荷为二级。

（2）集配站电力负荷为二级。

（3）专为集注站配套的自动控制中心、通信中心、消防站电力负荷等级应与集注站电力负荷等级相一致。

（4）井场、阀组电力负荷等级为三级。

2）供电要求

应根据储气库用电负荷，结合所在地区的电力系统现状及发展规划，确定供电方案。当从所在地区电网取得电源不经济或不可靠时，可自建电源。

除一级负荷中特别重要负荷外，不应考虑一个电源系统检修或故障的同时另一电源又发生故障。

（1）一级负荷站场供电要求。

一级负荷站场应采用双电源供电。有条件时，两个电源应引自不同的变电所或发电厂；无条件时，可由当地公共电网同一变电站的不同母线段分别引出两个回路供电，但作为上级电源的变电站应具备至少两个电源线和至少两台主变压器分列运行。

由于路径受限且满足一路电源检修、另一路电源正常运行时，铁塔或钢管塔可同杆架设（重冰区除外）。

对于一级负荷中特别重要的负荷，除由两个电源供电外，应设应急电源，并严禁将其他负荷接入应急供电系统。

在一个电源发生故障时，另一个电源应满足生产装置（或单元）一、二级负荷的用电；当工程分期建设时，变配电系统的预留容量应与整个工程相适应。

根据供电的需要，变、配电所可设置备用电源自动投入装置。

（2）二级负荷站场供电要求。

二级负荷站场宜采用双回路供电。当采用两回线路供电确有困难，在工艺上设有停电安全措施或有备用电源时，可由一回 6kV 及以上专用的架空线路供电。

二级负荷站场内的变、配电所在技术经济上合理时，也可采用自动投入装置。

（3）三级负荷站场供电要求。

三级负荷站场采用单回路供电。

对于以工业汽轮机、柴油机或燃气轮机拖动为主要动力的站场，其辅助设施可由外部电源供电。无电区宜采用可靠的燃气或柴油发电机供电。

应急电源系统：应急电源应对各重要用电负荷仔细核算容量后，选择发电机、不间断电源、EPS 电源或者蓄电池的形式。

第二章 枯竭油气藏储气库建设工程技术与管理

当负荷较大时，应急电源宜选用柴油发电机。

（4）变压器选择。

鉴于注气期和采气期供电负荷差别很大，变压器的台数和容量应根据电源情况、站场负荷性质及分类、用电容量的大小、运行方式、年运行费和基本电费收取方式等因素综合确定。应选用低损耗、低噪声的节能变压器。

变电所中宜装设两台主变压器，当断开一台时，另一台主变压器的容量应保证用户的一、二级负荷。

配电变压器容量选择：

① 单台变压器的负荷率一般为 60%~85%。

② 两台变压器的负荷率一般为 55%~70%，对于一、二级负荷比例较大的变压器可为 50%。

（5）高低压配电系统的设计，应符合国家现行标准 GB 50052—2009《供配电系统设计规范》、GB 50053—2013《20kV 及以下变电所设计规范》、GB 50054—2011《低压配电设计规范》、GB 50055—2011《通用用电设备配电设计规范》、GB 50059—2011《35kV~110kV 变电站设计规范》、GB 50060—2008《3~110KV 高压配电装置设计规范》、GB 50217—2018《电力工程电缆设计规范》和 GB 50034—2013《建筑照明设计标准》等的规定。

（6）在一、二、三级负荷中，对供电连续性要求严格的用电负荷，如压缩机组的控制系统、应急润滑油系统、站场自控、通信调度等用电负荷按照不间断重要负荷考虑。

（7）地下储气库采集气和注气的用电负荷应分别计算，采气期利用注气增压设备增压时，其用电负荷应同时考虑增压设备的用电负荷。

（8）危险区域的划分应符合现行行业标准 SY/T 6671—2017《石油设施电气设备场所 I 级 0 区、1 区和 2 区的分类推荐作法》的有关规定。

（9）建筑物的防雷分类及防雷措施，应符合国家现行标准 GB 50057—2010《建筑物防雷设计规范》的规定；工艺装置内露天布置的罐和容器等的防雷、防静电设计，应符合国家现行标准 GB 50183—2015《石油天然气工程设计防火规范》、GB 50349—2015《气田集输设计规范》等的规定。

（10）站场内建（构）筑物的防爆分区，应符合国家现行标准 SY/T 6671—2017《石油设施电气设备场所 I 级 0 区、1 区和 2 区的分类推荐作法》的规定。各类站场爆炸危险区域内的电气设计及设备选择，应符合国家现行标准 GB 50058—2014《爆炸危险环境电力装置设计规范》的规定。

（11）站场、井场入口处应设置消除人体静电装置。

8. 通信

1）通信业务需求

通信系统应满足储气库及气源控制中心各生产管理部门对通信业务的需求，为生产管理、数据传输、视频图像传输、远程监控等提供可靠的通信通道。

集注站通信业务一般包括：行政电话、调度电话、数据传输、办公网络、工业电视监控、应急通信等。

井场通信业务一般包括：数据传输、工业电视监控、应急通信等。

2）组网原则

通信系统建设应充分利用现有石油专网和公网通信资源，以近期需要为主，兼顾远期通信业务的发展需要。

气源控制中心与集注站通信组网方式应与气源控制中心的主用、备用通信系统相一致。采用有线通信方式时，宜采用光缆（电缆）线路接入输气系统通信网、接入油田公司专用通信网或当地公网。光通信传输组网应采用同步数字（SDH）光端机或光纤以太网设备组网；采用卫星通信方式时，应计算需要增加的带宽，确定VSAT卫星主站是否需要扩容及具体扩容方案等；租用公网电路时，应根据现场调研给出引接电路的距离、传输速率及接口配置。

储气库管理中心及站场电话系统宜采用行调合一软交换系统。

集注站与井场通信组网宜根据集输管网和供电线路优先选择有线通信方式。

3）通信系统设置

各有人站场建筑物内设置综合布线系统和办公网络、场区设置防爆扩音对讲系统，并与消防报警系统联动，用于紧急情况下语音广播报警。此外设置应急通信系统，以保证站场巡检、抢修时的应急通信。应急通信宜采用防爆无线对讲机。

所有站场设置视频监控系统和入侵报警系统。视频监控系统宜采用两级监控模式，即站场级监控和中心级监控。工业电视监视前端设在各站场出入口、装置区及压缩机房内，在集注站集中监控和存储。

站场级监控主机设在井场机柜间，中心级监控主机设在集注站控制中心。安装视频监控软件，配置多屏显示器。

各站场入侵报警系统（周界报警系统）与视频监控系统联动，实现集中管理。入侵报警系统应以适应环境、安全可靠、误报率少的产品为主，可选择激光对射、震动光（电）缆等系统。

第二章　枯竭油气藏储气库建设工程技术与管理

站场控制中心和值班室配置无线对讲固定台，工作人员配置手持机，巡线车辆配置车载台，用于应急及巡线通信。

9. 热工暖通

（1）集注站内的生产装置用热宜由导热油炉提供；井场设加热炉时宜采用水套炉加热。

（2）加热炉不应设置备用，但在低负荷下有 1 台检修时，其余加热炉应能维持生产。

（3）配置加热炉时，其负荷率宜为 50%～120%。

（4）导热油加热炉系统设计应符合现行行业标准 SY/T 0524—2016《导热油加热炉系统规范》的规定，水套炉设计应符合现行行业标准 SY/T 5262—2016《火筒式加热炉规范》的规定。

（5）输出功率大于 1200kW 的加热炉自动燃气装置应具备气检测功能。

（6）具备电力供应条件的井场、集注站加热炉应配备熄火时自动切断燃料供给的熄火保护控制系统。

第三节　工程管理

一、钻采工程

1. 质量管理

工程质量控制是指为达到工程项目质量要求所采取的作业技术和活动。在工程项目实施过程中，项目建设参与各方，包括建设单位、设计单位和材料供应单位，均必须进行工程项目质量控制。

1）质量管理原则

（1）"质量第一"是根本出发点。

在质量与进度、质量与成本的关系中，要认真贯彻保证质量的方针，做到好中求快，好中求胜，不能以牺牲工程质量为代价，盲目追求速度和效益。

（2）以预防为主的思想。

工程质量是由决策、规划、设计、材料、施工等各环节决定的，而不是检查出来的，必须在工程项目质量形成的过程中，事先采取各种措施，消灭种种影响质量的因素。

（3）为客户服务的思想。

真正好的质量是用户完全满意的质量，要把一切为了用户的思想作为所有工作的出发点，贯彻到工程质量形成的各项工作中，在内部树立"下一道工序就是用户"的思想，要求每道工序和每个岗位都要立足于本职工作的质量管理，不给下道工序留麻烦，以保证工程最终质量能使用户满意。

（4）一切用数据说话。

依靠确定的数据和资料，应用数理统计方法，对工作对象和工程实体进行科学的分析和整理，研究工程项目质量的波动情况，寻求影响工程项目质量的主次因素，采取有效的改进措施，掌握保证和提高工程项目质量的客观规律。

2）设计阶段工程质量控制

（1）设计质量管理内容。

设计质量管理内容包括但不限于各种质量保证体系和管理文件，设计服务商资质、设计人员资格、设计软件管理、设计策划、设计输入、设计方案制订、设计评审、设计确认、设计验证、设计输出、设计产品、不合格品控制与预防、人员培训、规范标准宣贯、专业互提资料等记录。设计变更、设计现场服务、设计过程质量、设计质量评定及考核。落实规范标准、管理文件、统一规定的宣贯执行，以及设计过程文件的符合性。

（2）设计质量管理方法和措施。

设计过程的工程质量直接影响设计成果的质量，设计成果质量又直接影响施工质量，设计图纸直接体现着整个工程的经济效益、环境效益和社会效益，所以，设计质量控制是工程管理工作重中之重。

① 根据项目建设要求和有关批文、资料，编制设计大纲，组织专家进行方案评审、评定设计方案。

② 进行设计资质审查，优选设计单位办理设计合同，并督促检查合同的实施。在实施过程中要求设计单位编制进度计划报业主审批，并按审批通过的计划进行督办。

③ 审查设计图纸和概预算，保证各部分设计符合决策阶段确定的质量要求，符合有关技术法规和技术标准的规定；组织有关单位对设计图进行会审，保证有关设计文件、图纸符合现场和设计的实际条件，其深度应能满足设计的要求，各个设计工种的设计文件协调统一，无相互矛盾；保证工程造价符

第二章　枯竭油气藏储气库建设工程技术与管理

合投资限额。

④ 对设计工作进行协调控制，保证各专业设计之间能互相配合、衔接，及时消除质量隐患，按期完成设计任务。

⑤ 组织设计文件和图纸的报批、验收、分发、保管、使用和建档工作。

3）施工准备阶段工程质量控制

（1）图纸学习和会审。

对设计文件和图纸的学习是进行质量控制和规划的一项重要而有效的方法。一方面使施工人员熟悉和了解工程特点、设计意图，掌握关键部位的工程质量要求，更好地做到按图施工；另一方面通过图纸会审，及时发现存在的问题和矛盾，提出修改和洽商意见，帮助设计单位减少差错，提高设计质量，避免产生技术事故或产生工程质量问题。

图纸会审由建设单位或监理单位主持，设计单位、施工单位参加，并写出会审纪要。图纸会审必须抓住关键，特别注意对构造和结构的会审，必须形成图纸审查与修改文件，并作为档案保存。

（2）编制施工组织设计。

施工组织设计是对施工的各项活动作出全面的构思和安排，指导施工准备和施工全过程的技术经济文件。其基本任务是使工程施工建立在科学合理的基础上，保证项目取得良好的经济效益和社会效益。

施工组织设计根据设计阶段和编制对象的不同，大致可分为施工组织总体设计、单位工程施工组织设计和危险性较大或新技术项目的分部分项工程的专项施工方案设计三大类。施工组织设计通常应包括工程概况、施工部署、施工方案、施工准备工作计划、施工进度计划、技术质量措施、安全文明施工措施、各项目资源需要量计划及施工平面图、技术经济指标等基本内容。

施工组织设计中对质量控制起主要作用的是施工方案，主要包括：施工程序的安排、施工段的划分、主要施工方法、施工机械的选择以及保证质量、安全施工、冬期和雨季施工、污染防治等方面的预控方法和针对性的技术组织措施。

（3）组织技术交底。

技术交底是指单位工程、分部工程、分项工程正式施工前，对参与施工的有关管理人员、技术人员和工程进行不同重点和技术深度的技术性交代和说明。其目的是使参与项目施工人员对施工对象的设计情况、结构特点、技术要求、施工工艺、质量标准和技术安全措施等方面有一个较详细的了解，做到心中有数，以便科学的组织施工和合理安排工序，避免技术错误或操作错误。

技术交底是一项经常性的技术工作，可分级分阶段进行。技术交底应以设计图纸、施工组织设计、质量验收标准、施工验收规范、操作规程和工艺卡为依据，编制交底文件，必要时可用图表、实样、小样、现场示范操作等形式进行，并做好书面交底记录。

（4）控制物资采购。

施工中所需的物资包括建筑材料、建筑构配件和设备等。如果生产、供应单位提供的物资不符合质量要求，施工企业在采购前和施工中又没有有效的质量控制手段，往往会埋下工程隐患，甚至酿成质量事故。因此，采购前应按先评价后选择的原则，由熟悉物资技术标准和管理要求的人员，通过对拟选择的供方的技术、管理、质量检测、工序质量控制和售后服务等质量保证能力的调查，对其信誉、产品质量的实际检验评价及各供方之间的综合比较，作出综合评价，最后选择合格的供方，建立起供求关系。

（5）严格选择分包单位。

工程总承包商或主承包商将总包的工程项目按专业性质或工程范围（区域）分包给若干个分包商来完成，是一种普遍采用的经营方式。为了确保分包工程质量、工期和现场管理能力满足总合同的要求，应由总承包商的相关主管部门和人员，通过审查资格文件、考察已完成工程的施工工程质量等方法，对拟选择的分包商、包括建设单位制订的分包商的技术及管理实务、特殊及主体工程人员资格、机械设备能力及施工经验，认真进行综合评价，决定是否可作为合作伙伴。

4）施工过程质量控制

（1）严格进行材料、构配件试验和施工试验。

进入现场的物料，包括甲方供应的物料及施工过程中的半成品，必须按规范、标准和设计的要求，根据对质量的影响程度和使用部位的重要程度，在使用前采用抽样检查或全数检查等形式，对涉及结构安全的应由建设单位或监理单位现场见证取样，送交有法定资格的单位检测，判断其质量的可靠性。检验和试验的方法有书面检验、外观检验、理化检验和无损检验四种。严禁将未经检验和试验或检验和试验不合格的材料、构配件、设备、半成品等投入使用和安装。

（2）施工工序质量监控。

工程施工过程，由一系列相互关联、相互制约的工序所构成的。工程质量包括两个相互关联的内容，一是工序活动条件的质量，即每道工序投入的

第二章　枯竭油气藏储气库建设工程技术与管理

人、材料、机械设备、方法和环境是否符合要求；二是工序活动效果的质量，即每道工序施工完成的工程产品是否达到有关质量标准。

工序质量监控的对象是影响工序质量的因素，特别是对主导因素的监控，其核心是管因素、管过程，而不单纯的管结果，其重点内容包括：设置工序质量控制点，严格遵守工艺规程，控制工序活动条件的质量，及时检查工序活动效果的质量。

（3）组织过程质量检验。

过程质量检验主要指工序施工中或上道工序完工即将转入下道工序时所进行的质量检验，目的是通过判断工序施工内容是否合乎设计或标准要求，决定工序是否继续进行或停止。具体形式有：质量自检和互检、专业质量监督、工序交接检查、隐蔽工程验收、工程预检等。

（4）加强成品保护。

在施工过程中，有些分项、分部工程已经完成，其他部位或工程尚在施工，对已完成的成品，如不采取妥善的措施加以保护，就会造成损伤，影响质量，更为严重的是，有些损伤难以恢复到原样，成为永久性缺陷。产品保护工作主要有合理安排施工顺序和采取有效的防护措施两个主要环节。

（5）积累工程施工技术资料。

工程施工技术资料是施工中的技术、质量和管理活动的记录，是实行质量追溯的主要依据，是评价单位工程质量等级的三大条件之一，也是工程档案的主要组成部分。

注采井施工资料包括：钻井施工设计、固井施工设计、试油完井施工设计、钻井井史、钻井施工总结、固井施工总结、完井测井成果图、测井解释成果表、录井资料、试井成果和解释报告、试油完井施工总结、油气井交接资料等。

5）注采井质量管理要求

（1）钻井过程中应按设计加强井眼轨迹的监测与控制，严格落实井下防碰措施，井与井的轨迹空间间距不小于5m。

（2）表层钻进，防止井漏导致钻井液进入煤矿巷道或污染地表水系。若实施气体或充气钻井，应制订相应的施工设计和施工安全预案，并按相关程序报批；气体钻进过程中实现可燃气体、H_2S实时监测。

（3）钻井液钻井应根据地层"三压力"剖面，选择合理的钻井液体系及密度，提高地层稳定性。应有效保护低压石炭系气藏，减少储层漏失。

（4）施工过程保护好套管及套管头，严格按设计要求加入套管防磨接头及套管头保护套。

（5）固井作业，表层套管严格按规定下过煤矿巷道100m，采用柔性自应力水泥浆体系并实施有效封固，水泥浆返至地面；技术套管及油层套管固井前应做好地层承压试验，按Ⅰ类井进行固井设计，均采用特殊气密封螺纹，由专业队伍使用专用工具进行套管下入，并实时监测、记录上扣扭矩，入井前必须逐根进行气密性检测确保合格，采用柔性水泥或自愈合水泥浆体系固井；套管、入井固井工具等厂家专业技术人员上井现场服务，确保入井套管的连接质量；技术套管和油层套管采用IBC（超声波成像）及CBL和VDL两种测井方法进行固井质量的检测；储气层顶部盖层段连续优质水泥胶结段不小于25m，生产套管固井段良好以上水泥胶结段长度不小于70%。

（6）储层钻进时，使用先进的近钻头地质导向工具，确保设计轨迹要求；联合工作组驻井现场把关，导向过程出现异常情况要及时组织分析，确定合理的下步措施。

（7）测井宜采用ECLIPS-SII 5700以上测井仪器，保证测井数据资料质量。

（8）地质录井：注采井从表层开始使用综合录井；PDC钻头或石炭系储层段钻进过程中，使用碳酸盐岩分析仪及双目体视显微镜，准确判断岩性；关键层位，地质录井公司应派遣熟悉储气库构造、具有丰富经验的技术人员驻井卡层把关；加强地质跟踪分析预报，出现与设计不符或者异常情况时应及时分析、上报；地质录井单位必须保障足够数量具有资质的录井人员驻井。

（9）完井管串采用气密封螺纹油管，并进行气密性检测，同时做好记录。

（10）完井管串、气密封检测、酸化改造等施工设计应报项目建设单位备案。

（11）完井设计应对完井管串做力学分析和计算。

（12）入井工具要求在室内检查调试合格，井口装置进行室内气密封试压和现场整体试压合格。下完井工具作业时，要求工具方到现场技术服务。

（13）完井液、酸化液、压井液应与储层配伍，减少完井过程中对储层的伤害。

2. HSE管理

石油钻采工程是一个非常复杂的系统的工程，因为石油钻采工程的工种多，工序多，又是需要连续作业的，立体交叉的。在石油钻采工程的施工的过程中，存在着很多的危险的因素，这其中有些是我们可以看到的，但是有些是潜在的，往往一个很小的差错就会导致巨大的危害，造成巨大的损失。

第二章 枯竭油气藏储气库建设工程技术与管理

也正是因为这些原因，使得石油钻井成了一个比较高危的行业。为了避免这些危害，需要建立一个更加完善的钻井现场 HSE 风险管理体系，所谓的完善的钻井现场 HSE 风险管理体系就是一种安全的健康的环境管理体系。

1）目标

根据中华人民共和国石油天然气行业标准 SY/T 6276—2014《石油天然气工业健康、安全与环境管理体系》及有关健康、安全与环境保护法律、法规等相关文件的规定，坚持"安全第一、预防为主、综合治理"的方针，要求施工单位在钻采作业中严格按石油天然气钻采健康、安全与环境管理体系行业标准执行，做到无轻伤事故，无重伤事故，无死亡事故，无井喷事故，无火灾事故，无锅炉压力容器爆炸事故，无环境污染。

2）设计 HSE 管理

通过设计阶段安全管控，识别出重大安全危害因素，对工程安全及风险进行全面的分析，寻找对策，将其影响减小到最低程度，提高工程本质安全。

设计本质安全化理念应体现在本项目设计的全过程，要从多角度考虑，通过多种风险管控方法实现本质安全的目的。不同项目设计阶段，其本质安全化设计管理重点不同，项目设计实施计划中应包括本质安全化设计管理工作内容，从项目前期开始就应该重视设计本质安全管理工作。

通过设计 HSE、过程危险源分析（PHA）、危险性和可操作性研究（HZAOP）、布置图 HSE 审查、施工危害性研究（HACON）、本质安全设计、危险源识别、过程安全等方法手段，实现设计 HSE 管理。

通过编制安全设施、环境保护、职业卫生、消防、节能设计专篇，确保工程设计能满足装置对质量、职业健康和安全的要求，并能有效防止环境污染。

3）施工 HSE 组织机构

（1）HSE 工程管理组织机构。

项目经理是 HSE 管控的第一责任者，在任期内，应建立健全以项目经理为首，分级负责的 HSE 管理保证体系，同时建立健全专管成线、群管成网的 HSE 管理组织机构。HSE 管理组织机构由项目经理、安全总监、HSE 工程师三个层级构成，应根据工程规模、安全风险、设备管理和生产需要在现场委派相应数量的项目 HSE 专职工程师，同时建立项目管理人员轮流安全生产值日制度。

（2）管理小组。

组长：钻井队队长（井队）。

副组长：钻井队副队长。

成员：指导员、钻采技术员、大班司钻、大班司机、各班司钻、卫生员、环保工、管理员。

（3）作业情况和岗位分布。

钻井队对 HSE 管理影响较大的岗位包括以下几类。

队长：对全队 HSE 管理负第一责任。

副队长：配合队长搞好 HSE 管理工作；队长不在时，代替队长职务全面主持工作。

钻采技术员：负责钻井技术管理；布置生产班作业计划；队长、副队长不在时，代理其行使工作职责。

司钻：带领本生产班完成班作业计划，是本班 HSE 管理的第一责任人。

副司钻：配合司钻做好本班 HSE 工作；司钻不在时，顶替工作，在司钻的指挥和配合下，具体完成各项钻井操作。

卫生员：配合队领导搞好本队卫生、防疫、现场急救、每日现场巡诊工作。

4）施工 HSE 管理要求

（1）健康（Health）管理要求。

① 劳动保护用品按 GB/T 11651—2008《个体防护装备选用规范》有关规定发放，并根据钻井队所在区域特点配发特殊劳动用品。

② 防护用品使用、急救和保健制度均按 Q/SY 1053—2010《石油天然气钻井作业健康、安全与环境管理导则》标准执行。

③ 钻采作业人员必须穿工作服和工作鞋并佩戴安全帽，高于固定平面 2m 以上作业时必须使用安全带。

④ 对有毒药品及化学处理剂必须有专人管理，专门场所存放，领取时必须由队长签字。

⑤ 在手动添加土粉、重晶石粉等钻井液材料时应戴防护口罩、橡皮手套等防护用具。

⑥ 加强食品安全管理，降低噪声和风尘危害，确保作业人员健康。

（2）安全（Safety）管理要求。

① 安全标志牌的要求。在井场和搬迁中应设置醒目的健康、安全与环境警示标志。标志的标识方法和项目按国家标志有关规定执行。主要工作场地应设有明显的逃生路线标志，并在明显高处设置风向标。

② 易燃易爆物品的使用和管理。按 Q/SY 1053—2010《石油天然气钻井

第二章　枯竭油气藏储气库建设工程技术与管理

作业健康、安全与环境管理准则》标准执行。

③ 井场消防器材和防火安全要求。钻井队消防器材的配备按消防有关规定执行。各种灭火器的使用方法、有效日期、应放位置要明确标识。

④ 井场动火安全要求。井场内严禁烟火。钻开油气层后应避免在井场使用电焊、气焊等。若动火，应执行 Q/SY 1241—2009《动火作业安全管理规范》等安全规范中的安全规定。

⑤ 井喷预防和应急措施。井控技术管理措施按 GB/T 31033—2014《石油天然气钻井井控技术规范》及 SY/T 5964—2019《钻井井控装置配套安装调试与使用规范》标准执行。逃生设备：二层台应安装二层台逃生器；钻台至地面应安装专用逃生滑道。应急措施：井喷发生后，按应急救援预案实施。

⑥ 钻井过程中硫化氢安全防护措施。钻井过程应严格按照 SY/T 5087—2017《硫化氢环境钻井场所作业安全规范》SY 6277—2017《硫化氢环境人身防护规范》中相关标准的相关规定，落实 H_2S 安全防护措施。

⑦ 施工单位必须按规定制订井喷失控、重大环保事故、防火、防洪等应急预案。

⑧ 加强钻采作业危险辨识与风险评价，加强随钻检测，谨防井喷、井漏、井塌等事故。

⑨ 高压地层在起下钻过程中，要严格操作，控制提升下放速度，严防抽汲发生井喷，起钻时及时灌钻井液，保持地层压力平衡。起钻完应立即下钻，不能空井进行检修作业，严防失控。

⑩ 防止山体滑坡、塌方等，清理井场周围安全隐患，确保安全钻井作业。

（3）环境（Environment）管理要求。

① 认真贯彻环境保护"三同时"原则。

认真贯彻环境保护"三同时"原则。施工单位要组织力量在井场附近进行环境水质调查，同时向地方环境部门填报《建设项目环境保护"三同时"报审表》和《建设项目环境影响报告表》；基建部门的钻前工程设计应包括污染物防治设施内容，并符合规定标准，建成后必须经验收合格后和井场同时投入使用。

② 钻前环境管理要求。

在修建通往井场公路时，避免堵塞和填充任何自然排水通道。

井场应设污水处理系统，包括污水沟、污水池和污水处理设备。污水沟和污水池应进行防渗漏和垮塌处理。

③ 钻井作业期间环境管理要求。

a. 施工作业现场要设置明显的环保标志或警语牌，提醒施工作业人员遵守有关环保规定，文明施工作业。

b. 施工单位必须配备污染防治设施，做到污染物达标排放。

c. 钻井液坑、岩屑坑、钻井液循环槽、污水池、生活垃圾坑等必须采取防渗漏措施。

d. 对钻井生产中产生的各类固体燃料、废弃物、废料要建立容器回收制度，严禁乱堆乱放。

e. 钻井液药品按标准化管理妥善存放，不得将钻井液药品失散在井场，钻井液药品的废包装袋应回收集中处理，不得随意乱堆乱放。

f. 安装好钻井液、油料等供给管汇，并严格检查是否有跑、冒、滴、漏现象。

g. 井场不能回收利用的污水，应存放在污水池中，不得外排，如果钻井周期长，污水量大时，应拖运到指定地点排放。

h. 钻井液坑、岩屑坑等必须靠山体内侧挖掘，防止泄漏。

i. 对临时生产管线要采取相应的措施，穿越公路、临时公路和农田的管线都要进行挖沟填埋，避免管线因外来因素造成断裂和拉断，防止环境污染事故的发生。

此外，施工单位必须按"两书一表"等具体要求进行 HSE 例行检查和演练。

(4) 应急预案的制订。

根据 Q/SY 1053—2010《石油天然气钻井作业健康、安全与环境管理导则》为了在安全事故和其他突发事件一旦发生的情况下，能快速、高效、有序地进行应急处理，最大限度的保护施工人员和井场附近群众的生命及财产安全，把事故危害和对环境的影响降低到最低限度，钻进施工单位应主动与当地政府取得联系，教育井场周边的群众、普及安全知识；根据井队设施配置、人员构成、地理位置、作业环境、气候特征、交通状况等实际情况制订切实可行的应急预案，与当地政府和有关部门建立衔接的应急救援体系，并按规定程序报批后进行宣传和演练，加强信息交流，建立与相关方面的通信联系系统。

① 应急预案的分类。

a. 井喷及井喷失控应急处理预案。

b. 硫化氢中毒应急救援预案。

c. 火灾应急救援预案。

d. 自然灾害应急预案。

e. 重大疫情应急预案。

f. 重大环境污染应急预案。

g. 交通事故应急预案。

h. 地震应急预案。

i. 其他应急预案。

② 应急预案要求。

应急预案必须从人员、设备、组织机构和程序上做出规定，应急预案程序切实可行，具有可操作性。

③ 应急预案的内容。

应急预案至少应包括以下内容：

a. 建立应急组织机构。具体落实机构各部门人员配置，明确应急事件中相关人员的责任与义务。

b. 建立安全知识教育制度。对现场所有施工人员及井场附近的群众进行安全知识教育，包括井喷和硫化氢的危害等安全知识。

c. 建立应急演练制度。所有涉及应急工作的人员和井场附近的群众均应参加应急演练，并达到熟练程度，要有应急演练的时间安排。

d. 应有应急设备和物资的准备要求。

e. 应建立应急服务信息和联络手段。

f. 应建立切实可行的应急实施程序。事故一旦发生，立即启动应急预案，应急组织机构各部门成员应在规定的时间内到达各自岗位，服从指挥中心统一指挥，各司其职，各负其责，争取在最短时间内控制事故的进一步扩大，将损失降到最低。

g. 应制订必要的应急替代计划。

3. 进度管理

建立项目进度管理制度，制订进度管理目标，对项目的建设实施进行有效的控制。项目进度管理目标按项目阶段—工程区域—单位工程—分部工程/建设工程类别—业务类别—业务专业细类（可选）进行分解。通过制订进度计划，落实进度计划责任，实施进度计划跟踪、检查、纠偏、调整，编制进度报告等措施来实施进度管理控制。

1) 计划层次体系及关系

（1）一级——控制计划：涵盖项目合同中规定的，以及业主特别要求的所有里程碑及主要控制点，本层计划由业主与总承包商商定。

（2）二级——单位工程总体进度控制计划：该计划为单位工程层次上的节点计划，用于业主、监理和承包方决策层查看宏观进度；该计划必须满足一级计划要求。

（3）三级——专业细类控制计划：该计划是由总承包商编制的项目实施计划和控制计划；用于监控分包商的工作进度，协调分包商间的工作；该计划必须满足二级计划要求。

（4）四级——详细实施计划：该层计划是施工分承包商以项目三级计划为基准编制的项目实施进度计划，用于指导施工分承包商开展施工活动的总体进度计划。该层计划能够可靠计量已完成工程量及按照实际完成工程量统计施工进度。该计划必须满足三级计划。

2）进度计划编制和提交

工程项目进度计划运用的计划方法和技术有横道图、垂直图表法、流水作业图、网络计划技术等。作为进度计划必要准备的有项目结构图、工作表等。

（1）工程进度计划包含但不限于：

① 关键路径计划及关键路径编制及分析报告。

② 关键路径重大节点执行情况及相应的分析说明。

③ 工程进度计划。

④ 进度检测系统。

⑤ 工程进度计划人力投入数据表。

⑥ 工程进度计划设备投入数据表。

⑦ 进度 S 曲线及人力投入 S 曲线。

（2）该工程进度计划涵盖了工作范围内的所有工作内容。工程进度计划的编制应满足下列要求：

① 满足工程进度的时间要求。

② 工程进度计划中应有作业之间的逻辑关系。

③ 工程进度计划应标示出工程的关键路径。

④ 为了保证工程进度控制管理的有效性，在整个工程合同执行过程中的各个阶段，至少 1 名专职的进度管理专业工程师。

在项目定标后，承包商将工程进度计划提交建设单位审批，并根据总承包商的要求（若有）进行修改。在提交进度计划文件时，应同时提供编制相关说明，包括：作业项的进度计算、计量方法，进度权重的分配依据等。

第二章 枯竭油气藏储气库建设工程技术与管理

经建设单位审批后的工程进度计划作为进度控制的依据,未经建设单位同意,承包商不得任意修改和变动。

3）工程进度计划的执行

承包商应严格按照工程进度计划内容和时间要求开展项目工作,按时完成所有工作。在收到建设单位的书面开工批复后,应及时开工。

4）进度计划检查和调整

在计划执行过程中,由于资源、环境、自然条件等因素的影响,往往会造成实际进度与计划进度产生偏差,如果这种偏差不能及时纠正,必将进度目标的实现。因此,在计划执行过程中采取相应措施来进行管理,对保证计划目标的顺利实现具有重要意义。

（1）进度计划执行中的管理工作主要有以下几个方面：

① 检查并掌握实际进展情况。

② 分析产生进度偏差的主要原因。

③ 确定相应的纠偏措施或调整方法。

（2）进度计划检查的主要内容：

① 关键工作进度。

② 非关键工作的进度及时差利用情况。

③ 实际进度对各项工作之间的逻辑关系的影响。

④ 资源状况。

⑤ 成本状况。

⑥ 存在的其他问题。

在工程项目施工过程中,当通过实际进度与计划进度的比较,发现有进度偏差时,需要分析该偏差对后续工作及总工期的影响,从而采取相应的调整措施对原进度计划进行调整,以确保工期目标的顺利实现。进度偏差的大小及其所处的位置不同,对后续工作和总工期的影响程度是不同的,分析时需要利用网络计划中工作总时差和自由时差的概念进行判断。

二、地面工程

1. 质量管理

工程质量控制是指为达到工程项目质量要求所采取的作业技术和活动。在工程项目实施过程中,项目建设参与各方,包括建设单位、设计单位和材料供应单位,均必须进行工程项目质量控制。

1) 质量管理原则

(1) "质量第一"是根本出发点。

在质量与进度、质量与成本的关系中，要认真贯彻保证质量的方针，做到好中求快，好中求胜，不能以牺牲工程质量为代价，盲目追求速度和效益。

(2) 以预防为主的思想。

工程质量是由决策、规划、设计、材料、施工等各环节做决定的，而不是检查出来的，必须在工程项目质量形成的过程中，事先采取各种措施，消灭种种影响质量的因素。

(3) 为客户服务的思想。

真正好的质量是用户完全满意的质量，要把一切为了用户的思想作为所有工作的出发点，贯彻到工程质量形成的各项目工作中，在内部树立"下一道工序就是用户"的思想，要求每道工序和每个岗位都要立足于本职工作的质量管理，不给下道工序留麻烦，以保证工程最终质量能使用户满意。

(4) 一切用数据说话。

依靠确定的数据和资料，应用数理统计方法，对工作对象和工程实体进行科学的分析和整理，研究工程项目质量的波动情况，寻求影响工程项目质量的主次因素，采取有效的改进措施，掌握保证和提高工程项目质量的客观规律。

2) 设计阶段工程质量控制

(1) 设计质量管理内容。

设计质量管理内容包括但不限于各种质量保证体系和管理文件，设计服务商资质、设计人员资格、设计软件管理、设计策划、设计输入、设计方案制订、设计评审、设计确认、设计验证、设计输出、设计产品、不合格品控制与预防、人员培训、规范标准宣贯、专业互提资料等记录。设计变更、设计现场服务、设计过程质量、设计质量评定及考核。落实规范标准、管理文件、统一规定的宣贯执行，以及设计过程文件的符合性。

(2) 设计质量管理方法和措施。

设计过程的工程质量直接影响设计成果的质量，设计成果质量又直接影响施工质量，设计图纸直接体现着整个工程的经济效益、环境效益和社会效益，所以，设计质量控制是工程管理工作重中之重。

① 根据项目建设要求和有关批文、资料，编制设计大纲，组织专家进行方案评审、评定设计方案。

② 进行设计资质审查，优选设计单位办理设计合同，并督促检查合同的

第二章 枯竭油气藏储气库建设工程技术与管理

实施。在实施过程中要求设计单位编制进度计划报业主审批，并按审批通过的计划进行督办。

③ 审查设计图纸和概预算。保证各部分设计符合决策阶段确定的质量要求，符合有关技术法规和技术标准的确定；组织有关单位对设计图进行会审，保证有关设计文件、图纸符合现场和设计的实际条件，其深度应能满足设计的要求，各个设计工种的设计文件协调统一，无相互矛盾；保证工程造价符合投资限额。

④ 对设计工作进行协调控制，保证各专业设计之间能互相配合、衔接，及时消除质量隐患，按期完成设计任务。

⑤ 组织设计文件和图纸的报批、验收、分发、保管、使用和建档工作。

3）施工准备阶段工程质量控制

（1）图纸学习和会审。

对设计文件和图纸的学习是进行质量控制和规划的一项重要而有效的方法。一方面使施工人员熟悉和了解工程特点、设计意图，掌握关键部位的工程质量要求，更好地做到按图施工；另一方面通过图纸会审，及时发现存在的问题和矛盾，提出修改和洽商意见，帮助设计单位减少差错，提高设计质量，避免产生技术事故或产生工程量质量问题。

图纸会审由建设单位或监理单位主持，设计单位、施工单位参加，并写出会审纪要。图纸会审必须抓住关键，特别注意对构造和结构的会审，必须形成图纸审查与修改文件，并作为档案保存。

（2）编制施工组织设计。

施工组织设计是对施工的各项活动做出全面的构思和安排，指导施工准备和施工全过程的技术经济文件。其基本任务是使工程施工建立在科学合理的基础上，保证项目取得良好的经济效益和社会效益。

施工组织设计根据设计阶段和编制对象的不同，大致可分为施工组织总体设计、单位工程施工组织设计和危险性较大或新技术项目的分部分项工程的专项施工方案设计三大类。施工组织设计通常应包括工程概况、施工部署、施工方案、施工准备工作计划、施工进度计划、技术质量措施、安全文明施工措施、各项目资源需要量计划及施工平面图、技术经济指标等基本内容。

施工组织设计中对质量控制起主要作用是施工方案，主要包括：施工程序的安排、施工段的划分、主要施工方法、施工机械的选择以及保证质量、安全施工、冬期和雨季施工、污染防治等方面的预控方法和针对性的技术组织措施。

（3）组织技术交底。

技术交底是指单位工程、分部工程、分项工程正式施工前，对参与施工的有关管理人员、技术人员和工程进行不同重点和技术深度的技术性交代和说明。其目的是使参与项目施工人员对施工对象的设计情况、结构特点、技术要求、施工工艺、质量标准和技术安全措施等方面有一个较详细的了解，做到心中有数，以便科学的组织施工和合理安排工序，避免技术错误或操作错误。

技术交底是一项经常性的技术工作，可分级分阶段进行。技术交底应以设计图纸、施工组织设计、质量验收标准、施工验收规范、操作规程和工艺卡为依据，编制交底文件，必要时可用图表、实样、小样、现场示范操作等形式进行，并做好书面交底记录。

（4）控制物资采购。

施工中所需的物资包括建筑材料、建筑构配件和设备等。如果生产、供应单位提供的物资不符合质量要求，施工企业在采购前和施工中又没有有效的质量控制手段，往往会埋下工程隐患，甚至酿成质量事故，因此，采购前应按先评价后选择的原则，由熟悉物资技术标准和管理要求的人员，通过对拟选择的供方的技术、管理、质量检测、工序质量控制和售后服务等质量保证能力的调查，对其信誉、产品质量的实际检验评价及各供方之间的综合比较，做出综合评价，最后选择合格的供方，建立起供求关系。

（5）严格选择分包单位。

工程总承包商或主承包商将总包的工程项目按专业性质或工程范围（区域）分包给若干个分包商来完成，是一种普遍采用的经营方式。为了确保分工工程质量、工期和现场管理能力满足总合同的要求，应由总承包商的相关主管部门和人员，通过审查资格文件、考察已完成工程和施工工程质量等方法，对拟选择的分包商、包括建设单位制订的分包商的技术及管理实务、特殊及主体工程人员资格、机械设备能力及施工经验，认真进行综合评价，决定是否可作为合作伙伴。

4）施工过程质量控制

（1）严格进行材料、构配件试验和施工试验。

进入现场的物料，包括甲方供应的物料及施工过程中的半成品，必须按规范、标准和设计的要求，根据对质量的影响程度和使用部位的重要程度，在使用前采用抽检查或全数检查等形式，对涉及结构安全的应由建设单位或建立单位现场见证取样，送交有法定资格的单位检测，判断其质量的可靠性。

第二章 枯竭油气藏储气库建设工程技术与管理

检验和试验的方法有书面检验、外观检验、理化检验和无损检验四种。严禁将未经检验和试验或检验和试验不合格的材料、构配件、设备、半成品等投入使用和安装。

（2）施工工序质量监控。

工程施工过程，由一系列相互关联、相互制约的工序所构成的。工程质量包括两个相互关联的内容，一是工序活动条件的质量，即每道工序投入的人、材料、机械设备、方法和环境是否符合要求；二是工序活动效果的质量，即每道工序施工完成的工程产品是否达到有关质量标准。

工序质量监控的对象是影响工序质量的因素，特别是对主导因素的监控，其核心是管因素、管过程，而不单纯的管结果，其重点内容包括：设置工序质量控制点，严格遵守工艺规程，控制工序活动条件的质量，及时检查工序活动效果的质量。

（3）组织过程质量检验。

过程质量检验主要指工序施工中或上道工序完工即将转入下道工序时所进行的质量检验，目的是通过判断工序施工内容是否合乎设计或标准要求，决定工序是否继续进行或停止。具体形式有：质量自检和互检，专业质量监督，工序交接检查，隐蔽工程验收，工程预检等。

（4）加强成品保护。

在施工过程中，有些分项、分部工程已经完成，其他部位或工程尚在施工，对已完成的成品，如不采取妥善的措施加以保护，就会造成损伤，影响质量，更为严重的是，有些损伤难以恢复到原样，成为永久性缺陷。产品保护工作主要有合理安排施工顺序和采取有效的防护措施两个主要环节。

（5）积累工程施工技术资料。

工程施工技术资料是施工中的技术、质量和管理活动的记录，是实行质量追溯的主要依据，是评价单位工程质量等级的三大条件之一，也是工程档案的主要组成部分。

5）设备安装管理

（1）设备就位安装前，应对基础进行专项验收，并进行如下检查：

① 应由建设单位（或监理）组织土建施工单位和工艺安装单位有关人员参加对基础的验收交接，验收合格后填写工序交接清单表格，并由相关人员签字确认。

② 基础混凝土强度达到设计强度的75%以上，基础周围应回填夯实，整平；基础外观不应有开裂、露筋、蜂窝、孔洞等缺陷。

③ 基础的设备安装面在设备安装前不应抹面。
④ 基础标高、基准线及中心线应标识正确、明显。
⑤ 应按图纸和相关技术文件对基础的外形尺寸、平面位置进行复测检查。

（2）基础表面不应有油污或松散层。放置垫铁（至周边50mm）处应铲平。铲平部位水平度允许偏差为2mm/m，且应与垫铁接触良好。

（3）需灌浆的基础应凿成麻面。

（4）预留地脚螺栓孔的孔径和深度应符合设计要求，孔内应无石屑和其他杂物，油污应清理干净。

（5）基础表面不应有裂纹、蜂窝、空洞、露筋等缺陷。

（6）基础的中心线、标高、沉降观测点等标记应准确、齐全、清晰。

6）工艺管道安装管理

（1）管道下料与加工。

① 管道下料。

在设计压力大于6.4MPa条件下使用的管道，其切割与开孔宜采用机械切割；在设计压力不大于6.4MPa条件下使用的管道可采用火焰切割，切割后应将切割表面的氧化层除去，消除切口的弧形波纹。坡口加工应符合设计和焊接工艺规程的规定。坡口加工后如有机械加工形成的内卷边，应清除整平。合金钢不宜采用火焰加工，不锈钢钢管应采用机械或等离子方法切割。

钢管切口质量应符合下列要求：

a. 切口表面应平整，无裂纹、重皮、毛刺、凹凸、缩口、熔渣、氧化物、铁屑，切口附近应无划痕或过烧现象。

b. 切口端面倾斜偏差不应大于钢管外径的1%，且不大于3mm。

c. 钢管因运输堆放造成的弯曲，使用前应进行校直，其直线度每米不超过1.5mm，全长不超过5mm；其校直方式不可采用火焰烤进行校直。

d. 管端的坡口型式及组对尺寸应符合设计或焊接规程要求。

② 管件加工。

a. 钢管对接时，错边量不应大于1/8壁厚且小于3mm。

b. "Π"形弯管的平面度允许偏差 Δ 应符合表的数据要求见表2-3。

表2-3 "Π"形弯管的平面度允许偏差　　　　　　单位（mm）

长度	<500	500~1000	>1000~1500	>1500
偏差 Δ	≤3	≤4	≤6	≤10

第二章 枯竭油气藏储气库建设工程技术与管理

c. 汇管的制作及其质量应符合下列要求：

汇管宜选择成品件。现场制作时，汇管母管宜选择整根无缝钢管或直缝钢管且壁厚偏差为制管正偏差，不宜采用螺旋焊缝钢管；采用直缝钢管对接时，纵焊缝应错开 100mm 以上。

汇管母管划线应符合下列要求：固定母管划出中心线；按设计要求的间距划出开孔中心和开孔线。

汇管组对时，应首先进行子管与法兰的组对。母管与子管组对时，应先组对两端子管，使之相互平行且垂直于母管，然后以两端子管为基准组对中间各子管。

汇管组对时，子管与母管的组对采用支管座的方式与母管连接。当子管公称直径小于或等于 200mm 时，定位焊 4 点，当子管公称直径大于 200mm 时，定位焊 6 点，且均匀分布。

d. 封头组对前，应将汇管内清理干净，组对焊接应符合设计要求。

e. 汇管焊接质量应符合焊接规程的要求。

③ 管道单元预制。

a. 管道单元预制应在钢制平台上进行，预制平台的尺寸应大于预制件的最大尺寸。

b. 管道预制宜按照管道系统单线图实施预制，合理预留连头点，避免后道工序的强力组对。

c. 管道预制宜按单线图规定的数量、规格、材质选配管道附件，重点注意材质的压力等级，特别是壁厚，并宜按单线图标明管道系统号和按预制顺序标明各组成件的顺序号。

d. 当采用单件或小单元预制时，应符合下列要求：自由管段和封闭管段的选择应满足现场运输及安装的条件，封闭管段应按现场实测后的安装长度进行加工；自由管段的长度加工允许偏差为 ±10mm；封闭管段的长度加工允许偏差为 ±1.5mm。

e. 当采用组合件预制时，应符合下列要求：管件组合的每个方向总长度尺寸允许偏差为 ±5mm；管件组合的间距尺寸允许偏差为 ±3mm；管件组合的角度尺寸允许偏差为每米为 ±3mm，管端尺寸最大允许偏差为 ±10mm；管件组合的支管和主管横向的中心尺寸允许偏差为 ±1.5mm。

f. 管道单元预制件的组装、焊接和检验应符合 GB 50235—2010《工业金属管道工程施工规范》中的规定。

g. 预制完毕的管道单元预制件应将内部清理干净，并及时封闭管口。

（2）管道安装。

① 一般要求。

a. 管道安装前，应对管道安装区域内的埋地管道、光（电）缆、给排水管道、地下设施、建筑物预留孔洞位置进行核对。

b. 与管道安装相关的土建工程应经验收合格，达到安装条件。

c. 工艺管道所用钢管、管道附件及其他预制件等符合相关规定。

d. 管架、管墩的坡向、坡度应符合设计要求。

e. 安装前管道、管道附件内部应清理干净。安装工作有间断时，应及时封堵管口或阀门出入口。

f. 焊缝质量的检验应符合 GB 50235—2010《工业金属管道工程施工规范》中的规定。

g. 管道开口应避开管道焊缝位置及焊缝热影响区，开口位置距离焊缝宜不小于管道外径。

② 管道安装。

a. 对预制的应按管道系统编号和顺序号进行对号安装。

b. 管道、管道附件、设备等连接时，不得强力组对。

c. 安装前应对阀门、法兰与管道的配合进行检查，并应符合要求；检查安装的法兰、管线的压力等级是否符合设计要求；对焊法兰与钢管配合焊接时，检查其内径是否相同，如不同则按 GB 50540—2009《石油天然气站内工艺管道工程施工规范（2012 年版）》的附录 A《管道对接接头坡口型式》的有关规定执行；检查平焊法兰与钢管规格和圆滑过度情况；检查法兰与阀门配合情况以及连接件的长短；管端的坡口型式及组对尺寸应符合设计或焊接规程要求，如无要求则按 GB 50540—2009 的附录 A《管道对接接头坡口型式》的有关规定执行。

钢管对接时，错边量应符合表 2-4 的数据要求。

表 2-4　钢管组对的错边量　　　　　　单位（mm）

管壁厚	内壁错边量	外壁错边量
>10	1.1	2.0~2.5
5~10	0.1 壁厚	1.5~2.0
5<	0.5	0.5~1.5

异径管直径应与其连接管段一致，错边量不应大于 1.5mm；公称直径大于 200mm 的管道组对时宜采用对口器进行组对，当使用外对口器进行组对

第二章 枯竭油气藏储气库建设工程技术与管理

时,根焊完成50%以上且均匀分布方可拆除对口器;当采用内对口器时根焊必须焊完后方可拆除对口器;钢管端口圆度超标时应进行校圆,宜采用整形器进行校圆,不宜采用锤击方式进行调整;钢管组对时应检查平直度,如图2-7所示。应在距接口中心200mm处测量,当钢管公称直径小于100mm时,允许偏差为±1mm,钢管公称直径大于或等于100mm时,允许偏差为±2mm,但全长允许偏差均为不大于±10mm。

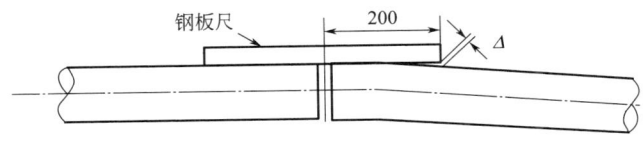

图2-7 管道平直度检查

d. 管道对接焊缝位置应符合:直管段上两对接焊口中心的间距不得小于钢管1倍公称直径,且不得小于150mm;管道对接焊缝距离支吊架应大于50mm,需热处理的焊缝距离支吊架应大于300mm;管道对接焊缝距离弯管(不包括压制、热推或中频弯管)起点应大于100mm,且不得小于管子外径;直缝管的直焊缝应位于易于检查位置,且不应在底部;制管焊缝在组对时应错开100mm以上;钢管穿越建(构)筑物时,应加设保护管。保护管的中心应与管线中心线在一条线上,且建(构)筑物内隐蔽处不应有对接焊缝。

e. 管道安装允许偏差值应符合表2-5的数据要求。

表2-5 管道安装允许偏差值　　　　　　　　　　单位(mm)

项目		允许偏差	
坐标及标高	架空	±10	
	地沟	±7	
	埋地	±20	
平直度	DN≤100	≤2L/1000	最大40
	DN>100	≤3L/1000	最大70
	铅垂度	≤3H/1000	最大25
成排	在同一平面上的间距	±10	
交叉	管外壁或保温层的间距	±7	

f. 管道在地沟中安装应符合规定:在同一地沟内有数根管道时,应自下而上依次分层进行;在同一层中宜先安装大管后小管;管道外壁(包括保温层或防腐层厚度)与地沟壁、沟底面的距离应符合设计要求。

g. 连接动设备的管道，其固定焊口应远离动设备，并在固定支架以外。对不允许承受附加外力的动设备，管道与动设备的连接应符合下列要求：管道在自由状态下，检查法兰的平行度和同心度；紧固螺栓时，应在设备主轴节上用百分表观察设备位移；两者的允许偏差应符合表2-6的要求。

表 2-6　管道与动设备连接允许偏差值

机泵转速，r/min	平行度，mm	同心度，mm	设备位移，mm
3000~6000	≤0.10	≤0.50	≤0.50
>6000	≤0.05	≤0.20	≤0.02

h. 法兰与管道对接焊接应注意：

法兰密封面应与对接管道中心垂直。当公称直径小于或等于300mm时，在法兰外径上的允许偏差为±1mm；当公称直径大于300mm时，在法兰外径上的允许偏差为±2mm，如图2-8所示。

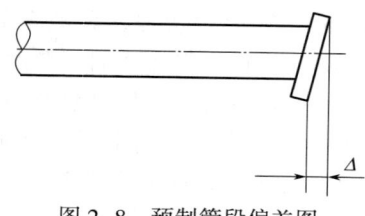

图 2-8　预制管段偏差图

法兰螺孔应对称安装。管道的两端都有法兰时，将一端法兰与管道焊接后用水平尺找平，另一端也同样找平。平孔不平度应小于1mm；管端与平焊法兰密封面的距离应为钢管壁厚加2~3mm；法兰连接时应保持平行，其允许偏差应小于法兰外径的1.5‰，且不大于2mm，垫片应放在法兰密封面中心，不应倾斜或突入管内。梯槽或凹凸密封面的法兰，其垫片应放入凹槽内部；每对法兰连接应使用同一规格螺栓，安装方向一致，螺栓应对称拧紧；法兰螺栓拧紧后，两密封面应相互平行，用直角尺对称检查，其间隙允许偏差应小于0.5mm；法兰连接应与管道保持同轴，其螺栓孔中心偏差不超过孔径的5%，并保持螺栓自由穿入，法兰螺栓拧紧后应露出螺母以外的0~3个螺距，螺纹不符合规定的应进行调整；螺纹法兰拧入螺纹短节端时，应使螺纹倒角外露，金属垫片应准确嵌入密封座内；橇装设备安装应符合现行国家标准GB 50231—2009《机械设备安装工程施工及验收通用规范》的有关规定。

③ 阀门安装。

a. 阀门安装前应逐个进行试压检验，强度和密封试验应符合下列要求。

a）试压用的压力表精度不应低于1.5级，并经检定合格在有效期内使用。

b）阀门应用洁净水为介质进行强度和严密性试验，强度试验压力应为设

第二章 枯竭油气藏储气库建设工程技术与管理

计压力的 1.5 倍，稳压时间应大于 5min，壳体、垫片、填料等不渗漏、不变形、无损坏，压力不降为合格。严密性试验压力为设计压力，稳压时间 15min，不内漏，压力不降为合格。

c）阀门进行强度试验时，球阀应全开，其他阀门应半开半闭。密封试压时应进行单面受压条件下阀门的开启。手动阀门应在单面受压条件下开启，检查手轮的灵活性和填料处的渗漏情况；电动阀门应按要求调好限位开关试压运转后，进行单面受压条件下开启，阀门的两面都应进行单面受压条件下的开启，开启压力应不小于设计压力，不合格的阀门不应使用。

d）止回阀、截止阀可按流向进行强度和严密性试验。止回阀应按逆流向做密封试验、顺流向做强度试验，截止阀可按顺流向进行强度和严密性试验。

e）阀门试压后，应及时排除阀体内的积水（包括中腔），密封面涂保护层进行保养，关闭阀门，封闭出入口，并填写阀门试压记录。

f）安全阀安装前应送有校核资质的检验机构进行检定，并出具检验报告，安装前检查其铅封是否完好。

g）液压球阀驱动装置，应按厂家说明书进行检查，压力油压应在油标的 2/3 处，各部驱动灵活。

h）检查电动球阀的传动装置和电动机的密封、润滑部分，使启、传动和电动部分灵活，并调试好限位开关。

b. 阀门安装前应检查阀门填料，其压盖螺栓应留有调节余量。

c. 阀门安装前，应按设计图纸核对其型号，复核产品合格证和阀门试压记录。

d. 当阀门与管道以法兰或螺纹方式进行连接时，阀门应在关闭状态下安装。

e. 当阀门与管道以焊接方式进行连接时阀门不得关闭，焊缝底层宜采用氩弧焊打底。

f. 阀门安装时，应按介质流向确定其阀门的安装方向，应避免强力安装。在水平管段上安装双闸板闸阀时，手轮宜向上。一般情况下，安装后的阀门手轮或手柄不应向下，应视阀门特征及介质流向安装在便于操作和检修的位置上。

g. 阀门安装后的操作机构和传动装置应动作灵活，指示准确。

h. 安全阀应垂直安装。

④ 管道附件制作、安装。

a. 管道附件制作的尺寸应符合设计要求，其外观应整洁，表面无毛刺、铁锈，焊缝外形平整饱满，无凹陷、裂纹、漏焊及表面气孔等缺陷，表面焊渣应清理干净。

b. 管道支、吊架的安装应符合：管道的支架、托架、吊架、管卡的类型、规格应符合设计要求；管道的支、吊架安装前要进行标高、坡度放线测量，固定后的支、吊架位置应正确，安装应平整、牢固，与管道接触良好；固定支架应按设计要求安装；导向支架或滑动支架的滑动面应洁净平整，不应有歪斜和卡涩现象。其安装位置应从支承面中心向位移反方向偏移，偏移量应为设计计算的 1/2 或按设计规定执行；支、吊架焊接应由有资格的焊工施焊。管道与支吊架焊接时，焊缝外形应平整饱满，不应有咬边、烧穿现象；临时支架焊接不应伤及主材。

⑤ 膨胀节的预拉伸应符合下列规定：

a. 膨胀节预拉伸应符合设计规定，受力应均匀；安装完毕后应拆除运输拉杆和限位拉杆。

b. 预拉伸区各固定支架安装牢固，各固定支架间所有焊缝（冷拉接头除外）焊接完毕并经检验合格，需做热处理的焊缝应做完热处理。

c. 所有支、吊架已安装完毕，冷拉接头附近吊架的吊杆应预留足够的调整余量；弹簧支、吊架应按设计值预压缩并临时固定。

d. 管线倾斜方向及倾斜度均应符合设计要求，防止出现冬季冰堵等现象。

e. 膨胀节预拉伸后，焊缝应经检验合格，需做热处理的焊缝应做完热处理后，方可拆除拉具。

f. 波纹膨胀节内套有焊缝的一端，在水平管道上应迎介质流向安装，在竖直管道上应置于上部。

g. 安装波纹膨胀节时，波纹膨胀节与管道保持同轴，不应偏斜，应设置临时约束装置，待管道安装固定后再拆除临时约束装置。

⑥ 球型膨胀节安装还应符合下列要求：

a. 安装前应将球体调整到所需角度，并与球心距管段组成一体。

b. 球型膨胀节的安装应紧靠弯头，使球心距长度大于设计长度；安装方向宜按介质从球体端进入，由壳体端流出安装。

c. 垂直安装球型膨胀节时，壳体应在上方。

d. 球型膨胀节的固定支架或滑动支架应按设计要求施工。

e. 运输、装卸球型膨胀节应防止碰撞，保持球面清洁。

⑦ 绝缘法兰的安装应符合下列要求：

a. 安装前应对绝缘法兰进行绝缘试验检查，其绝缘电阻应不小于 $2M\Omega$。

第二章 枯竭油气藏储气库建设工程技术与管理

b. 两对绝缘法兰的电缆线连接应符合设计要求,并应做好电缆线及接头的防腐,金属部分不应裸露于土中。

c. 绝缘法兰外露时,应有保护措施。

⑧ 静电接地安装应符合下列要求:

a. 有静电接地要求的管道,各段钢管间应导电,必要时应设导线跨接。当每对法兰或螺纹接头间电阻值超过 0.03Ω 时,应设导线跨接。

b. 管道系统的对地电阻值超过 100Ω 时,应设两处接地引线。接地引线宜采用铝热焊形式。

c. 有静电接地要求的不锈钢管道,导线跨接或接地引线不应与不锈钢管道直接连接,应采用不锈钢板过渡。

d. 用作静电接地的材料或零件,安装前不得涂漆,导电接触面必须除锈并紧密连接。

e. 静电接地安装完毕后,必须进行测试,电阻值超过规定值,必须进行检查与调整。

(3) 管道焊接。

① 一般规定:

a. 站内工艺管道焊接适用的方法包括焊条电弧焊、半自动焊、自动焊或上述方法的组合。

b. 焊接设备的性能应满足焊接工艺要求,并具有良好的工作和安全性能。

c. 工艺管道焊接中异种钢、不锈钢管道焊接应按现行国家标准 GB 50236—2011《现场设备、工艺管道焊接工程施工规范》的有关规定执行,其余钢种焊接应按 GB/T 31032—2014《钢质管道焊接与验收》的有关规定执行。

d. 工艺管道焊接中所使用的任何钢种、焊接材料和焊接方法都应进行焊接工艺评定。异种钢、不锈钢管道焊接工艺评定应按现行国家标准 GB 50236—2011《现场设备、工业管道焊接工程施工规范》的有关规定执行,其余钢种焊接应 GB/T 31032—2014《钢质管道焊接与验收》的有关规定执行。并根据合格的焊接工艺评定编制焊接作业指导书。

e. 从事本规范适用范围内管道工程施工的焊工,应取得国家相应部门颁发的特殊作业人员资格证书,所从事工作范围应与资格证书相符。

f. 焊工应经考试合格后方可上岗实施作业。

g. 在以下气候环境中,如无有效的防护措施,不应进行焊接作业:

a) 雨雪天气。

b) 大气相对湿度超过 90%。

c) 焊条电弧焊、埋弧焊、自保护药芯焊丝半自动焊，风速大于 8m/s。
d) 气体保护焊，风速大于 2m/s。
e) 环境温度低于焊接规程中规定的温度。

h. 对不合格焊缝的返修，应制订返修工艺；同一部位的返修次数不得超过两次。异种钢、不锈钢管道返修工艺评定应按现行国家标准 GB 50236—2011《现场设备、工艺管道焊接工程施工规范》的有关规定执行，其余钢种返修工艺评定应按 GB/T 31032—2014《钢质管道焊接与验收》的有关规定执行。

② 焊接：

a. 管道坡口加工和组对应符合设计规定或焊接工艺评定，无要求的按照 GB 50540—2009 的附录 A《管道对接接头坡口型式》执行。

b. 焊件组对前应将坡口及其内外侧表面不小于 10mm 范围内的油、漆、垢、锈、毛刺及镀锌层等清理干净，且不得有裂纹、夹层等缺陷。

c. 焊前预热符合：有预热要求的应根据焊接规程规定的温度进行焊前预热；当焊接两种具有不同预热要求的材料时，应以预热温度要求高的材料为准。焊前预热的加热范围应以焊缝中心为基准每侧不小于焊件厚度的 3 倍，且不小于 50mm，设计有要求时，按照设计要求执行。预热温度宜使用远红外线测温仪等测量仪器进行测量，测温点的部位和数量分布合理，测量仪器应经计量检定合格；管口应均匀加热，防止局部过热。焊件内外壁温度应均匀；焊道层间温度应符合焊接作业指导书的要求。

当采用钨极氩弧焊打底时，焊前预热温度可按表 2-7 执行。

表 2-7　钨极氩弧焊打底时焊前预热温度允许变化范围

管材类别	名义成分	管材牌号	焊前预热温度，℃
碳素钢	C	10，15，20，25	550~600
中低合金钢	C-Mn	16Mn，16MnR	550~600
	C-Mn-V	09MnV	550~650
		15MnV	550~650
	C-Mo	16Mo	550~600
	C-Cr-Mo	12CrMo	650~700
		15CrMo	650~710
		12Cr2Mo	650~710
		5Cr1Mo	650~710
		9Cr1Mo	650~710

第二章 枯竭油气藏储气库建设工程技术与管理

续表

管材类别	名义成分	管材牌号	焊前预热温度,℃
中低合金钢	C–Cr–Mo–V	12Cr1MoV	650~710
	C–Ni	2.25Ni	550~600
		3.5Ni	550~580

d. 在焊接过程中出现焊条药皮脱落、发红或严重偏弧时应立即更换。施焊时严禁在坡口以外的管壁上引弧,焊接地线与钢管应有可靠的连接方式,并应防止电弧擦伤母材。施焊过程中应保证起弧和收弧处的质量,收弧时应将弧坑填满。多层焊的层间接头应错开。

e. 管子焊接时,应防止管内气体流速过快。根焊应熔透,内成型应良好。层间焊间隔时间应符合焊接工艺规程要求。焊接时应采取合理的施焊方式和施焊顺序。

f. 除工艺或检验要求分次焊接外,每条焊缝宜一次连续焊完,当因故中断焊接时,应根据工艺要求采取保温缓冷或后热等防止产生冷裂纹的措施,再次进行焊接前应检查焊层表面,确认无裂纹后方可按原工艺要求继续施焊。需预拉伸或预压缩的管道焊缝,组对时所使用的工卡具应在整个焊缝焊接及热处理完毕并经检验合格后方可拆除。

g. 低温钢、奥氏体不锈钢、耐热耐蚀高合金钢以及奥氏体与非奥氏体异种钢接头焊接及热处理应符合现行国家标准 GB 50236—2011《现场设备、工艺管道焊接工程施工规范》的有关规定。

h. 对含铬量大于或等于3%或合金元素总含量大于10%的焊件,氩弧焊打底焊接时,焊缝内侧应充氩气或其他保护气体,或采取其他防止内侧焊缝金属被氧化的措施。每道焊口完成后,应清除表面焊渣和飞溅物。

i. 焊接完成的焊口应使用记号笔或白色路标漆书写或喷涂在焊口下游的100mm处,按照焊口标示方法进行现场标识。

j. 定位焊缝应符合:焊接定位焊缝时,应采用与根部焊道相同的焊接材料和焊接工艺,并应由合格焊工施焊;在焊接根部焊道前,应将定位焊缝表面的氧化膜清理干净,并进行检查,当发现缺陷时,应予以处理;焊接前应将定位焊缝其两端修整成缓坡形;过桥定位焊缝(根部上面)应去除;定位焊采用电弧焊时,不应在焊缝交叉处或急剧变向处施焊,应避开该处50mm左右,当环境温度较低时,应对焊件进行预热,并加大定位焊缝长度,定位焊焊接电流比正式焊接电流大10%~15%,以保证焊透;当含碳量大于0.25%

或厚度大于16mm的焊件在低温环境下定位焊后,应尽快进行打底焊,否则应采取后热缓冷措施。

③ 焊缝检验与验收:

a. 管道对接焊缝和角焊缝应进行100%的外观检查,外观检查应符合:焊缝上的焊渣及飞溅物应清除干净,焊缝表面应均匀整齐,不应存在有害的焊瘤、凹坑等;对接焊缝允许错边量不应大于壁厚的12.5%,且小于3mm;对接焊缝表面宽度应为坡口上口两侧各加宽0.5~2mm;对接焊缝表面余高应为0~2mm,局部不应大于3mm且长度不应大于50mm;角焊缝的边缘应平缓过渡,焊缝的凹度和凸度不应大于1.5mm,两焊脚高度差不宜大于3mm;盖面焊道深度不应大于管壁厚的12.5%,且不应超过0.5mm;咬边深度小于0.3mm的,任何长度均为合格,咬边深度在0.3~0.5mm之间的,单个长度不应超过30mm,在焊缝任何300mm连续长度内,咬边累计长度不应大于50mm。累计长度不应大于焊缝周长的15%;焊缝表面不应存在裂纹、未熔合、气孔、夹渣、引弧痕迹及夹具焊点等缺陷。

b. 焊缝外观检查合格后方允许对其进行无损检测,无损检测应按现行行业标准SY/T 4109—2020《石油天然气钢质管道无损检测》的规定进行,超出该标准适用范围的其他钢种的焊缝应按国家现行标准JB/T 4730.1~4730.6—2015《承压设备无损检测》的要求进行无损检测及焊缝缺陷等级评定。

c. 从事无损检测的人员应取得国家有关部门颁发的无损检测资格证书。

d. 无损检测检查的比例及合格验收的等级按设计文件执行,若设计没有明确规定,按下列要求执行:管道焊缝应进行100%无损检测,检测方法应优先选用射线检测或超声波检测;管道最终连头、穿越段的对接焊缝应进行100%射线检测和100%超声波无损检测;管道焊缝进行射线检测和超声波检测时,设计压力大于4.0MPa为Ⅱ级合格,设计压力≤4.0MPa为Ⅲ级合格;磁粉检测或渗透检测应按现行行业标准SY/T 4109—2020《石油天然气钢质管道无损检测》的规定进行。

7) 电气、仪表安装管理

(1) 施工准备。

① 已经编制施工组织设计,对复杂、关键的安装和试验工作编制专项施工方案,并经监理、业主审批通过。

② 施工前由建设单位或监理单位组织有关单位进行图纸会审;施工单位项目技术负责人对施工班组的人员进行了技术交底。

第二章 枯竭油气藏储气库建设工程技术与管理

③ 材料准备：所有涉及的电信仪材料、设备已经进场报验完毕，复检完毕。

④ 设备安装前，建筑工程应具备下列条件：

a. 基础、构架应符合设计要求，混凝土的强度达到允许安装的强度。

b. 预埋件或孔应符合设计要求，预埋的电气管路不得遗漏、堵塞，预埋件应牢固。

c. 有可能损坏或严重污染电气装置的抹面或装修工程施工全部结束。

d. 模板、施工设施应拆除，场地清理干净。

e. 门窗应安装完毕，对有室内通风要求或湿度要求的设备安装必须保证室内的通风、湿度及温度满足设备安装要求。

（2）仪表设备安装。

① 仪表安装前应按设计数据核对其位号、型号、规格、材质和附件，并按设计文件确定的位置安装。

② 就地仪表的安装位置按设计文件规定施工，当设计无明确要求时，应符合下列规定：显示仪表应安装在光线充足、便于观察示值、操作和维修方便的地方；仪表的中心距操作地面的高度宜为 1.2~1.5m；仪表不应安装在有振动、潮湿、易受机械损伤、有强电磁场干扰、高温、温度变化剧烈和有腐蚀性气体的位置。

③ 安装过程中不应敲击、振动仪表。仪表安装应牢固、平正，连接固定部位应受力均匀，不应承受非正常的外力。

④ 设计文件规定需要脱脂的仪表，应经脱脂检查合格后安装。

⑤ 直接安装在设备或管道上的仪表，在管道进行吹扫时应拆下或吹扫后安装，但随设备或管道进行整体的压力试验。

⑥ 仪表上接线盒的引入口不应朝上，当不可避免时，应采取密封措施。施工过程中应及时封闭接线盒盖及引入口。

⑦ 对仪表和仪表电源设备进行绝缘电阻测量时，应有防止弱电设备及电子元件被损坏的措施。

⑧ 仪表设备的产品铭牌和仪表位号标志应齐全、牢固、清晰。

⑨ 仪表设备的盘、柜、箱、盒等应采用金属制品。

8) 投运管理

（1）注气系统投运。

① 干燥。

干燥应在严密性试验合格后进行。干燥宜选用干空气干燥方法，干燥方法执行 SY/T 5922—2012《天然气管道运行规范》的有关规定。

② 试运投产。

按注气系统投产方案进行。

a. 单体试运：

供配电系统、消防系统、通信系统试运调试合格；燃气、压缩空气等辅助系统试运合格；仪表、自控系统调试合格；单体设备试运，按设备操作手册执行。

b. 置换：

先进行氮气置换，再进行天然气置换；氮气浓度大于或等于99%，注入氮气温度大于或等于5℃；氮气置换时，所有监测点氧含量小于2%为合格，置换时应注意容器的低点放空并检测；天然气置换时，采用全量程可燃气体检测仪且浓度大于90%为合格。

c. 整体试运：

单体设备试运、自控仪表调试合格后可进行整体试运，整体试运遵循先开注气井后开注气压缩机组的原则。

倒通流程，按投产方案开注气井；启运注气压缩机组，按方案进行注气压缩机组性能测试；投产后按规定巡检，测取和记录各项参数，填写日报表。

（2）采气系统投运。

① 干燥。

干燥应在严密性试验合格后进行。干燥宜选用干空气干燥方法，干燥方法执行 SY/T 5922—2012《天然气管道运行规范》。

② 试运投产。

按采气系统投产方案进行。

a. 单体试运：

供配电系统、消防系统、通信系统试运调试合格；燃气、压缩空气等辅助系统试运合格。

站场和井场甲醇注入系统、乙二醇再生系统和热媒系统等辅助系统试运合格；仪表和自控系统调试合格；单体设备试运，按设备操作手册执行。

b. 置换：

先进行氮气置换，再进行天然气置换；氮气浓度大于或等于99%，注入氮气温度大于或等于5℃；氮气置换时所有监测点含氧量小于2%为合格，置换时应注意容器的低点放空并检测；天然气置换时，全程采用可燃气体检测仪进行监测且浓度大于90%为合格。

第二章 枯竭油气藏储气库建设工程技术与管理

c. 整体试运：

单体设备试运，自控仪表调试合格后可进行整体试运。

倒通所开井的甲醇注入流程，按操作规程启泵注醇；按开关井操作规程开采气井；按投产方案增开新井；露点处理装置投运按露点装置投运操作规程执行；投运后按规定巡检，测取和记录各项参数，填写日报表。

9) 设施运行管理

(1) 生产运行管理。

编制年度注气运行方案、冬季采气运行方案、每月注气（采气）运行方案。年度注气运行方案应包括地质方案、机组运行参数控制、重点作业和应急预案；冬季采气运行方案应包括地质方案、天然气处理装置参数控制、重点作业和应急预案。

根据年度注气和采气运行方案编制月度注气和采气运行方案，月度注气运行方案应包括地质方案、压缩机组运行方式和参数、月度作业计划和注意事项；月度采气运行方案应包括地质方案、天然气处理装置参数、丙烷压缩机运行参数、月度作业计划和注意事项。

(2) 注气系统工艺管理。

值班人员应监控和分析站控上位机画面上的参数变化，如有异常情况应及时分析并调整运行工况。

① 站场注气系统运行时，至少每4h巡检1次，巡检内容如下：

a. 检查处理注气系统存在的跑、冒、滴、漏。

b. 检查注气运行的分离器液位，发现液位过高及时排放。

c. 记录注气压缩机组运行状况并记录参数。

d. 检查注气压缩机组的辅助设备是否运行正常。

e. 检查空压机的运行状态。

② 井场设施至少每6h巡检1次，巡检内容如下：

a. 检查处理存在的跑、冒、滴、漏。

b. 记录各井的油压、套压、温度、片下安全阀压力。

c. 检查所有设备的完好情况。

③ 停运装置和设备每班至少巡检1次。

④ 注气系统停运：

a. 按照先停机后关井的原则组织停运，按注采井操作规程关闭注采井，按照相关操作规程停运辅助装置和设备。

b. 做好注气设备冬季保温工作。

（3）采气系统工艺管理。

① 值班人员应监控和分析站控部位机画面中的参数变化，如有异常情况及时分析并调整运行工况。

② 开井前先倒通井口采气流程后，向该井注甲醇或投运单井水套炉。

③ 开井初期应采取加热、降低节流装置压差等措施，避免低温对管道和设备造成危害。

④ 根据调度指令，结合天然气露点处理装置运行状况，合理调整采气量。

⑤ 增开新井时，按运行方案开井顺序投运新井，单井稳定后再陆续开其他井。

⑥ 天然气露点处理装置投运前先启动甲醇注入系统，防止管线和处理装置出现冻堵。

⑦ 采气系统运行时，站场至少每4h巡检1次，巡检内容包括：

a. 检查处理存在的跑、冒、滴、漏，检查天然气处理装置的设备运行情况。

b. 检查辅助设备的运行情况。

c. 记录运行参数，填写巡检记录和设备运行记录。

⑧ 井场设备至少每6h巡检1次，巡检内容包括：

a. 检查处理存在的跑、冒、滴、漏。

b. 记录各井的油压、套压、温度、井下安全阀压力。

c. 检查甲醇泵运行情况和甲醇罐液位。

d. 检查所有设备的完好情况。

⑨ 单井计量：

单井计量应在生产井的各项参数稳定后进行；计量期间应保持单井工作制度稳定；计量完成后，折算单井工作制度下的气、油、水产量，填写《注采井生产报表》。

⑩ 采气系统停运前，应做好如下工作：

a. 天然气露点处理装置、采气和集气管线加注缓释剂。

b. 按照先关井后停天然气处理装置的原则停采，操作完毕后对流程进行确认。

c. 天然气处理装置停运后，及时对凝析油管线、排污管线进行扫线；环境温度较低时，电伴热、热媒加热系统处于运行状态，防止管线、设备内积液，发生冻堵。

（4）高低压分界点管理。

① 建立高低压分界点台账，根据工艺变更情况及时更新。

第二章 枯竭油气藏储气库建设工程技术与管理

② 运行人员应掌握高低压分界点分布情况，掌握高、低压端管线、设备的设计压力和最高操作压力，掌握低压端防止超压所采取的保护措施。

③ 高低压端分界点应设有明显的标识，并注明高低压两端的设计压力。

④ 当高低压两端的管线、设备不同时运行时，应在操作现场的控制设备上悬挂"严禁操作"的警示标志或现场锁定，防止误操作。

⑤ 应将高低压分界点列为重要巡检内容，并有巡检记录。

⑥ 在低压端应独立设置压力检测仪表并具有远传报警功能。

⑦ 为防止站内低压端的管线、设备超压，低压端的管线、设备上必须安装安全阀或其他保护装置，保证施加给低压端任何部分的压力将不会超过设计压力和被保护压力两者中的低值。压力保护装置或安全阀在装置停运时应处于投运状态。

⑧ 当低压端管线、设备未安装安全阀时，应将其与设计压力相同并装有安全阀的管线、设备的流程倒通，以保证超压后能自动泄放降压。

（5）压缩机管理。

① 压缩机运行管理执行设备的操作维护手册。

② 停运压缩机组每周应进行托转。

（6）自控仪表管理。

① 自控仪表管理执行 SY/T 6069—2020《油气管道仪表及自动化系统运行技术规范》。

② 站场装置在运行、停运但装置带压期间，ESD 系统功能应处于在线运行状态。

③ 因运行、维修需要，须将 ESD 系统旁路或屏蔽时，站控机上应有明显的警示提示，作业后及时恢复。

④ 当 ESD 功能出现故障影响正常投用时，应制订风险削减措施。

⑤ ESD 系统发生故障维修、硬件更换、软件升级/修改事件后，应及时进行 ESD 功能测试。

⑥ 因生产需要不能按时 ESD 测试时，应进行模拟测试，测试时可采取屏蔽措施，测试被控设备接收到 ESD 命令，有条件后应及时补测。

⑦ ESD 系统的注气和采气部分可分别测试，采气前要进行采气系统 ESD 功能测试和诊断，注气前要进行注气系统 ESD 功能测试和诊断，保证 ESD 系统有效、可靠。

（7）电气系统管理。

电气系统管理执行相关标准。

（8）通信系统管理。

通信系统管理执行相关标准。

（9）仪表风系统管理。

① 仪表风系统设备完好，工作性能稳定。

② 供气压力在 0.4~0.8MPa，严格按要求控制压缩空气露点，根据情况及时更换干燥剂。

（10）消防系统管理。

① 消防系统处于完好备用状态，消防泵每周要试运 1 次。

② 消防设备仪表定期校验，准确可靠。

③ 消防器材齐全，摆放合理。

④ 消防水池（或罐）内水位控制在规定范围内。

（11）放空系统管理。

① 安全阀校验合格，处于投运状态，按 TSG 21—2016《固定式压力容器安全技术监察规程》。

② 安全泄放阀处于自动状态，若安全泄放阀上游有手动球阀，此阀应处于全开状态。

③ 放空系统处于正常投用状态。

（12）闭式排放系统管理。

① 闭式排污罐放空阀在不排液期间应处于全开状态。

② 闭式排污罐液位宜控制在 1/3~1/2 范围内。

（13）维护管理。

① 应制订储气库设施维护周期、维护内容及维护标准。

② 注气和采气系统共用的设施，宜在注采间歇期进行维护。

③ 特种设备按 TSG 21—2016《固定式压力容器安全技术监察规程》执行。

④ 每年应对设备维护的效果进行评估，总结、分析储气库的生产设施运行情况。

2. HSE 管理

1）HSE 方针及目标

（1）HSE 方针。

安全第一、以人为本、环保优先、遵章守法、履行责任、创新管理、实现稳定持续发展。

（2）HSE 目标。

追求零事故、零伤害、零污染。

第二章 枯竭油气藏储气库建设工程技术与管理

具体目标包括以下三点。

① 职业健康（H）管理目标：杜绝较大食物中毒事件；杜绝较大疫情事件和职业病危害事故；使全体人员的健康得到充分保证。

② 安全（S）生产总体目标：杜绝一般事故 A 级；杜绝交通责任事故；杜绝火灾、爆炸事故。

③ 环境（E）管理目标：确保清洁生产，保护自然与生态环境；妥善处理各种施工作业废弃物、生活垃圾，各种污染物排放达到国家排放标准；杜绝发生环境污染和文物破坏事件；排除水土流失隐患；环境保护和水土保持工作达到设计和相关规定要求。

2）设计 HSE 管理

通过设计阶段安全管控，识别出重大安全危害因素，对工程安全及风险进行全面的分析，寻找对策，将其影响减小到最低程度，提高工程本质安全。

设计本质安全化理念应体现在本项目设计的全过程，要从多角度考虑，通过多种风险管控方法实现本质安全的目的。不同项目设计阶段，其本质安全化设计管理重点不同，项目设计实施计划中应包括本质安全化设计管理工作内容，从项目前期开始就应该重视设计本质安全管理工作。

通过设计 HSE、过程危险源分析（PHA）、危险性和可操作性研究（HZAOP）、布置图 HSE 审查、施工危害性研究（HACON）、本质安全设计、危险源识别、过程安全等方法手段，实现设计 HSE 管理。

通过编制安全设施、环境保护、职业卫生、消防、节能设计专篇，确保工程设计能满足装置对质量、职业健康和安全的要求，并能有效防止环境污染。

3）施工 HSE 管理机构

（1）HSE 管理领导小组。

HSE 管理领导小组一般设项目经理、安全总监及各部门负责人及各机组组长。

（2）HSE 管理组织机构。

① 项目经理。

项目经理是工程施工 HSE 管理的第一责任人，贯彻并执行有关 HSE 标准、规定；配备项目部施工生产所需的 HSE 资源；主持召开 HSE 会议，及时解决 HSE 管理工作中出现的各种问题。落实"有感领导"，制订项目施工期间的个人安全环保工作计划，每月对照计划落实履职情况；按照"直线责任"原则，划分项目副经理、安全总监及各部门、机组直线责任区，并组织监督责任落实。组织事故的调查、分析、处理和上报工作。

② 安全总监。

在项目经理领导下，负责项目部 HSE 体系建立及运行的协调和控制工作；负责制定详细的 HSE 工作计划、规章制度，包括安全管理程序、安全保证措施等并组织实施；有计划地组织员工进行 HSE 培训工作；组织开工前进行工程的风险识别及评价工作，并组织落实各项风险削减措施；负责收集、传达并监督执行 HSE 方面的法律法规和国家政策；组织参与 HSE 事故调查、分析处理和事故报告；落实"有感领导"在项目的具体实施、监督；监督直线责任和属地管理落实情况，及时向项目经理汇报。

③ 项目副经理。

协助项目经理做好分管业务范围内的安全工作，对自己主管的业务范围内的安全负领导责任；参与施工安全重大问题的决策，做到管生产必须管安全；参加项目安全事故的调查工作；定期向项目经理汇报分管业务范围内的安全工作，完成项目经理交办的安全生产工作。

④ HSE 部。

在项目经理和安全总监的领导下，负责编制项目部 HSE 管理体系文件；负责收集、传达有关健康、安全与环境方面最新的法律、法规和国家政策信息，并监督有关部门实施；负责建立健全项目 HSE 体系，确保体系在项目有效、持续运行；负责 HSE 工作监督检查，及时发现、纠正存在的问题。在紧急情况下，有权发出停止工作的指令，并向项目经理和安全总监汇报；将施工中的风险和风险削减措施传达到每一名员工；组织对施工人员进行安全教育，组织员工开展应急演练，不断提高员工安全素质；加强对分包商的 HSE 检查工作；组织员工进行健康检查，建立员工健康档案。

⑤ HSE 监督员。

对员工进行安全知识培训；负责现场 HSE 监督检查工作，监督安全保证措施的落实和 HSE 隐患整改工作，并做好现场 HSE 记录；负责劳动防护用品的管理和检查工作；现场检查发现有可能危及人员生命财产安全时，有权责令立即停止作业；有权对违反 HSE 规定的现象、行为进行处罚；监督作业许可实施情况；现场发生事故时，积极协助主管领导进行现场应急、救援工作；参加重大安全事故的调查、分析和处理。

⑥ 机组长。

在组织施工作业时，认真执行 HSE 管理的有关政策、规定和有关程序；对作业人员进行 HSE 培训教育，组织每日风险消项活动和现场监督检查；在

第二章　枯竭油气藏储气库建设工程技术与管理

施工作业现场按规定设置必需的安全防护措施；负责组织机组安全检查，及时发现和消除事故隐患，重大隐患及时向上级报告；负责属地范围内作业许可审批和各项管理措施的落实；认真贯彻、落实工作前安全分析、班前讲话及每周一次的 HSE 培训工作；发生事故时立即组织抢救、采取措施防止事故扩大，保护好现场，并向上级报告。

⑦ 作业人员。

严格执行 HSE 规章制度和本岗位安全技术操作规程，落实"六条禁令"要求，有权拒绝违章指挥作业；熟悉本岗位和管道施工中的安全风险，熟练掌握风险削减措施，在工作中做到"保证自身安全的同时，监督他人的工作安全"；确保本岗位属地范围内安全施工；及时发现和消除事故隐患，不能整改的立即向上级汇报；正确使用、穿戴安全防护用品，做好安全防护装置、设施的维护保养工作；积极参加 HSE 活动，增强 HSE 意识；遵守环境保护的各项规定；积极参与 HSE 管理，提出建议，改进 HSE 表现水平。

4）施工人员 HSE 规定

（1）施工人员必须经过健康体检合格，无职业禁忌证。

（2）施工人员必须经过专业知识和 HSE 相关知识的培训，取得相应的证书方可上岗作业，从事特种作业的操作人员（焊工、防腐工、操作手、电工、起重工、架子工等）必须持有国家相关管理部门颁发的证件方可上岗。

（3）施工人员在作业前要了解、掌握本岗位的危害因素和对环境的影响，具备相应的应急处理能力。

（4）施工人员必须按规定穿戴劳动保护用品。

（5）由于站内工艺管道施工过程中存在大量的交叉施工作业，各工序每天施工前应向现场负责人和班组长报告工作安排，以便统筹安排，保证作业安全，交叉作业必须由专人指挥协调。

5）施工设备 HSE 规定

（1）按照维修保养规程进行维修保养，确保设备性能完好，且有维修、保养台账。

（2）设备实行定人定机管理。

（3）设备应定期保养，防护罩、保险装置等要齐全有效，警示标志齐全、醒目。

（4）设备的启动、运转、行驶、保养应按操作规程进行操作。

（5）设备多人操作时，应由专人负责，并应有交接班记录。

（6）施工所用的吊具、卡具、索具（包括自制）等工机具应符合安全要求,手持电动工具应执行相应标准。

(7) 电气设备应进行接地保护,且线路绝缘良好。

(8) 特种设备应按要求定期检验,经检验合格的设备方可继续使用。

6) 工艺施工作业 HSE 规定

(1) 材料的装卸和存储。

① 要设置材料和设备的储存区域,区域要布置合理,满足防洪、消防的需要。

② 应留出安全通道,区域内要配齐消防器材,区域内应禁止吸烟,要设置醒目的安全标识。

③ 材料设备吊装。

a. 吊装前应对吊装现场详细勘查,对被吊物进行检查,根据被吊物的重量、形状,按吊装方案要求和被吊物的具体情况选择起重机械、吊具和索具。

b. 吊装前必须认真检查起重机械和卡具、索具、吊具,安全装置应性能良好,安全可靠,制动、转向、变幅等部位应灵敏有效。发现不合格或有疑义,应做出标识,隔离存放,不应使用。对卡具、索具、吊具、钢丝绳等,必须严格执行报废标准。

c. 吊装应由专人指挥,其他人员未经许可不得进入吊装作业区域。指挥者应站在使司机能看清楚指挥信号的安全位置上,统一信号、旗语,信号要清晰、准确,严格遵守"十不吊"规定。

"十不吊"内容:无专人指挥或指挥信号不明不吊;重量不明、超负荷不吊;安全装置机械设备有异常或有故障不吊;在重物上作业或埋入土中物件以及歪拉斜挂不吊;物件捆绑不牢不平或活动零件不固定不清除不吊;吊物上站人或从人头上越过及吊臂下站人不吊;现场光线阴暗看不清吊物起落点不吊;棱角缺口未垫好不吊;六级以上(10.8m/s)大风和雷暴雨时不吊;在斜坡上或坑沿、堤岸不填实不吊。

d. 作业中不得损坏吊件、吊具和索具,合理捆绑被吊物,被吊物如有棱角,应在吊件与吊索接触处采取适当衬垫措施。

e. 起吊时,吊装的物品上不准站人,不准有人在被吊物上方或下方站立和通过,受力的绳索附近不得有人停留和通过,应设立警戒线,警戒线内不得有从事其他作业及闲杂人员。

f. 当多人捆绑同一负载时,起吊前应先做好呼唤应答,确认绑挂无误后,方可由一人负责指挥。

g. 起吊中,因故中断起吊,必须采取措施,不得使重物在空中停留时间

第二章 枯竭油气藏储气库建设工程技术与管理

过长,不得悬空过夜。

h. 起重作业完成后,应检查被吊物是否停放稳固,确保安全。

④ 起重机械安全操作要求。

a. 被吊物的重量及分布情况进行全面了解。起重机械应装有音响清晰的喇叭或电铃等信号装置,起重臂、吊钩、平衡重等转动体上应涂有鲜明的色彩标志。作业前,操作人员应检查信号装置和制动,确认灵敏可靠。

b. 起重吊装作业应有专人指挥,起重吊装指挥人员应与起重机械操作人员密切配合,执行规定的指挥信号,发出的指挥信号必须准确、清晰,起重操作人员应按指挥人员的信号作业,当信号不准或错误时,操作人员应拒绝执行,并立即通知指挥人员;不论任何人发出紧急危险信号,操作人员都应立即停止操作。

c. 在露天有 6 级以上大风或大雨、大雪、大雾等恶劣天气,应停止起重吊装作业。再次作业前应试吊,确认制动灵敏可靠后方可进行作业。

d. 起重机械的变幅指示器、力矩限制器、起重量限制器以及各种行程限位开关、安全保护装置应齐全完好,灵敏可靠,不得随意调整或拆除;严禁利用限制器和限位装置代替操作机构。起重机械操作人员进行回转、变幅、吊钩升降、行走等动作之前,应发出音响信号示意。起重机械作业时,起重臂和重物下方严禁有人停留、作业或通过;重物吊运时,严禁从人员上方通过;严禁用起重机载运人员。操作人员应按起重机械规定的性能作业,不得超重。

e. 严禁用起重机进行斜拉、斜吊和起吊地下设施或凝固在地面上的重物以及重量不明的物体。起吊重物应绑扎、悬挂牢固,不得在重物上再堆放或悬挂散物件。易散落的物体应使用吊笼栅栏固定后方可起吊;标有起吊悬挂位置的物件,应按标明的位置悬挂起吊;吊索与物件的夹角以 45°~60° 为宜,且不得小于 30°,吊索与重物棱角之间应加垫块。

f. 当起吊载荷达到额定起重量的 90% 及以上时,应先将重物吊离地 200~500mm 后,检查起重机的稳定性、制动器的可靠性、重物的平稳性和绑扎的牢固性,确认无误后方可继续起吊;对易晃动的重物应用拉绳牵拉,以保持平稳。重物起升和下降过程的速度应平稳、均匀,不得突然制动。左右回转应平稳,当回转未停稳前,不得做反向动作。

g. 严禁将重物长时间悬挂在空中,作业中遇突发故障,应采取措施将重物降落到安全的地方,并关闭发动机或切断电源进行检修。在架空输电线路附近进行起重作业时,起重机的任何部位与架空输电导线的安全距离不得小于安全规定。钢丝绳与起重机卷筒的连接应牢固，放出钢丝绳时，卷筒上应至少保持3圈，收放钢丝绳时应防止钢丝绳打环、扭结、弯折和乱绳，不得使用扭结、变形的钢丝绳。

h. 钢丝绳采用编结固接时，编结部分的长度不得小于钢丝绳直径的20倍，并不应小于300mm，其编结部分应绑扎细钢丝；当采用绳卡固接时，最后一个绳卡距绳头的长度不得小于140mm。作业中应经常检查绳卡的紧固情况。

i. 向转动的卷筒上缠绕钢丝绳时，不得用手拉或脚踩来引导钢丝绳；给钢丝绳涂抹润滑脂时，必须在停止运转后进行。

⑤ 汽车起重机安全操作要求。

a. 起重机行驶和工作的场地应保持平坦坚实，并应与沟渠、基坑保持安全距离。

b. 起重机启动前和作业前的检查项目应符合：各安全防护装置及各指示仪表齐全完好；钢丝绳及连接部位符合规定；燃油、润滑油、液压油、冷却水等添加充足；各连接件无松动。

c. 作业前，应全部伸出支腿，并在撑脚板下垫方木，调整机体使回转支撑面的倾斜度在无载荷时不大于1/1000（水准泡居中）；支腿有定位销的必须插上；底盘为弹性悬挂的起重机，放支腿前应先收紧稳定器。

d. 作业中严禁扳动支腿操纵阀，调整支腿必须在无载荷时进行，并将起重臂转至正前或正后方可再行调整。汽车式起重机，作业时驾驶室内不准有人；吊起重物不得从驾驶室上方通过和停留，且不得在汽车的前方起吊。起重臂伸缩时，应按规定程序进行，在伸臂的同时应相应下降吊钩；当限制器发出警报时，应立即停止伸臂；起重臂缩回时，仰角不宜太小。

e. 采用自由（重力）下降时，载荷不得超过该工况下额定起重量的20%，并应使重物有控制地下降，下降停止前逐渐减速，不得使用紧急制动；起吊重物达到额定起重量的50%及以上时，应使用低速挡；起吊重物达到额定重量的90%以上时，严禁同时进行两种及以上的操作动作。作业中发现起重机倾斜、支腿不稳等异常现象时，应立即使重物下降落在安全的地方，下降中严禁制动。

f. 重物在空中需要较长时间停留时，应将起升卷筒制动锁住，操作人员不得离开操纵室。起重机带载回转时，操作应平稳，严禁急剧回转或停止，换向时应在停稳后进行。

g. 作业后，应将起重臂全部缩回放在支架上，再收回支腿；吊钩应用专

第二章 枯竭油气藏储气库建设工程技术与管理

用钢丝绳挂牢；车架尾部有撑杆的起重机，应将车架尾部两撑杆分别撑在尾部下方的支座内，并用螺母固定；应将阻止机身旋转的销式制动器插入销孔，并将助力器操纵手柄放在脱开位置，最后应锁住起重操纵室门。

h. 在道路上行驶时，应遵守《中华人民共和国道路交通安全法》的规定。行驶前，应检查并确认各支腿的收存无松动，轮胎气压应符合规定。

i. 行驶时应保持中速，不得紧急制动，过铁道口或起伏路面时应减速，下坡时严禁空挡滑行，倒车时应有人监护。行驶时，驾驶室外不准搭乘人员，并不得堆放物件。

⑥ 材料和设备储存。

a. 材料、设备应按类别、规格型号分别堆放。

b. 管材堆放高度：直径 529mm 以下一般不超过 4 层，直径 529～1016mm 不超过 3 层，直径 1016mm 及以上钢管的堆管高度不应超过两层；垛与垛之间应留出通道，主要通道的宽度应不小于 5m。

c. 堆管场场地应平整，管垛禁止直接接地，管口两端 2m 处应打 200～300mm 高的土墩，管材之间不能直接接触，应用填塞物（防滑绳）掩实，并且管垛底层两侧应用楔子或其他填塞物掩实，防止滚管。

d. 在管垛上吊运或倒运管材时，必须自上而下层层吊运，严禁从下层抽吊；底层的管材每吊走一根，应将外露在外侧的管材掩实。

e. 油漆涂料的储存注意：材料（汽油、漆料、稀料）应单独存放在专用库房内，不得与其他材料混放。且与办公室、宿舍、食堂、其他库房至少有 30m 的安全距离；库房应通风良好。易挥发的汽油、稀料应装入密闭容器中；严禁在库内吸烟和使用任何明火；库房应配齐消防器材。

f. 油品储存注意：现场临时储存的成品油采用桶装或罐装的方式；油品储存区与生活区、食堂、居民区、预制场的距离应在 50m 以上；油品储存区应配齐灭火器等消防器材，并有消防砂、消防锹等消防设施。灭火器应放在便于取用的位置；油品储存区应在四周设置围栏，并放置"严禁烟火""禁止吸烟"等醒目的安全警示标志；在油罐、油桶四周，设防火堤，防火堤应按照油罐、油桶的总容量的 150% 来设计，但高度不小于 50cm，可用现场的土堆积起来。并在靠近进出油品储存区的道路一侧，留出进出防火堤的通道；防火堤内地面的处理（底层应铺垫一层中粗砂，厚度不小于 5cm；在中粗砂铺垫的地面上，还须铺垫一层木板或红砖；底层应铺垫一层塑料布或彩条布；油罐接油阀口下面应放置一个容器，用来接收滴淌或溢出的油品。容器应定期清理，防止盛装过满导致油品溢出；油品储存区的照明系统，必须符合防爆要求；油品储存区应设置专门收集废油、含油土、油手套、油棉纱的收集桶。

（2）测量放线作业。

① 测量放线时，作业人员应在车辆和设备通行路线上设置警戒线，并设专人监护。

② 作业人员上下沟槽、基坑或登高作业时，应走安全梯或马道。

③ 测量放线时应注意已开挖的沟槽、基坑的危险，做好防护。

④ 测量放线结束后，作业人员应将仪器、工具和剩余材料撤离作业区域。

（3）管沟开挖。

① 管沟开挖前应查明开挖地段明、暗障碍物（电线、电缆、管道、坑道等）的地点及走向，并采用明显记号标识。

② 挖掘机维修保养时应配备接油槽（塑料布），防止污染环境（土壤）；固体废弃物（废旧零部件、废旧蓄电池、棉纱等）和废液（废柴油、废机油等）应分类回收处理。

③ 施工中应尽量降低施工噪声，避免在夜间施工，以减小对周边居民的影响。

④ 人工开挖管沟时要由专人监护管沟沟壁的情况，防止管沟塌方伤人，在沟内施工时人与人间操作距离应大于3m。

⑤ 机械开挖沟时要由专人指挥。

⑥ 地下水位高的地段，应采取边降水边开挖管沟的方法，避免管沟塌方造成人员伤害及设备损坏。

⑦ 开挖管沟时，必须按规定的坡比开挖；在开挖中如遇到未做标识的地下管道、电缆以及不能辨别的物体时，应停止开挖，在采取必要的措施后方可施工。

⑧ 在靠近道路、建筑物等地段开挖管沟时，应设置隔离带和昼、夜安全警示标志。

⑨ 挖出的土方应堆积在距离沟边至少1.0m以上，堆积高度不准超过1.5m。如土方不能立即回填，则应在土方上洒水，防止产生局部扬尘。

⑩ 对于深度超过5m的管沟应采用支撑的方法，防止塌方的发生。

⑪ 管沟开挖后，应立即在距离沟边1.0m的地方设置隔离带和警示标志，防止发生坠落。

（4）预制。

① 切割时应将周围易燃易爆物品清理干净，不易清除的要采取遮盖措施，

第二章　枯竭油气藏储气库建设工程技术与管理

并设专人监护。如作业区域附近可能存在可燃气逸出时，应办理动火作业证并采取有效的安全技术措施。

② 搬运氧气、乙炔瓶时，应有支架固定，夏季要注意防晒，不应摔、碰和撞击。装卸氧气表或试风时，瓶口应避开人。乙炔气瓶使用前应直立 15min 后方可使用。

③ 切割作业工具必须符合安全要求，控制阀等应严密可靠，无泄漏，氧气减压器灵活有效，输气软管耐压合格，无破损。有故障的焊割具，必须在修复合格后方可使用。

④ 作业时，氧气瓶、乙炔瓶等禁止倒放，间距保持 5m 以上，距明火 10m 以上。

⑤ 上下作业点时，氧气、乙炔胶管不准缠在身上或背在肩上，应用吊绳拉上或卸下。

⑥ 输、储氧气、乙炔的容器和管路应严密。禁止用紫铜材质的连接管连接乙炔管。输、储乙炔的工具设备冻结时，不应用明火烘烤。

⑦ 氧气瓶与乙炔瓶现场应设置氧气瓶、乙炔瓶存放库（棚），饱瓶和空瓶应分开存放，且应通风，遮阴。

⑧ 氧气瓶不应沾染油脂，有油脂的衣服、手套等禁止与氧气瓶、减压阀、氧气软管接触。

⑨ 氧气瓶、乙炔瓶等不准摆放在电源线下方及距易燃易爆腐蚀物品较近的地方。

⑩ 工作结束后，应切断电源、气源，整理好工具，清理好现场，方可离开。

（5）工艺管道安装。

① 安装过程中发生吊装作业时，应有起重工统一指挥，动作应缓慢均匀，防止晃动，造成机械伤人及碰坏设备。

② 组对前采用砂轮机清理管口时，操作者必须戴防护面罩，并注意砂轮切线方向不得有人，以免铁屑伤害眼睛或砂轮片损坏飞出伤人。

③ 使用内对口器组对时，内对口器的各种动作开关应运行可靠，供压系统各连头连接应牢固，无泄漏。对口器前行管的出口端严禁站人。

④ 使用三脚架和四脚架组对管口时，脚架不应有裂纹、弯曲等变形，脚板应垫实，以防受力不均倾倒伤人或损坏设备。

⑤ 使用外卡具组对时，应握紧转轴，以防脱落伤人。

⑥ 使用吊带组对时，负荷应满足要求，严禁超负荷作业。

⑦ 组对时严禁用手指接触管口端部，应站在管口两侧进行组对作业。

⑧ 组对时管口错边比较大需要大锤修正时，要使用铜锤轻击，并注意锤击方向前后不得有人和其他障碍物。

⑨ 沟下管道安装时，管沟宽度应满足作业要求并有防塌方措施，应配置梯子或在管沟一侧做成台阶状，便于人员上下或紧急事件发生时能及时撤离；设置专人监护施工，防止管沟塌方造成人员伤害。

⑩ 沟下有积水时，需进行排水。沟下有人员进行排水作业时，应设专人观察沟壁情况。发现异常，迅速通知沟下作业人员撤离。

⑪ 禁止在雨后立即进入沟下作业。

⑫ 需到高空进行工艺管道安装作业时，应设置梯子或搭设脚手架。

a. 使用梯子的安全要求：使用梯子前，要仔细检查，梯子结构要牢固，踏步间距不得超过400mm，人字梯要有坚固的铰链和限制跨度的拉链；爬梯两端均必须固定，防止滑动；禁止两人或两人以上同时在梯子上工作；不准带人移动梯子；不允许蹲在梯子顶部工作，禁止坐在梯子上；在离地面2m以上梯子上进行作业时，要佩戴安全带；在梯子上作业时，所使用的工具，必须放入专用的工具袋内，不准上下投掷材料、工具；在有电线路附近作业时，要与线路保持足够安全距离，并采取可靠保护措施。

b. 搭设脚手架的安全要求：脚手架架子地基应平整夯实，抄平。钢立柱不能直接立于土地面上，应加设垫板或底座，垫板厚度不小于50mm；所有脚手架临边都必须带扶手和挡板，脚手架扶手高度为1.2m，中间护栏为550~600mm左右；严格按照规定的构造尺寸进行搭设，控制好立杆的垂直偏差和横杆的水平偏差，并确保节点连接达到要求；脚手架应采用同一种材质搭建，每隔1.5m采用横挡进行支撑；脚手架与构筑物之间应在横向或竖向每间隔不超过4m内进行绑扎固定；遇有坑槽时，立杆应下到槽底或在槽上加设底梁，并控制外立杆距沟槽边的距离；脚手板应铺平铺满，不得有探头板；脚手架搭建要和高压线保持安全距离；搭设完毕后进行检查验收，检查合格才能使用；人员上下脚手架，必须使用梯子。

c. 高空作业的安全要求：从事高空作业的人员，上岗前应进行体检。患高空作业禁忌证的人员，不应从事登高作业；安全带等防护用具使用前要检查是否完好，佩戴正确。安全带要挂在构架、管架等牢固的位置，如有必要应加设安全网进行保护；遇有六级（10.8m/s）以上大风或雷雨、大雾天气时，应停止登高作业；高空作业人员使用的工具应放入工具袋内，不应上下投掷，施工用料和割断的边角料应采取有效的防止坠落的措施。

第二章 枯竭油气藏储气库建设工程技术与管理

d. 当安装与焊接、防腐等其他作业交叉施工时,应注意其他作业人员的安全。

e. 当日施工完成后,应对现场进行清理,设备、工具放在适当的位置,边角料应清除施工现场。

f. 施工现场配备垃圾桶(袋),产生的固体废弃物(废砂轮片、废钢丝刷等)应分类回收处理。

g. 施工中应尽量降低施工噪声,避免对员工和周边居民造成影响。

(6) 管道焊接。

① 焊接工作前,先检查焊机和工具是否安全可靠。焊机外壳应接地、焊机各接线点接触应良好,焊接电缆的绝缘应无破损。施焊前应检查面罩,保证严密不漏光,清焊渣时,应佩戴防护镜或防护罩,防止焊渣伤眼。

② 电焊工的手和身体外露部分不应接触二次回路,特别是身体和衣服潮湿时,更不应接触焊件和其他带电体。二次线直接接入焊件避免用其他金属件作二次线使用,以免发生打火现象引起火灾。在工作地点移动焊机、更换熔断器、焊机发生故障检修或更换焊件,改装二次回路等时,应切断电源。推拉闸刀开关时,应戴绝缘手套,同时头部应偏斜,以防电弧火花灼伤脸部。不允许拖拽电缆,焊接结束应将焊把、电缆放于支架上。电焊操作不应使人身、机器设备或其他金属构件等成为焊接回路,以防焊接电流造成人身伤害或设备损坏事故。

③ 焊接操作应注意电传导和热传导作用,避免电火花和高温引起火灾爆炸事故。电焊工应严格遵守电气安全技术规程,除电焊机二次线路以下的电气线路外,其电气线路均由电工负责配线安装。电焊软线、地线横穿道路时,应采取架空或加套管措施。

④ 电焊机在启动前应对二次回路进行检查,确认没有短路,负荷调至零位后方可启动。启动电焊机应先合闸刀开关,后按启动器启动按钮;停止时应先按启动器停止按钮,待电焊机停止转动后再拉下闸刀开关。不得带负荷拉下开关。启动或停止操作时应戴手套。

⑤ 需到高空进行管道焊接作业时,应设置爬梯或搭设脚手架,高空焊接后的焊条头、切割下的料头不得乱扔,应采取可靠方法运回地面,并妥善处理。当焊接与安装、防腐等其他作业交叉施工时,应注意其他作业人员的安全,安排专人协调和监护施工。

⑥ 电焊作业中如发现线路短路或者电焊机、软线、焊钳漏电,应立即切断电源,进行检修。焊接中如突然停电,应立即将电源开关拉开。雨天应停

止露天焊接。如必须焊接时,作业现场应设防雨棚,电焊工必须穿雨鞋、戴绝缘手套。在潮湿的地方焊接,应垫绝缘垫板。

⑦点焊时,应避免弧光直射周围人员,多名电焊工同时在一空间内作业时,电焊之间应用隔板隔开,以防弧光互射。清理焊渣或打磨焊道时,应戴护目镜。焊机机体的任何部位禁止与焊把未绝缘的金属部件以及任何裸露的导体相接触;吸潮的布料不可作为绝缘介质使用,焊工必须戴皮手套以掌握焊把;在潮湿地段焊接时要采取绝缘措施。

⑧沟下焊接作业时,管沟宽度应满足作业要求并有防塌方措施,应配置梯子或在管沟一侧做成台阶状,便于人员上下或紧急事件发生及时撤离;设置专人监护施工,防止管沟塌方造成人员伤害。沟下有积水时,需进行排水。沟下有人员进行排水作业时,应设专人观察沟壁情况。发现异常,迅速通知沟下作业人员撤离。禁止在雨后立即进入沟下作业。

⑨电焊工安全操作要求:电焊机外壳、焊件均应有良好的接地保护。电焊导线应用绝缘良好的橡皮软线,绝缘层破损处应用绝缘胶带包扎,电焊机一次接线处应加保护罩;电焊工应严格遵守电气安全技术规程,除电焊机二次线路以下的电气线路外,其他电气线路均由电工负责配线安装;电焊机地线应与电焊软线同样对待,不准把管道或其他金属设备当作地线;电焊软线、地线横穿道路时,应采取架空或加套管措施。

⑩焊接设备安全操作要求:焊机设备上的内燃机、电动机、空气压缩机等的操作应执行相关的安全操作要求;露天使用的电焊机,应设有防雨、防潮、防晒的机棚;焊接现场10m范围内不准堆放易燃易爆物品;长期停用的电焊机恢复使用时,应测量绝缘电阻并不得小于0.5MΩ,接线部分不得有受潮和腐蚀现象;电焊机导线应有良好的绝缘,绝缘电阻不得小于1MΩ;不得将电焊机导线放在高温物体附近,接地线接地电阻不得大于4Ω;严禁利用建筑物的金属构件、管道或其他金属物搭接形成焊接回路;电焊钳应有良好的绝缘和隔热能力。握柄与导线连接应牢固,接触良好,连接处应采用绝缘胶布包好并不得外露,操作人员不得用上肢夹持电焊钳;电焊导线长度不应大于30m,当需要加长时应相应增加导线的横截面;导线通过道路时,应高架或穿入防护管内埋设,通过轨道时,必须从轨道下穿过。导线绝缘受损或断股时,应进行更换。当焊接预热焊件温度达到150~700℃时,应设挡板隔离焊件发出的辐射热,焊接人员应穿戴隔热服、鞋、帽等;高空焊接或切割时,必须系好安全带,焊接周围和下方应采取防火措施,并应有专人监护;雨天不得在露天焊接。在潮湿地带作业时,操作人员应站在铺有绝缘物品的地方,

第二章　枯竭油气藏储气库建设工程技术与管理

并应穿绝缘鞋；应按电焊机额定焊接电流和暂载率操作，严禁过载；在载荷运行中，应当经常检查电焊机的温升，当温升 A 级超过 60℃，B 级超过 80℃时，必须停止运转并采取降温措施；焊接铜、铝、锌、锡等有色金属时，应通风良好，焊接人员应戴防毒面罩、呼吸滤清器或采取其他防毒措施；配置足量、有效、适用的灭火器。

（7）管沟回填。

① 人工回填时，人与人之间应保持 3m 的距离。

② 机械回填时，应有专人指挥。

（8）吹扫试压。

① 吹扫试压一般要求。

a. 吹扫试压时，除直接参加吹扫试压人员外，其他人员应撤离现场。

b. 吹扫试压时，要有专人负责。

c. 吹扫试压时，现场应划定警戒区域，设立警示标志，有专人监护，非工作人员不准进入吹扫试压作业区域。

d. 吹扫试压时，现场应采用对讲机建立通信联系，保持通信联络通畅。

e. 在吹扫试压的全过程中，应合理安排人员和车辆，不得过度疲劳。

f. 参加试压人员必须听从指挥，统一步调。

g. 吹扫试压前，由专人向参加吹扫试压的作业人员进行吹扫试压方案的技术和安全交底培训。

② 吹扫要求。

a. 吹扫时，现场敞口端前 40m，轴线两侧各 30m，设为危险区，所有人员不得进入该区域。在该危险区域边缘，应设警示带和警示标志。

b. 采用"爆破法"时，废纸应清理出作业现场。

③ 试压要求。

a. 试压用的压力表要有出厂检验合格证和检定证书，并有检定标识，压力表应垂直安装在易观察处。

b. 试压前应对管线、阀门、机泵和设备进行检查。分段试压时，与受压段相连的管道须断开，连接阀门必须关闭，与其连接的管道不允许同时施工作业。

c. 使用的盲板、螺栓应具有足够的强度，焊接的盲板封头须经探伤检查。

d. 试压介质、压力及稳压时间等符合设计和规范要求。

e. 确实具备升压条件时，方可进行试压。

f. 试压时，升压要稳定缓慢。

g. 升压时，盲板和封头对面 100m 内不准站人，发现泄漏时，不准带压补焊和紧固螺栓。

h. 卸压时，阀门应缓慢开启，且不可超过 1/2 全开状态。

(9) 防腐。

① (抛) 除锈作业。

a. 砂罐、空压罐必须由取得压力容器生产许可证的厂家生产。

b. 喷 (抛) 射除锈操作者必须穿戴劳动保护用品，以防止粉尘、磨料击伤人，其着装包括：防护帽或披篷、护目镜、口罩、防护服、防护手套及防护鞋等。

c. 定期对喷枪、连接装置及空气罐进行检查，如某部件出现故障，应挂牌检修或更换。压力表应有检定证书，并有检定标识。

d. 喷砂设备运行期间，应随时检查各系统是否处于正常状态。

e. 胶管连接时，应采用专用的固定卡具固定，操作时应避免用力牵拉。

f. 操作过程中喷砂头等不准对人。

② 防腐补口。

a. 使用的燃气钢瓶应有质量检验标识，标识不清或超过检验期限的钢瓶不得使用。

b. 燃气钢瓶禁止倒置、暴晒和任何方式的加热。

c. 液化气钢瓶应将空瓶和饱瓶分开，并分别存放在通风阴凉处。

d. 各种工具，如烤把、减压阀、胶管应为合格产品，每次使用前应对其进行检查，确认无误后，方可使用。

e. 连接胶管应有预留长度，各连接节头应用专用的固定卡具固定，操作时应避免用力牵拉。

f. 防腐补口过程中，液化气罐的着火点与罐体之间必须大于 2m。

g. 操作过程中火焰喷枪不准对人。

③ 涂 (喷) 漆。

a. 油漆涂料的配制包括：调制油漆应在通风良好的房间内进行；调制有害油漆涂料时，应戴好防毒口罩、护目镜，穿好与之相适应的个人防护用品，工作完毕应冲洗干净；各种油漆涂料的溶剂桶 (箱) 要加盖封严，并放置专用库中。

b. 涂漆安全操作包括：油漆、喷漆场地严禁烟火，必须采用防爆灯照明和防爆风机，消防器材配备齐全，并熟悉消防器材安放位置和正确使用方法；溶剂和油漆在现场的储备量不应超过两天的用量，并应放在阴凉的地方，汽

第二章 枯竭油气藏储气库建设工程技术与管理

油和有机化学配料等易燃物品，只能领取当班的用量，用不完时，下班前退回库房，统一保管；必须穿戴好防护用品。露天喷漆工作除戴口罩外，人应站在上风操作，室内操作应将门窗敞开，保持良好的自然通风，必要时采取机械通风，保持工作环境文明卫生和通风良好；喷漆前，应检查风机有无故障，扇叶有无摩擦现象，电源线是否有破损，防止电动机打火引起火灾。先开动风机，确认风机正常，方可开始工作，工作结束时，先停止喷漆，5min（待废气排出）后，再关风机；处理喷枪堵塞时，用钢针通畅后，应对地45°角试喷，不得对人、对自己，防止高压气喷出伤人；油漆作业场所10m以内，不准进行电焊、气切割等明火作业；需油漆、喷漆的工件，应放置稳固，摆放整齐，防止物件坠落；凡有带电设备和配电箱周围1m以内，不准进行喷漆作业，严禁在运转设备上刷漆或喷漆；空气压缩机要有专人专管，做好保养工作，开动时应遵守空气压缩机安全操作规程，并经常检查，不准超压使用，工作完毕，应将余气放出，断开电源；凡使用电动工具和机械设备进行打光除毛刺时，必须遵守有关电器设备的操作规程；高空作业时，必须遵守高空作业的有关规定，戴好安全帽，扎好安全带，工具、漆桶要稳固好，防止滑动；在罐内作业时，必须采取有效的通风措施或戴好通风防毒面具，并在罐外设监护人；下班前，清扫工作场地，存放工具，废棉纱应放到指定地方。

④ 沟下防腐作业时，管沟宽度应满足作业要求并有防塌方措施，应配置梯子或在管沟一侧做成台阶状，便于人员上下或紧急事件发生及时撤离；设置专人监护施工，防止管沟塌方造成人员伤害。

⑤ 沟下有积水时，需进行排水。沟下有人员进行排水作业时，应设专人观察沟壁情况，发现异常，迅速通知沟下作业人员撤离。

⑥ 禁止在雨后立即进入沟下作业。

⑦ 需到高空进行防腐作业时，应设置爬梯或搭设脚手架。

⑧ 当防腐与焊接、安装等其他作业交叉施工时，应有专人监护和协调，应注意其他作业人员的安全。

7）土建施工 HSE 作业指导

（1）基槽、基础开挖。

① 开完前必须对所开挖的地域进行勘察，清除地下障碍物。

② 开挖的设备性能、状态良好，满足施工需要。

③ 开挖时必须有专人指挥，指挥信号要清晰、清楚，如果指挥信号不清楚或清晰，操作手拒绝操作。

④ 挖掘设备操作手必须持证上岗，必须严格按照操作规程和指挥进行

操作。

⑤ 要加强对设被维修和保养，防止设备漏油污染环境。

⑥ 人工开挖时，要有专人进行监护，要有逃生梯，防止塌方造成人员伤亡。

⑦ 施工人员必须穿戴好劳保，施工前必须进行安全交底。

⑧ 打夯时要遵守以下规定：

a. 夯机使用前检查绝缘线路、漏电保护器、定向开关、皮带、偏心块等，确认无问题方可使用。

b. 夯机操作时，要两人操作。一人扶夯机，一人整理线路，防止夯头夯打电源线。

c. 夯机拐弯时，不得猛拐和撒把不扶任其自由行走。

d. 夯机作业时，机前2m内不得有人，多台夯机夯打时，其左右距离不得小于5m，作业人员穿绝缘鞋、戴绝缘手套。

e. 随机的电源线应保持3~4m的余量，发现电源线缠绕、破裂时要及时断电，停止作业，马上修理。

f. 挪夯机前要断电，绑好偏心块，盘好缆线。工作完后断电锁好，放在干燥处。

（2）预制和钢筋绑扎。

① 一般要求。

a. 搬运原材料、半成品、成品时要注意前后左右是否有人，防止触伤人。搬运带有弯钩的钢筋半成品时，要注意转弯，防止弯钩钩住电线、其他物品及人。

b. 钢筋、钢材、半成品等按规格品种分类堆放整齐，工作台要稳固，照明灯具应加网罩。

c. 各种钢筋机械应由熟悉机械构造、性能和操作方法的人员按规程操作。操作前应检查机械有无异常现象，并必须先运转正常后再开始工作。操作过程中机械如需注油或检修，应停机并切断电源后进行。

② 高空作业要求。

a. 从事高空作业的人员，上岗前应进行体检，患高空作业禁忌证的人员，不应从事登高作业。

b. 悬挂吊篮应有护栏，作业时，不应将身体移到护栏外。

c. 高空作业人员必须要着装整齐，严禁穿硬塑料底等易滑鞋、高跟鞋，安全带等防护用具使用前要检查是否完好，要佩戴正确。

第二章 枯竭油气藏储气库建设工程技术与管理

d. 高处作业人员严禁相互打闹，以免失足发生坠落危险；施工人员应从规定的通道上下，不得攀爬脚手架，不得在非规定通道进行攀登、行走，严禁用设备将人直接吊送至高处。

e. 高空作业必须系安全带，安全带必须拴在施工人员上方牢固的物件上，不准拴在有尖棱角的部位，如有必要应加设安全网进行保护。

f. 高空作业的梯子应牢固，踏步间距不应大于 200mm。挂梯的挂钩回弯部分不应小于 100mm。人字梯应有坚固的铰链和限制跨度的拉链。

g. 遇有六级（10.8m/s）以上大风或雷雨、大雾天气时，应停止登高作业。

h. 高空作业人员使用的工具应放入工具袋内，严禁上下投掷，施工用料和边角料应采取有效的防止坠落措施。

i. 上下传递工具、工件、物品等应用提绳或工具袋，严禁上下投掷。

j. 工具、工件、材料等，不得放置于框架、罐板或妨碍操作等窄小易落处，不得用吊车吊人登高作业。

③ 预制和钢筋绑扎作业指导。

a. 施工员工必须穿戴好劳动保护用品。

b. 施工前必须对员工进行安全交底。

c. 所有所有手持电动工具和切割工具，都必须安装安全漏电保护器，使用前必须进行检查。

d. 用机械拉直钢筋，卡头要卡牢，地锚要结实牢固，拉筋沿线 2m 区域内禁止行人。采用人工铰磨拉直钢筋，不准用胸、肚接触铰磨推杠，并缓慢松解，不得一次松开。

e. 展开盘圆钢筋要一头卡牢，防止回弹，切断时要先用脚踩紧。

f. 人工断料，工具必须牢固。掌克子和打锤要站成斜角，打锤应注意区域内的人物，切断小于 300mm 的短钢筋，应用钳子夹牢，禁止用手把扶，并应在外侧设防护笼罩。

g. 手工弯曲钢筋时，板子应夹牢，拖平和握紧。脚要站稳，用力不应过猛。弯曲钢筋时，禁止非操作人员站在附近。尽量不在高空和脚手架上弯料作业，若确实需要，应加设安全设施。

h. 多人合运钢筋，起、落、转、停动作要一致，人工上下传送不得在同一垂直线上。钢筋堆放要稳、分散，防止倾倒或塌落。

i. 绑扎立柱、墙体钢筋，不得站在钢筋骨架上和攀登骨架上下。绑扎预应力钢筋时严禁用锤击或脚踩预应力钢筋。绑扎高层建筑的圈梁、挑檐、外

墙、边柱钢筋，搭设外挂架及安全网，绑扎时挂好安全带。在高处绑扎钢筋时应防止钩子及钢筋坠落伤人。

j. 高空作业时，要严格按照"高空作业要求"进行。在高空、深坑绑扎钢筋和安装骨架，必须搭设脚手架和马道。安装悬空结构的钢筋时，要站在脚手架上操作，不得站在模板或支撑上操作。

（3）混凝土浇筑。

① 混凝土机、砂浆机安全操作要求。

a. 混凝土机、砂浆机操作人员必须经过安全技术培训，取得操作证，方可独立操作。

b. 搅拌机、灰浆机必须安置在坚实的地方。搅拌机必须用支架或支脚筒架稳，不准以轮胎代替支撑，传动部位必须要有防护罩。

c. 搅拌机操作手柄必须有保险装置。

d. 开动搅拌机前应检查离合器、制动器、钢丝绳等，滚筒内不得有异物，确认安全可靠，方准操作。搅拌机钢丝绳、保险挂钩和其他安全保险装置不符合要求的，必须及时调换，否则禁止操作。

e. 进料斗升起时，严禁任何人在料斗下通过或停留；工作完毕后应将料斗固定好。

f. 运转时，严禁将手或工具伸进滚筒内。

g. 现场检修时，应固定好料斗，切断电源；进入滚筒时，外面应有人监护。

h. 操作时，严禁擅自离开岗位或非操作人员代替工作。

i. 工作完毕，应将搅拌机进料斗挂起，清洗机具，拉开闸刀，锁好配电箱。

j. 作业时必须按照要求穿戴合适的劳动保护用品。

② 支模和拆模安全要求。

a. 模板支撑不得使用腐朽、扭裂、劈裂的材料。顶撑要垂直底端平整坚实，并加垫木，木楔要钉牢，并用横顺拉杆和剪刀撑拉牢。

b. 支撑应按工序进行，模板支撑架没有固定前，不得进行下道工序。禁止利用拉杆、支撑架上下攀登。

c. 支设 4m 以上的立柱模板，四周必须顶牢，操作时要搭设工作台，不足 4m 的，可使用马凳操作。

d. 支设独立梁模应设临时工作台，不得站在柱模上操作和在梁底模上行走。

第二章　枯竭油气藏储气库建设工程技术与管理

e. 拆除模板支撑应经施工技术人员同意。操作时应按顺序分段进行，严禁猛撬，硬砸或大面积撬落和拉倒。完工后不得留下松动和悬挂的模板。拆下的模板应及时运送到指定地点集中堆放，防止钉子扎脚。

f. 作业时，必须穿戴合适的劳动保护用品。

③ 混凝土浇筑安全要求。

a. 车子向料斗倒料，应有挡车措施，不得用力过猛和撒把。

b. 用井架运输时，小车把不得伸出笼外，车轮前后要挡牢，稳起稳落。

c. 浇灌混凝土使用的溜槽及串筒节间必须连接牢固。操作部位应有护身栏杆，不准直接站在溜槽帮上操作。

d. 用输送泵输送混凝土，管道接头、安全阀必须完好，管道的架子必须牢固，输送前必须试送，检修必须卸压。

e. 浇灌框架、梁、柱混凝土，应设操作台，不得直接站在模板或支撑架上操作。

f. 浇捣拱形结构，应自两边拱脚对称同时进行；浇圈梁、雨篷、阳台，应设防护措施；浇捣料仓，下口应先行封闭，并铺设临时脚手架，以防人员坠落。

g. 不得在混凝土养护窑（池）边上站立和行走，并注意窑盖板和地沟孔洞，防止失足坠落。

h. 使用震动棒应穿胶鞋，湿手不得接触开关，电源线不得有破皮漏电，用电设备必须有漏电保护器。

i. 预应力灌浆，应严格按照规定压力进行，输浆管道应畅通，阀门接头要严密牢固。

j. 作业时，必须穿戴合适的劳工保护用品。

④ 打桩安全操作要求。

a. 场地的地耐力应符合桩机说明书要求。用扒杆安装塔式桩架时，升降扒杆动作要协调，到位后应拉紧缆风绳，绑牢底脚；组装时应用工具找正螺孔，严禁手指伸入孔内。

b. 安装履带式及轨道式柴油打桩机，连接各杆件应放在支架上进行；竖立导杆时，必须锁住履带或用轨钳夹紧，并设置防溜枕木。导杆升到75°角时，必须拉紧溜绳，待导杆竖直装好撑杆后，溜绳方可拆除。

c. 移动塔式桩架时，禁止行人跨越车组。移动桩架和停止作业时，桩锤应放在最低位置。

d. 一根钢丝绳头不准同时绕在两个鬓头上，若发生克索，应立即停车反转解除；绕氅头应戴帆布手套，手距氅头不得小于60cm。

e. 打混凝土预制桩，吊装前应将桩锤提升一定位置固定牢靠，防止吊桩时桩锤坠落。

f. 插桩时，手脚严禁伸入桩与龙门之间；用撬棍或板舢等工具校正桩时，用力不宜过猛。打桩时应采取与桩型、桩架和桩锤相适应的桩帽及衬垫，发现损坏应及时修整或更换。

g. 锤击不宜偏心，开始时落距要小。如遇贯入度突然倾斜、位移、桩头严重损坏、桩身断裂、桩锤严重回弹等情况时，应停止锤击，经采取措施后方可继续作业。

h. 熬制胶泥时要佩戴好防护用品，工作棚应通风良好，注意防火；容器不准用焊锡，防止熔穿漏泄；胶泥浇注后，上节桩应缓慢放下，防止胶泥飞溅。

i. 送桩拔出后，地面孔洞必须及时回填或加盖。施工灌注桩时，桩管沉入设计深度后，应将桩帽及桩锤升高到4m以上锁住，方可检查桩管或浇筑混凝土。

j. 耳环及底盘上骑马弹簧螺栓，应用钢丝绳绑牢，防止折断时落下伤人；耳环落下时必须用控制绳，禁止让其自由落下。钻孔灌注桩浇筑混凝土前，孔口应加盖板，附近不准堆放重物。

（4）砌筑工程。

① 脚手架搭设和使用安全要求。

a. 钢管脚手架应用外径48mm×3.5mm或51mm×3mm的钢管，横向水平杆长度不得超过2.2m，其他杆的长度不得超过6.5m。有严重锈蚀、弯曲、压扁或裂纹的不得使用。扣件应有出厂合格证明，发现有脆裂、变形、滑丝的禁止使用。

b. 木杆应采用剥皮杉木和其他各种坚韧硬木。杨木、柳木、桦木、椴木、油松和腐朽、折裂、枯节等易折木杆，一律禁止使用。

c. 木脚手板应用厚度不小于50mm的杉木或松木板，宽度以20~30cm为宜，凡是腐朽、扭曲、斜纹、破裂的不得使用。板的两端应用直径为4mm的镀锌铁丝箍绕2~3圈或用铁皮钉牢。

d. 脚手架的安装、检查必须符合相关规定。

e. 吊篮应严格按照设计图纸进行安装。悬挂吊篮的钢丝绳围绕挑梁不得少于3圈，每个吊篮不少于2根保险绳，每次提升后要将保险绳与吊篮卡牢固定。

第二章 枯竭油气藏储气库建设工程技术与管理

　　f. 脚手架安装完毕，必须经施工负责人验收合格后方准使用。

　　g. 不得在脚手架使用梯子或其他类似的工具来增加高度。

　　h. 拆除脚手架，周围应设围栏或警戒标志，并设专人看管，禁止无关人员入内。拆除应按顺序由上而下，一步一清，不准上下同时作业。

　　i. 拆下的脚手杆、脚手板、钢管、扣件、钢丝绳等材料，应向下传递或用绳吊下，禁止往下投扔。

　　j. 作业时，员工必须穿戴合适的劳动保护用品。

　　② 砌筑作业安全要求。

　　a. 上下脚手架应走斜道爬梯。不准站在砖墙上做砌筑、划线（勾缝）、检查大角垂直度和清扫墙面等工作。砌砖使用的工具应放在稳妥的地方。砍砖应面向墙面，工作完毕应将架上脚踏板的碎砖、灰浆清扫干净，防止掉落伤人。山墙砌完后应立即安装衔条或加临时支撑，防止倒塌。

　　b. 起运吊砌块的夹具要牢固，就位放稳后，方可松开夹具。使用斗车时，装车不得超重，卸车要平稳，不得在临边倾倒和停放。

　　c. 在屋面坡度大于25°时，挂瓦必须使用移动板梯，板梯必须有牢固的挂钩。没有外架子时檐口应搭设防护栏杆和挂设防护立网。屋面上瓦应两坡同时进行，保持屋面受力均衡，瓦要放稳。屋面无望板时，应铺设通道，不准在行条、瓦条上行走。屋面的临边必须设有防护，方准操作。

　　d. 室内作业时，2m以上（含2m）必须搭设牢固脚手架，铺好脚踏板，不准使用铁桶、垫砖、木凳等。室内作业使用照明时，不准擅自拉接电源线，严禁使用花线、塑胶线作为导线。

　　e. 砌筑操作时，脚手板上堆砖不得超过三皮砖。砌筑或装修时使用同一脚手板不得同时由两人或两人以上操作。工作完毕必须清理架板上的砖、灰和工具。在高处架上砌筑与装修操作时不准往上或往下乱抛扔材料或工具，必须采用传递方法。

　　f. 泥普工使用井架提升机，人站在卸料平台出料时，必须等吊篮停靠稳定后方可拉车出料，先开吊篮停靠装置方可进入吊篮内推拉斗车。泥普工使用井架提升机，人站在卸料平台出料时，必须服从指挥，正确使用联络信号，吊篮下降时人必须退至安全位置，方可向开机人员发出升降信号。泥普工在楼层面卸料（砖、砂浆等材料）时，不得将材料卸在临边1m的范围内。

　　g. 运料工在运送材料时不得从井架吊篮下通行，在发现吊篮防护门发生故障时，不得向井架操作工发出升降信号。

　　h. 砖块垂直运输，应采用铁笼集装。塔吊吊运时，严禁在塔吊下站人或

进行作业；采用塔吊安装楼板时，在其下层楼内不得进行作业。严禁站在墙顶上进行砌砖、勾缝、清洗墙面以及检查四大角等工作。搬运石块、砖时，必须拿稳、放牢，防止伤人。

i. 砖墙（柱）日砌高度不宜超过1.8m，毛石日砌高度不宜超过1.2m。

③ 抹灰安全作业要求。

a. 室内抹灰使用的木凳、金属支架应搭设平稳牢固，脚手板跨度不得大于2m，架上堆放材料不得过于集中，在同一跨内不应超过两人。

b. 不准在门窗、暖气片、洗脸池等器物上搭设脚手板，阳台部位粉刷，外檐必须挂设安全网，严禁踩踏脚手板的护身栏杆和阳台栏板进行操作。

c. 使用磨石机应戴绝缘手套、穿绝缘鞋，电源线不得破皮漏电，经试运转正常，方可操作。

d. 外檐抹灰人员脚手板铺满、铺平、铺严、无探头板。翻板由架子工操作，翻板时应系好安全带。拉结点不准随意拆除。

（5）电气设备安装。

① 电气设备及内线安装。

a. 在搬运和安装变压器、电动机和各类高低压开关柜、盘、箱及其他电气设备时，应有专人指挥和监护，搬运前必须进行安全交底。防止倾倒、剧烈振动和冲击，保证继电器、仪表等电气元件不受损坏。多台配电箱（盘）并列安装时，手指不得放在两盘的接合处，也不得触摸连接螺孔。

b. 安装高压油开关、自动空气开关等带有返回弹簧的开关设备时，应将开关置于断开位置。

c. 变压器抽芯时，吊装绳扣要牢固，不要碰坏瓷件，勿将异物掉进油箱内。电动机抽芯不能损坏定子或转子线圈。

d. 人力弯管器弯管，应选好场地，防止滑倒和坠落。弯管时不应用力过猛，面部要避开。

e. 在安装、调整开关及母线时，不得攀登套管。调隔离开关，在刀刃、动触头和横梁附近不应有人，以免开关动作伤人。

f. 管子穿带线时，不得对管口呼吸、吹气，防止带线弹力勾眼。穿导线时，应互相配合防止挤手。

g. 在天棚内作业不准直接在板条天棚或隔音板上行走及堆放材料。必须通行时，应在天棚大楞上铺设脚手板。

② 电缆敷设。

a. 敷设电缆前应将电缆沟内杂物清除干净，并加以保护措施。

第二章　枯竭油气藏储气库建设工程技术与管理

b. 敷设电缆应戴好手套及必要的劳动保护，以免皮肤中毒。电缆盘应架设牢固，电缆端头应绑牢。放电缆时，线盘应缓慢转动，防止脱杠或倾倒。电缆盘上的钉子应拔掉或打弯，以防伤人。

c. 敷设电缆在转弯处，人应站在弯角外侧。电缆穿管时，应防手被挤伤。

d. 加热电缆胶应有防火措施。配制环氧树脂的操作地点应通风良好，并戴好防护用品。

e. 电缆敷设穿越施工便道时，要采取切实有效的保护措施，并设立警示牌。

③ 仪表安装。

a. 配管时，弯管口需根据管径选择，使用时不要用力过猛，穿线时头部要离开管口，以免铁丝刺伤。

b. 在建筑物上开凿沟孔时，应戴好手套及防护镜，同时应注意防止工具及碎块掉下伤人。

c. 安装、组对及搬运仪表盘时，应有专人指挥配合协调，并按照说明书中的搬运和安全要求进行，以免发生事故；在盘上安装仪表时，盘前盘后人员要密切配合，防止仪表掉落，损坏设备及伤害人员。

d. 校验仪表用的交直流电源及电压等级应有明确标示。校验电子仪表接线时必须断开电源，否则应采取安全措施。离开工作岗位时必须切断电源。

e. 校验仪表的用气必须清洁、干燥、压力必须稳定。仪表的气源、信号、输出不得接错。

f. 气动仪表的试漏应用酒精，现场禁止明火。

g. 仪表安装就位后应立即紧固基础螺栓，防止倾倒。在盘上安装仪表时，盘前与盘后人员要密切配合，防止仪表掉落，损坏设备或砸伤人员。仪表盘顶部不得放工具或其他物件，以免掉落伤人。

h. 不许在带压的设备或管道上紧固、拆卸仪表的一次元件，必要时应采取适当的措施。

i. 仪表试运时应挂指示牌。

④ 消防施工和设备安装。

a. 施工前，必须对员工进行培训和安全交底。

b. 施工时，必须穿戴好劳动保护用品。

c. 消防管线焊接要有人在现场监护和协调，严格遵守"电焊操作安全要求"。

d. 人力弯管器弯管，应选好场地，防止滑倒和坠落。弯管时不应用力过猛，面部要避开。

　　e. 安装、组对及搬运设备时，应有专人指挥配合协调，以免发生事故。

　　f. 高空作业时，要严格遵守"高空作业要求"。

　　8）施工用电

　　（1）一般要求。

　　① 电工必须经过按国家现行标准考核合格后，持证上岗工作；其他用电人员必须通过相关安全教育培训和技术交底，考核合格后方可上岗工作。

　　② 安装、维修或拆除临时用电设备和线路，必须由电工完成，并应有人监护。

　　③ 施工现场的机动车道与外电架空线路交叉时，架空线路的最低点与路面的最小垂直距离应符合相关规定。

　　④ 在建工程（含脚手架）的周边与架空线路的边线之间的最小安全操作距离应符合相关规定。

　　⑤ 施工现场临时用电严格执行 JGJ 46—2005《施工现场临时用电安全技术规范》。

　　（2）电缆敷设及架线。

　　① 施工现场电缆敷设，要检查电缆外观，确认无损伤，绝缘良好。

　　② 电缆线路应采用穿管埋地或沿墙、电杆架空敷设，严禁沿地面明设，并应避免机械损伤和介质腐蚀，埋地电缆路径应设方位标志。

　　③ 橡皮电缆沿墙或电杆敷设时应用绝缘子固定，严禁使用金属裸线作绑扎。固定点间的距离应保证橡皮电缆能承受自重所带的荷重，沿墙壁敷设时电缆的最大弧垂距地不得小于 2.0m。

　　④ 电缆的接头应牢固可靠，绝缘包扎后的接头不能降低原来的绝缘强度，并不得承受张力。施工现场内严禁使用电炉子，使用碘钨灯时，灯与易燃物间距大于 30cm。

　　⑤ 施工现场所有架空线路的导线必须采用绝缘铜线或绝缘铝线。

　　⑥ 施工场所的照明应设置在便于施工场所，临时照明在当日完工后，关闭电源。

　　（3）配电箱、开关箱管理要求。

　　① 配电箱、开关箱应装设在干燥、通风及常温场所，不得装设在有严重损伤作用的烟气、潮湿及其他有害介质中，亦不得装设在易受外来固体物撞击、剧烈震动、液体浸溅及热源烘烤场所。配电箱、开关箱周围应有足够两

第二章　枯竭油气藏储气库建设工程技术与管理

人同时工作的空间和通道，不得堆放任何妨碍操作、维护的物品，不得有灌木、杂草。配电箱、开关箱应采用冷轧钢板或阻燃绝缘材料制作，钢板厚度应为 1.2~2.0mm。箱体表面应做防腐处理。配电箱、开关箱应装设端正、牢固。固定式配电箱、开关箱的中心点与地面的垂直距离应为 1.4~1.6m。移动式配电箱、开关箱应装设在坚固、稳定的支架上。其中心点与地面的垂直距离应为 0.8~1.6m。

② 配电箱、开关箱内的电器（含插座）应先安装在金属或非木质阻燃、绝缘电器安装板上，然后方可整体紧固在配电箱、开关箱箱体内。每台用电设备必须有各自专用的开关箱，严禁用同一个开关箱直接控制 2 台及 2 台以上用电设备（含插座）。配电箱、开关箱外形结构应能防雨防尘。

③ 漏电保护器应装设在总配电箱、开关箱靠近负荷的一侧，且不得用于启动电气设备的操作。漏电保护器的选择应符合现行国家标准 GB/T 6829—2017《剩余电流动作保护电器（RCD）的一般要求》和 GB/T 13955—2017《剩余电流动作保护装置安装和运行》的规定。

④ 施工现场的所有配电箱、开关箱应每月进行一次检查和维护。检查、维护人员必须是专业电工，工作时必须穿戴好绝缘用品，必须使用电工绝缘工具。

⑤ 检查、维护配电箱、开关箱时，必须将其前一级相应的电源、开关分闸断电，并悬挂停电标志牌，严禁带电作业。配电箱内盘面上应标明各回路的名称、用途，同时要做出分路标记。

⑥ 总、分配电箱门应配锁，配电箱和开关箱应指定专人负责。施工现场停止作业 1h 以上时应将动力开关上锁。

⑦ 各种电气箱内不允许放任何杂物，应保持清洁箱内不得挂接其他临时用电设备。配电箱（盘）、变压器距易燃易爆、腐蚀性物品距离不少于 10m。

⑧ 熔断器的熔体更换时，严禁用不符合原规格的熔体代替。

⑨ 变压器周围应加设不低于 1.5m 的防护栏，每侧距离变压器不少于 1m。

（4）使用管理。

① 中性点直接接地的供电网中，用电设备的外壳，必须采用可靠的保护接零。

② 砂轮用电缆线，在与金属摩擦部位应架设橡胶软皮套管固定，使用时须装设漏电保护器。

③ 自动焊机、半自动焊机，随机运动的电缆应设专人看管监护。

9）环境保护

（1）废弃物。

① 施工现场各个区域均应配备废弃物回收桶，包括固体废弃物回收桶、废油及含油垃圾回收桶，所有的回收桶应张贴标明其用途的标识。

② 现场钢材的边角料、设备包装物、空电缆盘应集中放置在一个不影响施工和交通的场地内。

③ 液体材料的空包装、容器应放置在距离水体较远的地方，下面应铺垫塑料布。

④ 废油、含油土、油手套、油棉纱应妥善处理，切勿将其倾倒入下水道、沟渠以及河流、湖泊、海洋等水体内，禁止随地倾倒。

⑤ 废油处理应送到指定的地方进行。

⑥ 盛装过油品的桶或瓶子不可随地乱丢。

⑦ 焊条（丝）头、废砂轮片、钢丝刷、盛装涂料的容器等应分类回收。

（2）噪声控制。

① 加强设备的维护管理，降低设备噪声。

② 产生较大噪声的作业，应避开夜间 0：00-6：00 的时段。

（3）空气污染控制。

加强设备维护，降低设备尾气造成的污染。

（4）水污染控制。

① 生活污水应统一排放到公共管网，或按当地环保规定排放。

② 试压水应达标排放，严禁胡乱排放。

3. 进度管理

见本节"钻采工程"部分"进度管理"。

第三章 盐穴储气库建设工程技术与管理

第一节 选址技术

盐穴储气库经过半个多世纪的发展，重点围绕盐穴的设计与建造，已经形成了相当完善的储气库建库技术，从盐穴的选址评价到盐穴储气库终止关闭，均有一套比较完整的评价体系与做法。

一、盐穴储气库的库址选择与评价

盐穴储气库从选址、建设到投入运行，大致需要经历 5 个基本阶段：
（1）储气库库址目标确定阶段。
（2）（预）可行性研究阶段。
（3）工程设计阶段。
（4）施工建设阶段。
（5）运行维护阶段。其中储气库库址目标确定是所有工作的前提和基础。

1. 库址选择与评价的原则

自西气东输、中俄管线等大型长输管线建设开始，中国就进行了多轮次的储气库库址筛选和评价工作，结合国内外的经验和储气库运行要求、特点，盐穴地下储气库库址选择的基本原则如下。

1）地理位置

尽量选在大用户、大供配气枢纽及输气干线附近，距主要用户或长输管线一般应在 200km 以内。

2）地质条件

（1）构造落实且形态较为简单，内部断层少且密封性好。

（2）含盐地层厚度大（一般大于100m）、面积大、分布稳定、夹层个数少且厚度小（夹层总厚度比例应低于20%，最高不超过30%，单夹层厚度应小于5m）。

（3）盐岩品位高（NaCl含量不能低于70%）、水不溶物含量低（低于30%）。

（4）顶板厚度大于30m且分布稳定，无裂缝，封闭性好。

（5）含盐地层埋藏适中，一般不超过1800m。

（6）具有一定的储气规模，能满足市场需求和正常的调峰及应急采气需要，最好有一定的扩展余地。

3）盐矿开发条件

尽可能避开大规模开采区。

4）水源及卤水处理条件

有充足的水源，通常采用地下水、湖水、河水等淡水或微咸水，所需的水量一般为盐穴体积的7倍~10倍。

5）地面条件

交通便利，地面条件比较简单，没有大型厂矿企业和其他建筑物，减少建库投资及安全风险。

2. 库址选择与评价的过程与方法

根据目前我国盐矿资源的勘查情况，盐穴储气库库址选择工作主要是对已具有一定勘探程度的石盐矿床，或经详查圈出的石盐勘探区，利用盐矿现有的勘探资料进行初步建库地质条件评价，主要包括对盐矿的地质特征、水文地质情况、矿床开采的技术条件以及石盐矿石水溶性能的实验室试验资料进行初步分析。根据建库条件初步评价结果，筛选出具备建库条件的盐矿进行勘探工作量的投入，并利用新勘探资料进行更深入的建库地质条件评价。在此评价的基础上优选盐矿建库区块和建库层段，完成井位部署，为储气库建设的初步设计提供依据。

1）筛选与评价的考虑因素

盐矿是否具备基本建库条件，是否可以投入一定的勘探工作量进行深入评价工作，考虑的因素主要有地质条件、技术可行性和经济性。

（1）盐矿地质条件有利，主要指盐矿规模、盐层厚度、埋深、盐岩品位、地质构造条件比较适宜。当其他条件相似时，盐矿规模越大、盐层越厚、矿石品位越高、地质构造越简单的盐矿可优先考虑作为储气库建库目标。

（2）技术上可行，是指盐矿开采技术条件（包括水文地质、工程地质和

第三章 盐穴储气库建设工程技术与管理

环境地质条件）及盐岩溶解性能条件较好，在当前造腔技术条件下可以开发利用。

（3）经济上合理，是指盐矿区具有较好的地理位置和自然经济条件，适宜盐穴储气库的钻井施工、造腔施工和地面建设。经济合算，投资效益较好。

在盐穴储气库目标选择和勘探顺序上，应坚持先好后差、先近后远、先大后小的原则。盐矿储量大、埋深适中、盐层厚度大、品位高、距长输管网或用气城市较近、易采、易建的盐矿应优先考虑投入实物勘探工作量进行建库地质评价。

2）筛选与评价的基础资料

（1）盐矿普查和详查资料。收集矿区的区域地质资料，目的是了解区域地质构造背景沉积地层、断裂分布等地质情况。

（2）盐矿勘探的物化探资料（重力勘测、磁力勘测和电法勘测的基础资料），其中二维或三维地震资料是最重要的资料。目的是了解盐矿分布范围、盐层埋深、盐层厚度、断层情况等盐岩地质特征。

（3）盐矿钻井资料，包括钻井的基本数据和钻井岩心的分析数据，这些资料是盐矿目标库址筛选的基础，不仅可以初步了解盐层厚度、埋深及盐层内部夹层情况，而且可为盐矿储气库井位的部署提供依据。

（4）水文地质资料，包括水文地质图、水文钻井水文测井、盐矿物理化学和力学性质、地下水动态检测以及水样分析实验等资料。这些资料可以初步了解盐矿含水层、隔水层的分布特征；地下水和地表水的动态特征及地下水补给、径流和排泄条件，为在储气库建设中预防盐腔地面塌陷、造腔采出卤水进入地下水污染含水层等问题提供基础资料。

（5）盐矿区自然地理，历史地震资料。目的是了解盐矿所在地的自然地理状况和历史地震频率、震级、烈度等情况，为储气库建设提供安全保障。

（6）盐矿开采历史及开采技术条件资料。目的是了解盐矿开采历史及开采方式，卤水处理能力及开采过程中的矿井情况等，为储气库的造腔设计提供基础资料。

3）筛选与评价主要工作

从上述筛选原则来看，储气库目标库址的筛选工作要全方位考虑，既要考虑盐矿所在的位置、区域地质背景，又要考虑盐矿自身的地质特征。如所选盐矿既要距调峰管线或目标用户市场较近，不能处在较强的地震断裂带上，同时含盐地层又要具有适中的埋藏深度，厚度和含矿率等基本地质条件。为了寻找和选择适宜的建库目标，库址筛选和评价的主要工作如下。

(1) 盐矿区基本概况。

了解盐矿所在地的自然地理状况，包括盐矿的地理位置、水陆交通情况以及盐矿地形、地表作物等。

一般从经济上而言，储气库地理位置及距用户距离以调峰半径 200km 左右为宜。除了考虑经济因素外，还要考虑安全因素，因此需要调研当地历史地震情况，避免储气库库址目标选择在较强的地震断裂带上。

(2) 盐矿区域地质特征。

盐矿区域地质特征的研究目的主要是了解盐岩沉积盆地内区域构造活动、断层发育特征、沉积地层分布等基本地质特征。

盐矿区域构造活动对盐穴储气库施工建设及安全平稳运行均有着重要影响。如果盐岩沉积区域的地质构造活动相对较弱，构造平缓，断层不发育，则地层沉积平稳，盐层平面展布特征较容易预测，储气库资料井所获取的资料可在较大范围内正确地外延，储气库造腔形成的盐腔也较为规则，后期用于地质评价的勘探投资和储气库建设的费用相对较低。

反之，如果盐矿处在区域地质构造相对复杂的断层发育带上，或处在其他构造活动较强区域内，地层沉积相对复杂，对盐层平面分布特征的预测难度较大，已有的钻井资料受构造限制，难以准确预测整个盐层分布的情况。此外，构造活动较强导致断层发育，储气库圈闭密封性评价难度较大。再者，由于高温条件下盐岩的可塑性，盐岩会受到地层结构的严重扰动，当盐岩受到褶皱的挤压或断裂活动的影响时，盐岩中的水不溶物质聚合在盐岩中呈褶皱状分布，不仅造腔过程中盐腔形态不可控制，且其稳定性评价工作难度也较大。

因此，在盐穴储气库勘探目标初选时，盐矿沉积盆地区域地质特征的研究是一项基础工作，也是较为重要的工作。随着我国地质勘探工作的不断深入，目前对各沉积盆地的区域地质构造特征的认识较为清晰，盐穴储气库在这一方面的研究只需收集相关盆地的区域地质资料，分析盐岩矿所处的构造带的地质活动情况，将其勘探目标盐矿尽可能选择在区域构造相对简单的地区。

(3) 盐矿基本地质特征。

盐矿基本地质特征的研究内容主要包括盐岩分布范围埋藏深度、盐层厚度、盐层矿物成分、盐岩品位、夹层厚度与分布、盐层顶底板特征等。

根据盐矿的区域基础资料，初步圈定含盐地层的分布范围、埋藏深度和厚度。一般而言，分布范围大、埋藏适中、厚度大、品位高的盐矿更适宜作为储气库的目标库址，需要投入实物勘探工作量进行深入的评价。

① 盐岩的分布范围。

方案设计根据盐矿勘探的基础资料，如地质图、钻井资料，初步圈定盐矿的分布范围，大体了解盆地含盐地层边界。

② 盐层的埋藏深度。

盐层埋藏深度是地质评价中一个较为重要的参数，主要影响储气库的经济性及建库效率。盐层埋藏过深会引起钻井费用和建库投资的增加，埋藏过浅又限制了注入压力，影响储气库的储气量。

储气库盐腔内的温度和压力、岩石的力学特性与蠕变规律等都与盐层的埋藏深度有关。一般而言，温度随深度增加而增高；盐腔工作压力随深度增加而增大；盐岩力学特性随深度增加而劣化；盐岩蠕变性能随深度增加而加大。为了保证盐穴储气库的储气量，同时兼顾经济因素，国外储气库建设经验表明，盐穴储气库埋深最好在 500~1200m 以内，最深不超过 2000m。中国盐穴储气库受地质条件限制有些储气库的部分盐腔埋深最大可达 2200~2300m。

③ 盐层的厚度。

盐层的厚度越大，所建造的储气库的盐腔体积就越大，储气规模越大。盐层的沉积厚度与盐岩沉积的环境有关，一般海相沉积的盐矿盐层厚度较大，而陆相成因的盐矿盐层厚度相对较小。用于建设盐穴储气库的盐层厚度至少需超过 100m，因此，需要根据钻井资料获取矿区内盐层的厚度分布区域与趋势，圈定盐层有利发育区范围，为下一步地震勘探部署提供依据。

④ 盐岩品位和不溶物的含量。

盐岩矿物的品位越高、盐层内部夹层越少、不溶物含量越小，储气库造腔的速度越快，所形成的盐腔越大，盐腔形态也越规则，储气库的安全性能也就越好。因此，在初选目标库址时就要尽可能收集相关资料，选择最好的含盐地层开展研究。

(4) 盐矿区水文地质特征。

对于矿区水文地质的研究，要收集矿区的地形、地貌、水文等各方面的研究资料。其目的是了解矿区地层的富水性和分布、埋藏条件及其变化规律，了解盐矿区地下水的水质及含水层和隔水层的分布以及地下水补给、径流及排泄条件从而分析含盐地层及其顶、底板岩层的稳定性。

了解盐矿区内的水资源情况，如地下水、湖水、河水、渠水等水源中的新鲜水或微咸水是否充足，以保证在储气库建设中的造腔用水，所需要的水量一般为盐穴体积的 7 倍~10 倍。另外，还要考虑造腔过程中所产生卤水的处理问题。

4）筛选评价方法

储气库筛选与评价工作是通过上述几个方面综合分析，利用一些优选方法，如综合评判法、专家打分法等来确定勘探目标。下面以综合评判法为例，介绍筛选目标的方法。

综合评判法首先对地质、地面等多种判别因素根据其重要程度赋予相应的权重值，再根据因素的优劣程度给予评分，最后通过最终得分来进行优选。通过近十几年的研究，初步制订了盐穴储气库筛选评价参数及其权重、选参数指标等级及其分值、筛选评价结果等级划分表。

二、盐穴选址与地质评价技术

盐层地质条件的优劣对建造盐穴储气库具有决定性的影响，抛开地理位置等影响因素，优质的盐层地质条件是建设高效盐穴储气库的必要条件。但是受原始沉积环境、成岩作用及后期盐层改造等因素的影响，在同一沉积盆地的不同位置，盐层的厚度、含盐量、盐层内夹层的数量及厚度等会千差万别，寻找到特定区域内的最优质盐层是地质选址和评价的主要任务。由于现代地质勘探技术水平的不断提高，以构造研究和沉积学研究为基础，以地震勘探、测井分析为手段，可以对盐层的沉积特征、盐层空间展布的控制因素及分布规律、盐层内部较厚夹层的性质及分布规律、盐层顶底地层的密封性、与盐体有关的断裂特征等进行准确和精细的描述。但是，在中小型陆相含盐盆地中，地层横向变化大，很多含盐地层泥岩与盐岩互层，单层厚度较小，这种地层要做到对盐层的精细解释和预测仍然存在较大的困难。

1. 我国盐岩矿床类型及主要地质特征

中国盐矿资源丰富，据不完全统计，全国有 200 余个盐矿，但从建设地下盐穴储气库的角度考虑，只有在输气管线附近的盐矿才具备建库的地理优势。

1）盐岩矿床类型

根据矿床成因特点及赋存状态，石盐矿床可分为盐岩矿床、地下卤水矿床和现代盐湖矿床三类，而只有盐岩矿床可作为建造地下盐穴储气库的建库潜在目标。

盐岩矿床成因类型属古代盐类矿床，为第四纪以前形成的固体矿床。根据盐岩矿床形成时的沉积环境和物质来源等因素，可将其分为海相、陆相和次生变形石盐矿床三种类型，其中海相沉积盐岩矿床、陆相沉积盐岩矿床是其主要类型。

2）主要地质特征

（1）海相沉积盐岩矿床。

海相沉积盐岩矿床是在封闭或半封闭的海湾及潟湖中经过长时期的蒸发沉积而成，其含盐岩系除滨海潟湖沉积的砂泥岩外，主要为碳酸盐岩建造。

中国海相盐岩矿床主要为硬石膏—石盐矿床，主要分布在四川盆地震旦系、中—下三叠统，鄂尔多斯盆地中东部下奥陶统，塔里木盆地满加尔凹陷北部石炭系。

中国海相盐岩矿床与国外海相盐岩矿床相比，具有石盐层数较多，单层厚度较薄，累计厚度也较薄的特征；与主要分布在白垩系—第四系的中国陆相盐岩矿床相比，中国海相盐岩矿床具有规模大、层数较少，单矿层厚度和累计厚度大、品位高的特征。

（2）陆相沉积盐岩矿床。

陆相沉积盐岩矿床（亦称内陆湖相沉积盐岩矿床为盐类物质被地表水或地下水携带，并聚集于内陆盆地后，经过长时期的蒸发沉积而成，其含盐岩系均为砂泥岩建造。中国陆相盐矿主要形成于侏罗纪以后，已发现陆相盐矿主要分布在古近系，侏罗系、白垩系、新近系也有分布。中国陆相盐岩矿床主要为硬石膏—钙芒硝—石盐矿床、硬石膏石盐矿床，已在湖北、湖南、江西、安徽、江苏、河南、河北、山东、广东、云南、新疆等省（自治区）发现陆相盐岩矿床。

中国陆相盐矿矿床规模和分布面积一般要比海相盐矿小，品位比海相盐矿低，具有矿层层数多、单层厚度小、共生组分多、相变大等特点。但也有诸如辛集宁晋盐矿、黄场盐矿含盐面积近千平方千米、储量数百亿吨的巨型盐矿。

2. 中国盐穴储气库建库区域地质特点

中国含盐盆地既有海相成因，也有陆相成因。海相成的含盐盆地具有盐岩规模大、品位高、组分单一，单矿层厚度大、成矿面积大储量丰富等特点。中国海相含盐盆地虽然盐层相对比较发育，但受整体沉积环境影响，与国外海相含盐盆地相比，仍具有盐层层数多、单层厚度薄、总厚度小的特征。陆相成因的含盐盆地矿床规模和分布面积一般要比海相小，品位相对较低，以碎屑岩—化学岩混合型沉积组合为主，具有矿层层数多、单层厚度小、共生

组分多、相变大等特点。如中国东部地区陆相含盐盆地的含盐地层剖面，盐层之间夹层多样，有泥岩、粉砂岩、钙芒硝岩、石膏岩、硬石膏岩等，夹层薄厚变化较大。

不论是海相成因还是陆相成因，盐岩层中均含少量不溶矿物成分，夹层中均含部分易溶矿物成分，在选择盐穴储气库建库区域时，主要是通过对含盐地层成分与厚度的地质研究，选择盐岩层厚度较大，夹层厚度较薄且在造腔阶段中易溶或易均的区域和地层。

中国海相含盐盆地埋藏较深，受温度和压力的影响，盐岩具有一定的流动性和可塑性，盐腔稳定较差，造腔成本较高；相反，陆相含盐盆地埋藏较浅。目前开展盐穴储气库建库区地质评价的目标主要有金坛、淮安、楚州、平顶山、云应、安宁等盐矿，均为陆相成因。从这些库址目标评价结果来看，中国盐穴储气库建库区域的地质特点主要表现为以下三点：

（1）建库层段埋深较大。

国外盐穴储气库建库经验表明，建库造腔层段埋深在 1000~1500m 之间比较适宜。国内除金坛、云应储气库外，其余储气库造腔层段埋深多接近或超过 1500m。较大的埋深，一会导致建设期内造腔时间和成本增加，二会导致运行期内盐腔收缩率增加，降低单腔库容空间，降低运行效率，增加运行风险。

（2）盐层与夹层交互发育频繁，单盐层厚度较小。

受陆相沉积环境的影响，建库层段含盐地层以碎屑岩—化学岩混合型沉积组合为主，多具盐层与夹层交互分布的特点，单个盐层厚度小、夹层厚度小且层数多。除楚州的个别盐层平均厚度达到 120m 外，其余超过 80% 的盐层平均厚度均小于 40m，有的盐层平均厚度不足 10m。

（3）含盐地层含矿率较低，不溶物含量较高。

除金坛储气库外，其余储气库所在盐矿的平均含矿率均不高，其中建库层段不溶夹层与盐交互明显，单盐层最大平均厚度仅 10m 左右，平均含矿率 70%，不溶物含量接近 30%；淮安盐矿建库层段虽然 NaCl 含量较高，但总造腔厚度仅 100m，下部含 12m 厚泥岩夹层，平均含矿率 78%；楚州盐矿部分建库区域夹层较为发育，平均含矿率仅 70%。

3. 含盐地层建库地质评价

储气库建库目标筛选出来后，下一步就进入目标含盐地层的建库地质评价工作，即利用已有的地球物理、地质、钻井资料分析构造形态与断裂系统的发育状况，预测含盐地层的范围、产状、品位、内部夹层及其展布规律。

第三章 盐穴储气库建设工程技术与管理

主要解决盐矿区域地质构造是否稳定、盐岩层分布特征、盐岩盖层是否具有封闭性等关键的建库问题，如果地质工作稍有疏漏，不仅会影响储气库的建库周期、库容规模，甚至会导致在注采运行过程中，储气库发生泄漏，造成巨大的经济损失和人员伤亡。

盐穴储气库地质评价主要包括构造分析、盖层封闭性评价、含盐地层地质分析、建库区块与层段选择等四个方面。

1) 构造分析

描述盐矿的构造形态、走向、倾角、埋藏深度以及次级构造与断裂发育情况，评价构造对建设盐穴地下储气库的影响。地震、地质、测井和钻井资料的综合利用是构造评价的基础，评价技术主要是二维和三维地震资料精细构造解释和反演。

（1）盐层地震资料精细解释与反演。

地震资料精细解释与反演的主要地质目的是寻找分布稳定的厚盐层。主要工作是根据二维、三维地震资料，充分利用工区内地质、测井、钻井及电法勘探等各种资料和成果，开展精细的地震地质解释、测井约束地震波阻抗反演和盐岩分布厚度的预测及描述。在地震资料构造解释和反演预测的基础上，综合分析工区内断裂分布规律、盐岩地层厚度变化特征及盖层分布等建库的重要因素。最终在研究成果的基础上，优选远离断层、盐岩分布稳定且厚度大的区块为建库区，并对建库区块进行精细评价，为建设地下储气库提供科学依据。

（2）地震资料解释和反演关键技术。

解释和反演的关键技术主要包括地震地质交互解释技术、稀疏脉冲地震波阻抗反演技术、主成分地震特征反演技术、锁定层位三维可视化技术、属性空间精细雕刻技术、基于波形空间自动追踪技术和地震属性提取与综合分析技术等。

（3）地震精细构造分析方法。

地震剖面可以清楚地反映盐矿构造形态、盐层厚度以及断层的分布和类型，三维地震时间切片可以更直观地反映盐层的分布形态和断层展布特征。根据地震剖面解释和三维地震时间切片解释，结合钻井、测井资料，最终编制出准确的构造图，据此可以确定相应的盐岩层的基本地质参数。

2) 盖层密闭性评价

盐岩盖层地质特征主要包括盖层的岩性、平面分布、厚度、胶结程度等。主要依据地震资料解释成果和岩心分析成果开展研究。一般而言，盖层岩性质纯且致密、厚度大、横向上分布稳定，断层少就可认定为有利的盖层。

（1）盖层宏观评价。

盐穴储气库盖层宏观评价主要包括盖层岩性、盖层厚度、盖层分布范围的评价。

① 盖层岩性评价。

盖层的岩性评价主要用三种方法确定：岩心录井、岩屑录井和测井解释。

散扩全岩心录井和岩屑录井最直观，根据岩心或岩屑的岩性鉴定即可确定。

用来解释岩性的测井方法主要包括自然电位测井（SP）、自然伽马测井（GR）、视电阻率测井（RT）、声波测井（AC）等。

泥（页）岩：SP 无异常，GR 为高值，RT 为低值，AC 为高值。

膏盐岩：SP 无异常，GR 为低值，RT 为高值，AC 为高值。

一般情况下主要采用测井资料与录井资料相结合的方法确定盖层岩性。

对于陆相盐穴储气库建库目标而言，泥质岩是理想的盖层，因为泥质岩具有一定的抗变形能力和较大的压缩性，并具有明显的塑性特征，在构造力的作用下易发生塑性变形，具有较好的封闭能力。

② 盖层厚度和分布范围评价。

盖层的厚度主要根据录井和测井资料确定，对于斜井，需要做井斜校正后才能得到盖层准确的厚度。

盖层分布范围的预测方法与储层类似，即相控预测和地震横向预测。

根据录井资料、测井资料和地震横向预测，编制盖层等厚图，进而分析盖层的分布范围、厚度变化规律。

从盖层厚度评价来看，泥岩质纯且致密，即使厚度小，也能封闭住天然气，如果泥岩粉砂质含量较高，则需要有较厚的盖层，因为较厚的盖层有利于阻止或减缓天然气通过盖层的扩散漏失。盖层厚度越大，横向上越稳定，越有利于封闭天然气；盖层厚度越大越能有效消减由于构造动力（如断裂作用）所造成的不利影响；盖层厚度越大，微孔隙、微孔洞、微裂隙等渗漏空间越不易沟通。

（2）盖层微观封闭性评价。

盖层微观封闭性评价是盖层密封性评价的重点，评价基础是对岩石样品室内分析实验。盖层微观封闭性评价主要实验内容包括常规物性（孔隙度、渗透率）、密度、突破压力、扩散系数等测定。

① 分析项目及实验目的。

第三章 盐穴储气库建设工程技术与管理

常规物性测定：物性参数是盖层密封性评价的基础参数；孔隙度表征岩石单位体积内所含孔隙空间的百分数；渗透率表征流体通过岩石的流动能力。

覆压孔渗测定：将地面物性值通过试验得出的转换公式转化成地层条件下物性值。

压汞分析：压汞法测定岩石毛细管压力、孔喉大小及其分布。

突破压力测定：泥岩隔夹层的突破压力反映岩石抵抗气体击穿岩石的能力，突破压力越大，盖层封闭性越强。

比表面和孔径分布测定：比表面是单位质量岩石孔隙的总表面积，其值越大，表明微孔所占比例越高，对烃气的吸附能力也越强，越易对油气形成封闭。平均孔径越小，优势孔径越低，则表明微孔越发育，其封闭性能就越好。

扩散系数测定：扩散系数是测定气体通过盖层岩石的能力，有效扩散系数代表天然气向上扩散漏失的能力。

全岩 X 射线衍射分析：测定黏土矿物相对含量和各种矿物含量。

薄片分析：确定岩石矿物成分、含量、颗粒大小、分选、磨圆、胶结物成分、胶结物类型、成岩作用及成岩自生矿物、孔隙大小、形态和分布等。

扫描电镜分析：测定岩石类型、孔隙大小、矿物特征等。

② 实验结果分析。

根据实验室分析结果，对储气库盖层的微观封闭性进行评价。

盖层岩性的成分及主要岩性的矿物成分：通过对盖层样品实验室薄片分析和 X 衍射射线实验分析，确定盖层岩性和主要岩性的矿物成分及相对含量。如果盖层为泥岩就可认为是较为理想的盖层岩性。

盖层岩石微细孔径和吸附能力：通过对盖层岩石样品的实验分析，了解盖层孔隙类型、层理结构、孔隙和裂缝的发育部位与结构大小，对盖层岩性的孔隙连通性作出评价。

盖层渗透率和地层突破压力：盖层封闭能力主要取决于岩石的渗透性，即渗透率和突破压力，其他参数都是这两项参数的影响因素。通过对物性统计数据的分析，确定盖层渗透率。如果盖层总孔隙度较大，但连通的喉道微细，则连通性差，渗透率低，具有一定的封闭性。突破压力影响因素包括岩石微孔结构、矿物组成、润湿性、界面张力、流体性质和流体渗流能力等。

通过对突破压力实验确定盖层岩样的最大突破压力。分析渗透率与突破压力差二者的相关性。不同深度点，突破压力不同，由于不同品质的盖层在垂向上具有叠加性，突破压力高的盖层可以阻挡通过较低突破压力盖层逸散上来的天然气。

盖层的扩散能力：储气库储存气体的组分影响盖层的扩散能力气体某组分的分子直径越小，越容易通过盖层扩散。扩散系数越小，气体扩散越慢。因扩散是天然气逸散的一个漫长行为，从储气库的运行周期 30~50 年来看，扩散作用对储气库的密封性影响不大。

3）含盐地层地质分析

根据区域与完钻井资料，绘制典型剖面图、主要层位平面图等，预测含盐地层的总体展布规律，通过盐层与非盐夹层的统计分析，预测盐岩分布的有利区与层段。

（1）地层精细划分与对比。

地层划分与对比是地质研究的基础，也是最关键的一步，只有在正确的小层划分与对比的基础上，才能开展下一步的研究工作。

地层划分与对比一般有两种方法：传统对比和高分辨率对比。传统的小层对比方法以标志层为主、沉积旋回对比为辅、厚度为参考的划分原则。然而在以往用岩性和不同级次沉积旋回的对比中，尤其在精细的油层和小层单砂体划分对比时，经常遇到在同一级旋回内，横向上小层的尖灭和垂向上叠置增厚等问题。高分辨率层序地层是通过在基准面旋回变化过程中，由于沉积物可容空间与沉积物供给量比值 A/S 的变化，相同沉积体系域中沉积物发生再分配作用，导致沉积物堆砌样式、相类型及相序、岩石结构、保存程度发生变化。这些变化是沉积体系与在基准面旋回中所处位置和可容空间的函数。依据基准面旋回持续时间的长短，可以将其划分为短期基准面旋回、中期基准面旋回和长期基准面旋回。每个高级次的基准面旋回由若干个具有相同地质背景和沉积特征的低级次基准面旋回相互叠加而成。在基准面旋回的研究中，通常岩心资料用于确定短期基准面旋回，测井资料用于确定短、中期基准面旋回，地震剖面用于确定中、长期基准面旋回。

一般在应用过程中，两种方法相辅相成，共同进行。

（2）沉积相研究。

沉积相研究的目的是分析含盐地层的沉积环境、沉积相和微相类型及其时空演化，进而揭露盐层的几何形态、大小、展布及其纵横向连通性的非均质特征，建立沉积模式，指导盐层的分布规律研究。

正确识别沉积相和微相类型及其相互关系，是研究的主要内容。

（3）含盐地层地质分布特征分析。

通过沉积微相研究后，可以描述各小层的盐层、夹层分布特征，编制盐

第三章　盐穴储气库建设工程技术与管理

层厚度等值线图、夹层厚度等值线图、夹层百分含量等值线图等研究不同时期、不同深度的盐层分布特征，为建库有利区块与层段选择造腔方案设计提供研究基础。

(4) 夹层分析与评价。

含盐地层内夹层是指低于工业边界品位的夹层和非矿岩石及钙芒硝矿石或含矿岩石。在储气库建设中，相对于盐层，不溶或难溶的岩层均称为夹层。

对于盐穴储气库建设而言，含盐地层的夹层越少、越薄、分布范围越小，条件越好。因此，夹层地质评价的主要内容是对夹层岩性和物性、夹层非均质程度（直接影响盐穴盐腔的大小、形状和造腔速度）、夹层的密封性做出评价。

夹层评价与盖层的评价相似，主要从宏观和微观两个方面进行。

宏观评价就是对夹层地质特征的评价。主要利用钻井、测井和地震资料综合分析，确定夹层的岩性、物性、层数、厚度、面积、连通情况及夹层纵横向非均质性，最终对盐岩层内夹层的分布做出评价。夹层的宏观评价方法与盖层相似，不同之处为对于夹层的评价越细越好，要在分层统计逐层评价的基础上进行累计夹层的评价。

夹层评价方法技术主要有两类，即地质方法、测井方法。地质方法主要是通过钻井取心资料确定盐岩内部夹层的岩性，结合区域沉积相分析，确定夹层的形态特征。测井方法主要通过对钻井、录井和取心资料的分析，确定夹层的岩性，划分夹层的层数，确定夹层纵向分布特征。

盐穴储气库盐岩层内夹层就是指 NaCl 含量低于 25% 的含盐泥岩、砂泥岩、膏岩等不溶或难溶的岩层。通过对钻井、录井和取心资料的分析结合测井资料就很容易划分出盐岩层内夹层的岩性。

划分夹层的测井方法主要有自然伽马测井、普通电阻率测井、井径测井、声波时差测井等。

普通电阻率测井与自然伽马测井、井径测井组合成标准测井系列在现场用于绘制综合录井图。配合地质录井资料划分岩性，进行夹层识别。在地质剖面中，纯盐岩、石膏、硬石膏的自然伽马表现为低值，泥岩自然伽马表现为高值，砂岩介于两者之间。另外，当盐层中含少量钾盐时，自然伽马测井值呈现异常。盐岩地层属高阻层，其电阻率表现为高值，相对低值位置一般为夹层。井径曲线可以辅助区分岩性和判断渗透层。泥岩层和破碎层易垮塌，使井径扩大；钻井液侵入渗透性地层，黏土颗粒在井壁形成滤饼，造成井壁缩小；在膏岩层，特别是盐岩易溶，井径严重扩大（钻井时使用饱和盐水钻井液，钻进时井径扩大较小）。地层测井曲线特征是岩性、物性和所含流体的综合反映，因此夹层识别时要综合多条曲线分析评价。夹层的微观评价主要是对夹层密封性评价。主要是在宏观评价的基础上，通过对夹层样品的分析化验、室内试验和钻井现场测试（夹层密封性测试）等，对夹层内气体渗流能力和夹层的密闭性进行评价。

4）建库区块与层段选择

地质评价的最终目的是要根据评价成果，确定适合建库的区块及层段，为库容参数预测提供地质基础。

（1）盐岩建库区块选择。

综合盐矿的构造特征、盐岩分布特征、盐岩品位、地面建筑等多方面条件确定，选择原则与前面所述的库址筛选原则大致相同，因此不重复叙述。

（2）建库层段选择。

通过地质评价，对盐矿的地质特征有了明确的认识，根据盐矿构造评价成果、盖层评价成果、夹层评价成果，结合地表条件，在盐矿区内选择盐层品位高、厚度大、夹层厚度小的含盐地层作为建库层段，并开展下一步的造腔设计。

一般情况下，建库层段选择应遵从以下原则：

① 含盐地层总厚度大于 100m。
② 纯盐层 NaCl 含量不低于 70%，水不溶物含量低于 30%。
③ 夹层总厚度占地层厚度比例低于 20%，最高不超过 30%。
④ 单夹层厚度应小于 5m。
⑤ 埋藏深度一般不超过 1800m。

第二节 工程设计

盐穴储气库的设计主要是造腔设计。盐穴储气库盐腔设计包括腔体空间形态设计、造腔过程设计和盐腔运行状态设计。其中，腔体空间形态设计主要包括造腔过程中盐腔位置、盐腔形态、盐腔最大直径、盐腔体积等；造腔过程设计包括造腔井型、造腔管柱组合、造腔方式、造腔排量、造腔方案等；盐腔运行状态设计是为了确保建成的盐腔能够安全平稳的注采气运行，对盐腔注采气过程的运行压力区间进行设计并进行相应的稳定性评价，同时还要

第三章 盐穴储气库建设工程技术与管理

进行盐腔注采气过程的压力预测和分析,确定盐腔注采气过程温度压力范围。

一、造腔物理模拟

盐腔设计首先是造腔过程的设计,造腔过程是一个水溶过程,在盐层中造腔,无法直接观测管柱及排量变化对盐腔形态的影响,需要建立一套方法用于设计盐腔在不同发展阶段的发展过程,造腔设计方法主要包括造腔物理模拟和造腔数值模拟。

造腔物理模拟是利用岩心在实验室模拟造腔的一个实验过程。模拟包括岩盐溶蚀模拟、对流扩散模拟、造腔模拟。主要目的是:

(1)搞清盐岩溶蚀机理,获得盐岩溶蚀速率,掌握注入淡水在盐腔内卤水中的对流扩散规律,从而建立卤水浓度分布的数学模型。

(2)观察在不同生产条件下盐腔形成规律,并通过调整实验参数掌握盐腔的形状控制方法,从而形成合理的控制保护液技术,为建立稳定盐腔形态、优选施工方案、提高施工效率提供理论基础。

(3)通过物理模拟结果,利用相似准则,为盐腔形态预测的数值模拟软件编制提供边界条件与初始条件。

1. 国内外水溶造腔物理模拟研究概述

地下盐穴储气库是在地下较厚的盐岩中注溶腔水溶腔形成的,其基本原理为通过井筒注入清水溶解盐岩采出卤水,并通过注采顶板保护液控制盐腔形状。盐腔形状控制参数主要包括油垫方式与位置、注采管位置循环方式及注入排量等,良好的盐腔形状控制需要优化各项参数及其造控时间。

造腔物理模拟即通过物理实验获得水溶造腔过程的研究。

1964年,Durie和Jessen通过物理模拟研究了盐穴储气库造腔机理,指出盐腔内流体的运动包括自然对流和强迫对流,给出了盐岩溶解速度方程的经验公式。

1977年,Saberian针对三层和五层盐岩进行了溶蚀模拟实验,该实验采用正循环造腔的方式,层与层之间用防渗水泥隔开,最终获得的腔体形态是每一层均为上大下小,且自下而上各层盐腔逐渐减小。

2005年,万玉金在室内进行模拟实验研究,模拟各种地质参数和施工工艺参数对盐腔速率和盐腔形状的影响,通过优化工艺参数控制盐腔形态按预想的设计发展。

2005年,班凡生等通过对一定浓度下排卤开采盐腔体积变化特征及不同油垫、中间管及中心管位置对盐腔形态变化的研究，得出了排量及管柱组合对盐腔扩展及形态变化的影响规律。

2006年，袁光杰等通过对盐穴储气库快速建腔机理及方法进行研究，根据快速建腔方法及空化射流理论，研制出有助于快速建腔的喷嘴式和软管式建腔工具，同时在建腔工艺及参数、故障预测及诊断等方面进行了优化研究，以加快建腔进度。

2012年，班凡生等开展了盐岩相似模型材料实验研究，为开展物理模拟创造了条件。

2012年，任松等开展了地下储气库造腔期流场相似实验来研究造腔期腔体内流场的变化动态及规律，为能源地下储库群的建造项目提供基本的理论依据。

2014年，中国石油勘探开发研究院与山东大学共同开发研制了盐穴造腔模拟与形态控制实验装置，为在室内模拟和确定最优的盐穴造腔工艺和形态控制参数提供了先进的实验手段，可将实验得到造腔工艺参数和形态控制技术推广到现场工程。本节主要以此装置为例，介绍多夹层盐岩造腔模拟实验。

2. 多夹层盐岩造腔物理模拟实验

1）实验装置

多夹层盐岩造腔物理模拟实验装置由试验装置框架、多场耦合模拟系统、注采循环系统、注采动态参数测量控制系统和盐腔形态动态数据采集系统等组成。该装置能实现多夹层造腔过程实时监测物理模拟，可进行多夹层盐岩在多场耦合条件下的盐穴造腔模拟与形态控制研究，可以控制地应力、温度、注水流量和内外水管高度、顶板保护液高度以及探头的高度和旋转角度等参数，对造腔过程中盐腔形态实时监测。

（1）主要技术指标。

多夹层盐岩造腔物理模拟实验利用相似原理进行室内物理模拟实验。模拟实验采用的模型材料为盐岩，当温度、地应力和浓度与现场相同时，盐岩的溶解速率仅与流量相关。根据相似原理，选定的几何比尺为 $C_L=1/400$，时间比尺为 $C_t=1/1000$，现场流量为 30~120m³/h，量纲分析可知，$C_v C_t = C_L^3$，可推算出模拟流速 $v=7.6$~30.4mL/min。实验装置主要技术指标为：

① 可进行多夹层盐岩在地应力和地层温度等多场耦合条件下，造腔过程中盐腔形态变化规律的物理模拟，模拟地应力为 0.1~20.0MPa。

② 可模拟注采水过程，并能控制注采速度注水和出水管为内、外同心管，可模拟正、反循环，可模拟的注水流量为 0.1~100.0mL/min。

③ 具备顶板保护液注采和液位探测功能，可控制造腔高度过程形态。

④ 模型最大尺寸为 400mm×400mm×800mm，应 200mm×400mm 柱状试件。

⑤ 可实时测量卤水浓度变化及盐腔形态，可研究施工工艺与参数对盐腔形态的影响。

（2）装置主要系统构成。

① 实验装置框架为主体结构，实验时，岩心试件放置在实验装置内部。

② 多场耦合模拟系统可模拟地应力和地温。

③ 注采循环系统包括注采水循环系统和顶板保护液注采系统。

④ 注采动态参数测量控制系统包括机械结构和控制系统，可实现旋转角度控制、水管高度控制和探头高度控制。

⑤ 盐腔形态动态数据采集系统包括卤水浓度测量、实时图像录制、激光实时测距和盐腔形态生成系统。

实验时，当探头上下测量完毕后，可将每一剖面的数据导入 CAD 软件中，利用成体 Plot 命令，将不同深度的腔体形状曲线生成立体图。

2）实验过程

将加工好的岩心放入加持器中，放置设备顶盖，上螺栓。将注采管柱下入钻孔中。连接注采循环系统及阻溶剂控制系统。调节注采管柱至实验需求位置。进行地应力加载。通过注采循环系统验证设备的密封性。待密封性合格后，即可根据已设计好的实验流程开始物理模拟实验。

3）造腔工艺设计

造腔模拟工艺设计是造腔物理模拟成败的关键。实验方案根据盐腔岩心大小、希望模拟形成的盐腔体积和形态等多种因素，设计一套工艺指标方案和参数。

二、造腔主要参数设计

1. 造腔参数设计准则

在盐穴储气库水溶造腔过程中，盐腔总体结构参数设计要考虑盐腔容量、储气库安全性、盐腔形状与稳定性等要求；水溶造腔工艺参数设计要考虑采卤浓度、造腔周期以及盐腔形状等要求。

根据盐穴储气库造腔应满足的要求，结合盐穴储气库造腔的影响因素分析，盐穴储气库水溶造腔工程设计时应考虑以下 7 点：

（1）考虑到安全性的要求，保证盐腔顶部距顶板有足够的距离。

（2）考虑到稳定性以及容纳沉降物的要求，盐腔形状采用上小下大的梨形。

（3）考虑到水不溶物含量及其具有膨胀性，设计体积可按照有效容积的适当比例进行设计（例如水不溶物含量为10%时，设计体积一般为有效容积的110%~120%）。

（4）考虑到水不溶物具有一定含量的特点，采用自下向上逐级提升阻溶剂界面，不断向上溶蚀盐层。

（5）在设备允许的条件下尽量采用大管径大排量。

（6）正循环建槽、反循环造腔。

（7）中间管接近阻溶剂，应随着阻溶剂界面的提升而提升，保持较长的两口距，最大程度扩展对流作用区域。

盐穴储气库水溶造腔过程中要考虑的因素很多，造腔设计要遵循的原则有以下四点。

（1）安全性准则。

盐穴储气库水溶造腔过程中，首先要保证其安全性。储气库的埋深太浅，安全性不能得到保证，但埋深过大会增加钻井费用和建库投资，盐穴储气库的埋深最好在500~1200m，最深不超过2000m。另外，盖层要有良好的封闭性，盐腔顶部和顶板之间要留有足够大的距离，盐腔底部和底板也要有足够的距离。在水溶造腔过程中，盐腔的压力也不能过大，这就要求淡水的注入量不能无限的增大，必须选择合适的排量。

（2）稳定性准则。

根据盐腔稳定性的要求确定盐腔形态，稳定的盐腔形状有助于提高盐腔的运行寿命。根据国外建库经验，盐腔形状采用上小下大的梨形符合稳定性的要求。为了设计符合要求的盐腔形状，就需对造腔施工参数如两口距、防护液面的位置提出要求，多夹层的存在影响盐腔的形状，需要采取一定的措施，尽量形成边界连续性比较好的盐腔。

（3）造腔周期准则。

盐腔的建造应按设计要求的时间完成，造腔周期不能过长，这样会消耗大量的人力、物力等。盐岩品位高的地层建设盐穴储气库，能提高造腔速度，缩短造腔周期；多夹层的存在，延缓了造腔的周期，盐穴储气库应选择在无夹层或夹层很少的盐岩层中建设；增大排量能提高盐穴储气库的造腔速度，储气库建设过程中应选择尽可能大的排量；两口距的距离也是影响盐穴储气

第三章 盐穴储气库建设工程技术与管理

库造腔速度的一个重要因素。另外采用合适的管径组合也能缩短造腔周期。

（4）采盐浓度准则。

水溶造腔过程中，盐水浓度应满足要求，提高卤水浓度对加快盐穴储气库建设进度具有重要作用，同时也有利于减轻地方盐化公司在低浓度卤水消化方面的压力。排量过大时，注入的淡水尚未充分发挥溶解盐岩的能力就被排出，造成卤水浓度偏低，因此在盐穴储气库水溶造腔过程中，要采用合适的排量。

2. 造腔设计主要参数

在对一定盐岩地质条件充分了解和认识后，根据盐层条件设计合适的盐穴储气库盐腔造腔设计参数。这些参数主要包括：盐腔埋深、形态、造腔体积、造腔工艺参数等。

1）盐腔在盐层中的位置

在盐岩地层中，盐腔位置的确定也就是确定有效造腔的厚度，首先应保证储气库的安全性，保证盐腔与顶、底板之间有足够厚度的盐层。从盐层总厚度中去掉盐腔与顶、底板之间预留厚度之后，即可得到有效造腔的厚度，并以有效造腔的厚度作为盐腔（包括沉井）基本尺寸。合理的确定盐穴储气库有效造腔厚度，能够满足安全性准则的要求。

盐腔顶部与顶板之间应有足够的距离。岩石盖层和盐层的力学性质存在很大差异，如果盐腔顶部和顶板之间的距离过小，则储气库在长期运行过程中，受盐腔内压力交替变化的影响，将导致盖层和盐层受力的不均匀，进而导致二者之间的变形差异，引起盖层和盐层之间产生裂缝，危及地下储气库的安全。

盐穴储气库在长期运行过程中，盐腔内的压力交替变化，盐岩的蠕变会导致盐腔的变形，这些变化都会影响到底板的稳定性，盐腔底部与底板之间厚度过小将同样对储气库产生不利影响，盐腔底部与底板之间也应该有适当的距离。

因此，在设计盐腔有效厚度时，应考虑盐腔顶部和顶板之间的距离不能小于30m，同时为了防止盐腔内的压力变化和盐腔变形影响到底板的稳定性，盐腔底部和底板之间预留厚度也不得小于10m。具体厚度要结合盐层厚度、盐腔形态、钻井完井工艺等多种因素综合确定。

2）盐腔形态

盐腔的形态对于储气库的稳定性十分重要，因此盐腔形态的确定，要考虑盐腔稳定性的要求。

为了描述盐腔形状稳定性特征，引入盐腔稳定性系数这一参数。假设盐腔的形状可视为上下非对称的椭球，a 为椭球上半轴，b 为椭球下半轴，c 为盐腔最大直径，h 为盐腔高度。根据盐腔设计容积和盐腔高度确定盐腔最大直径，几何上可以证明，有效造腔高度和盐腔最大直径确定的情况下，盐腔体积与最大直径的位置无关。可见，在一定的盐腔高度和盐腔最大直径下，椭球盐腔上、下半轴相对变化时，盐腔的体积不发生变化，为了满足盐腔稳定性的要求，在盐腔高度和盐腔最大直径确定的情况下，盐腔的形态可以由盐腔稳定性系数 w 确定。

盐腔稳定性系数 w 定义为上半轴 a 与盐腔高度 h（即 a、b 之和）的比值：

$w>0.5$ 时，$f>1$，盐腔呈上小下大的梨形，此时上半轴长度大于下半轴，盐腔稳定。

根据国外的建库经验，盐腔采用上小下大的梨形，稳定性系数大于 0.5 时，符合盐腔稳定性的要求，同时也适合于容纳不溶物杂质形成的沉降物。实际上，盐腔稳定性不仅取决于几何形状的稳定性，而且与地质构造和地层属性有关；不同稳定性参数的盐腔具有不同的力学特性。工程上合理的稳定性参数可以由岩石力学物理实验或相应的数值模拟给出。

3）造腔体积及有效储气体积

盐穴储气库设计盐腔时，首先根据建设盐穴储气库的库容要求，设计盐腔体积，盐腔的体积包括盐腔总体积和有效体积。盐腔总体积是盐腔有效体积和不溶物杂质溶掉后落入盐腔堆积的体积之和，盐腔有效体积的设计要考虑很多因素。

盐腔滤洗溶液设计的合理与否，直接影响设计的盐腔有效体积是不是符合盐穴储气库的库容要求。盐腔滤洗总体积的确定、盐岩地层中水不溶物杂质含量是主要的考虑因素，另外，不溶物杂质在盐岩水溶液中的膨胀性，以及不溶物杂质沉降后形成的堆积物具有一定的孔隙度，都需要考虑。

4）造腔管柱组合及尺寸

造腔管柱对控制盐腔形态、加速造腔进度具有重要的作用，设计造腔管柱时主要按以下原则进行：

（1）满足完井管柱尺寸的设定。

（2）满足最优化采卤造腔的功能需要。

（3）满足采卤造腔安全的需要。

（4）满足造腔最优投资的需要。

第三章 盐穴储气库建设工程技术与管理

为了有效控制盐腔的几何形状，使盐腔形态与设计形态尽量一致，造腔管柱将采用同心管柱结构。利用同心管组合进行采卤造腔，不但要满足注采流量的要求，还要注重同心管直径的配合，只有同心管直径合理的匹配，才能获得大排量、低泵压和采出卤水浓度高的造腔要求。

5）造腔各阶段排量

排量是控制造腔速度的重要参数。确定排量的基本原则是：满足管内流体的最优工作状态；尽量使排出的卤水浓度接近饱和；低水耗，低能耗；满足造腔周期要求。

在定排量条件下进行溶蚀，在溶蚀初期，由于盐腔体积小，表面积小，注入的淡水来不及充分溶蚀便被采出，因而出口浓度低；随着盐腔体积的增大，出口浓度也增大，当溶蚀进行到一定程度，出口浓度接近饱和浓度。

采用较大的排量溶蚀，盐腔内卤水平均浓度较低，溶蚀速度较快，盐腔建设周期短；相反，采用较小的排量溶蚀，盐腔内卤水平均浓度较高，溶蚀速度也较慢，盐腔建设周期长。随着盐腔体积的增大，出口浓度也增大，当溶蚀进行到一定程度，出口浓度接近饱和浓度。因此，在造腔过程中应综合考虑卤水浓度和造腔周期两方面的要求，确定溶蚀过程中合理的排量，一般选取在 $40\sim120m^3/h$ 范围内，排量不能过大，在大排量 $120m^3/h$ 以上造腔时，过高的管口流速可能引起造腔管柱震动而影响盐腔顶部稳定性，给卤水回收带来压力。

6）造腔周期

我国盐穴储气库造腔周期主要受盐化企业卤水接收浓度和卤水接收能力的影响，造腔周期相对国外盐穴储气库造腔周期长。如果不考虑卤水浓度，造腔周期会变短，能加快建设进度，国内卤水处理主要是盐化企业接收，盐化企业卤水消化能力小，就会延长造腔周期。考虑国内实际情况和当地盐化企业需求，根据盐化企业卤水接收浓度和卤水接收能力安排造腔周期。

三、储气库运行压力设计

盐穴储气库的运行压力对盐层储气库库容量和工作气量的影响非常大，而且盐穴储气库的运行压力远大于同深度地层压力，并且运行压力的大小和运行压力变化速度对盐腔的稳定性具有特殊的意义，因此，对盐腔运行压力的设计是盐腔设计的关键参数，有必要单独就盐腔运行压力设计进行介绍。

由于世界各国的盐穴储气库地质条件不同，盐岩力学特性也不尽相同，因此，目前针对盐穴储气库压力设计，尤其是上、下限压力的设计尚没有通用明确的方法。往往都是在经验的基础上，以室内和现场试验为基础，参考数值模拟结果进行压力设计和优化。

1. 盐穴储气库运行压力设计评价标准

由于盐岩属于特殊的一类岩体，盐岩矿床中地下储气库的稳定性，实际上是一个气、液、固三相耦合的非常温、非线性、非均质的复杂的深部岩石工程问题，其显著特点是固体区域与流体区域互相包含、互相融合，形成相互重叠在一起的连续介质，并且不同相的连续介质之间可以发生相互作用，难以明显地区分开。中国层状盐岩单层厚度薄、夹层多、不溶性杂质含量高等诸多不利储气库稳定因素，导致在层状盐岩中进行储气库设计和建设更为复杂。因此，盐穴地下储气库的稳定性分析方法与其他岩石地下工程有差别，其稳定性评价尚无统一的标准和规范，多数是用数值计算的方法来评价储气库的稳定性，主要做法是根据具体的储气库及其岩体力学特性，预先设置储气库稳定性的一些标准。满足稳定性评价标准的储气库运行压力的大小和变化速率则认为是可以接受的和安全的。中国石油勘探开发研究院在总结和参考国内外大量研究的基础上，结合工程实际情况，形成了稳定性判别标准。

1）准则一：无拉应力判据

储气库在运营过程中，不允许在盐腔周围岩体中出现拉应力。拉应力可能产生于以下两种情况：盐穴受压过度或者在生产运行过程中天然气冷却的速度过快而造成热冲击。此外，如果盐穴顶部跨度过大，其顶部变形也有可能引起拉应力，在盐穴储气库设计腔壁不允许存在拉应力，确定拉应力判别准则：腔周岩体的拉应力小于或等于0。

2）准则二：膨胀损伤判据

岩石的体积膨胀是发生损伤的一个判断依据，岩石在受压变形过程中，岩石体积会经历一个由压缩转为膨胀的过程，体积发生膨胀过程中，岩石发生裂纹萌生、扩展、连通，导致岩石破坏，因此为保证储气库的密封性，必须避免腔周岩体出现裂纹，通过应力准则可以判断是否发生膨胀。

3）准则三：蠕变应变判据

腔周盐岩蠕变应变不能超过所给定的限值，一般情况规定盐岩的蠕变应变率不超过10%。

4）准则四：盐腔收敛性准则

受到盐岩蠕变的影响，在长期运行过程中，盐腔会发生内向收缩，对于

第三章 盐穴储气库建设工程技术与管理

不同深度的盐腔,有不同的体积收敛标准,参考国内外的经验,盐腔体积收敛率见表3-1。

表3-1 盐腔体积收敛率表

盐腔埋深,m	年平均体积收敛率,%
<250	0.1
250~1000	0.5
1000~2000	1

2. 运行压力主要设计方法

目前国内外盐穴储气库运行参数的设计,主要结合工程经验,并采用数值模拟进行计算验证。具体方法有以下五种。

(1) 静水柱压力换算法。根据国外储气库运行经验,气库运行压力范围一般在静水柱压力的0.3倍~1.7倍之间。

(2) 根据德国盐层盐腔运行压力设计经验,以盐腔顶部深度计算盐腔最小运行压力,梯度为0.34MPa/100m。

(3) 盐腔顶部埋深换算法。根据美国出版的《天然气地下储气库》,最大运行压力是盐腔顶部所在深度的函数。压力梯度范围1.92~2.04MPa/100m。

(4) 上覆地层压力折算法。盐腔上、下限压力等于盐腔上覆地层压力的70%~80%和20%~30%。

(5) 根据加拿大CSAZ341.2-02标准,最大运行压力不能超过储气库地层破裂压力的80%;当缺乏破裂压力资料时,以从套管鞋测量深度处到盐穴顶部的压力梯度18.1kPa/m为最大运行压力的标准。盐穴储气库的最小压力标准应为在套管鞋深度处的最小压力梯度,为3.4kPa/m。

在储气库压力设计中,一般首先通过以上5种方法进行储气库运行压力的初步估算,最后通过数值模拟方法,进行不同压力条件下模拟,并结合盐穴储气库稳定性评价准则进行综合评判,最终确定储气库运行的上、下限压力及最大允许压力变化率。

3. 盐岩地层的地应力测试与盐穴最大运行压力的确定

在储气库压力初始估算及设计时,由于方法(1)方法(4)均采用经验性的判断,有可能存在较大偏差,实际工程中往往需要进行建库区域的地应力测量,利用所获得的岩层的破裂压力作为上限压力设计的依据。同时地下盐穴储气库作为大型地下工程的一种，储气库腔周岩体在地下受到地应力、温度、流体等多应力场作用，且这些应力随着储气库注采的进行随时变化，受力情况非常复杂，在储气库设计中利用理论解析解的方法进行工程参数设计及稳定性的分析计算是不可能的。目前国内外一般都是通过数值模拟手段进行盐腔形态、运行压力、矿柱宽度、注采速度等参数设计，选择合理的运行参数。但是所有的计算和分析都必须在已知地应力的前提下进行。如果对工程区域的地层原始应力状态一无所知，那么任何计算和分析都将失去应有的真实性和实用价值。在实际工程中一般采用现场水压致裂方法进行地应力测量，在同一口井进行多段层位的测试，同时进行多口井的地应力测试，既保证获得不同层位的地应力数据，还可获得地应力的准确值，为设计储气库提供准确的设计支持。

1）水压致裂原理

水压致裂法是目前在石油领域应用最为广泛的地应力测试方法，其原理是把高压液体泵入由封隔器隔开的试段中，根据泵压的大小分析确定原岩的应力状态。

在地应力测试完成后，还需要判断地层裂缝的状态，主要是由获得的最小主应力和垂向应力之间的相对关系。垂向应力可通过密度测井曲线计算得到。当最小主应力小于垂向应力时，测试区域表现为垂向裂缝应力状态，如果进行水力压裂，将形成垂向裂缝。当最小主应力等于垂向应力时，测试区域表现为水平裂缝应力状态，如果进行水力压裂，将形成水平裂缝。因此，如果最小主应力比垂向应力小10%及以上，表示为竖向裂缝应力状态。如果最小主应力比垂向应力小5%~10%，表示为近似竖向裂缝应力状态。如果最小主应力比垂向应力小5%及以下，表示为水平裂缝应力状态。后者所测得的裂缝闭合压力接近垂向应力，形成水平裂缝。需要注意的是，最小水平主应力有可能等于垂向应力。在这种情况下，就无法确定裂缝形成的方向是近似竖向还是水平。

2）测试步骤

与常规的水力压裂地应力测试不同，在盐穴地下储气库领域，尤其对于我国的层状盐岩建库来说，由于建库层段往往含有纯盐岩、泥岩、钙芒硝及夹层等岩层，在地应力测试层段选择上，应包含所有的典型地层，尤其是盐岩与夹层的交界段，交界面处有可能是潜在的油气渗流通道，同时为保证试验的准确性，一般应采用多次测量。具体测试流程如下：

（1）测试之前，连接并检查注入泵、管线、压力表、流量计、安全阀和数据采集系统，并进行试压。向测试井中注入流体，达到设定压力时关井，检查地面管线、井口装置、固井水泥和封隔器是否存在泄漏。如果固井水泥和封隔器不泄漏，用同样的步骤检查地层的吸力。以设定固定的井口压力梯度循环注入，评估注入压力和吸水能力之间的关系。当测试封隔器时，需要估计系统的压缩性并和水的压缩性进行比较。

（2）第一周期测量。

试压结束后，开始第一个周期测量。以恒定的注入排量，逐步提高注入压力直到地层破裂。地层破裂后注入压力将明显下降，保持排量2~3in或者直到观察到压力曲线平稳为止。然后关井，观察压降曲线，直至能够观察到瞬时停泵压力和闭合压力时，停止本周期测量。

本周期不做回流测试，等待液体自然滤失，现场实时分析压力衰减曲线，确定裂缝是否已经闭合。如果地层滤失小，自然滤失不能够让裂缝闭合，则确定本层测试采用回流测试，强制裂缝闭合。

（3）多周期测量。

重复第一个周期测量4~6次，根据第一个周期确定是否启动回流测试程序。现场分析每个周期的闭合压力，对比每个周期闭合压力是否一致，如果闭合压力一致，可以结束本层测量。

3）地应力测试确定盐穴的最大运行压力

在获取盐岩地层的不同层最小主应力值的情况下，以盐穴地层涉及的所有层段的最小主应力值为基准，以80%的最小主应力值作为盐穴储气库的最大运行压力，可以作为盐穴储气库上限运行压力的取值依据。

4. 下限运行压力的确定

对盐穴储气库下限运行压力的确定，目前还没有统一的评价标准，各个国家盐穴储气库在进行下限运行压力的设计时，主要还是采取数值模拟与以往经验相结合的办法，在保证安全的前提下，尽量降低下限运行压力，以提高盐穴储气库的运行效率。在数值模拟确定的下限运行压力依据主要是盐腔收缩率、腔体周边盐墙的损伤区范围等。但通常的标准介于0.3~0.6MPa/100m之间。

5. 压力变化速率的确定

在采气过程中，如果采气速率过高就可能引起腔壁出现拉应力，由于盐层的抗拉强度较低，因此应尽可能避免拉应力的产生。因此，必须对盐腔运行压力变化速率进行限制，通常条件下采取数值模拟的办法研究在极端运行条件下压力快速升降对盐穴稳定性和安全性造成的影响,通过模拟出现盐腔盐墙损伤破坏的极端工况下压力变化速率(MPa/d),可以得出限制盐腔运行压力变化的最大速率。

四、储气库稳定性评价

储气库腔周岩体在造腔过程中尤其是随后的天然气注采过程中的稳定性至关重要,因为它关系到库区居民生命和国家财产的安全。目前稳定性评价方法主要采用室内岩石实验与数值模拟研究相结合的方法进行,从室内实验获得层状盐岩的弹性模量、泊松比、抗压强度等岩石力学参数,以实验数据为基础,采用数值模拟软件进行数值模拟研究,综合进行稳定性评价。

1. 盐岩力学特性研究进展

目前盐岩开采后的盐腔已被广泛应用于石油、天然气存储和核废料处置,国外学者很早就开展了大量的盐岩力学特性的研究工作,并应用于工程实践。自我国第一个盐穴储气库金坛盐穴储气库建设,以及平顶山、淮安等盐穴储气库开展可行性论证以来,国内的学者基于我国层状岩的特点,开展了大量的盐岩力学特性的探索性研究,获得了一些有益的成果,目前国内外相关研究进展如下。

针对盐岩的短期强度特性,Hofer 和 Thoma(1968)进行了盐岩三轴试验,指出低围压下盐岩表现为脆性断裂,高围压下只有经历相当大的非线性变形后才会破坏;Hunsche、Hansen、Wallner 等结合单轴和三轴压缩试验结果,得到了盐岩的短期抗压强度参数,并以摩尔—库仑强度理论为基础,建立了适合盐岩的强度理论,认为盐岩是一种变形大、强度低的软岩。Farmer 和 Gilbert 通过盐岩三轴试验发现,围压 3.5MPa 为一个阈值,低于 3.5MPa 时,表现出应变软化特征,高于 3.5MPa 时,表现出应变硬化特征;随围压增高,盐岩扩容现象逐步减小,其变形由脆性向延性转化;随加载应变率增加,其脆性增加。Popp 和 Kem 对德国北部 Gorleben 盐丘盐岩进行了温度分别为 30℃和60℃,围压分别为2MPa 和6MPa 的三轴压缩试验,得到在上述试验条件下,尽管随围压压力增加和温度升高而降低了试样变形中裂纹的衍生,但盐岩应变硬化行为对于围压压力比温度更为敏感。吴文还对不同加载速率下的岩盐单轴强度进行了研究,轴向加载平均应变速率分别为 $2.63\times10^4/s$、$3.26\times10^4/s$、$4.6\times10^4/s$,当速率每增加 10 倍时,峰值应力增加 3.1%~7.9%,表明在静态加载范围内,加载速率的变化对强度影响较小。这一结果

第三章 盐穴储气库建设工程技术与管理

与 I. W. Farmer（1984）等的研究结果一致。A. Lavrov 对盐岩和黏土进行了单轴压缩及循环加载下的声发射对比测试，表明盐岩具有较好的声发射活动性，也证实了塑性变形的盐岩中具有 Kaiser 效应。Almad Pouya 采用宏观和微观相结合的方法，对不同特征的弹塑性盐岩进行了研究，并从晶粒内应力的发展解释了盐岩的微裂纹和损伤的过程。H. Akan 等对盐岩品位为 9% 的 Ase 盐矿进行三轴压缩试验，最终得到了研究盐岩的膨胀边界，认为该边界受应力加载速率的影响，随应力加载速率增加，边界值略有提高；晶粒尺寸和结构也对该边界有一定影响，晶粒越小则断裂应力越高，并认为裂纹主要在晶界随晶粒滑移和位错过程发展，意味着随偏应力增加，晶体滑移和穿晶主要平行于按更高轴向应变既定的主应力方向。侯正猛利用 Hou/Lux 模型对具有高围压高应力比及低应力比的盐岩地下岩体的力学特性进行了研究，证明了该模型可以很好地描述盐岩的损伤及损伤恢复过程。此外，Schulze、Tsang、Thore、Hunsche、Chan、Devries、Hou and Lux 等均对盐岩的损伤进行了大量的研究工作，得到了一些盐岩的损伤表达方程，获得了许多有价值的研究成果。

国内对盐岩的研究起步较晚，但也取得了许多成果。杨春和、白世伟等对应力水平及加载路径对盐岩时效的影响进行了研究，指出 3MPa 为一个临界点，当围压小于 3MPa 时，对流变特性影响显著，但当大于 3MPa 时，流变性能几乎与围岩无关。高小平、杨春和等对不同温度下盐岩的力学性能进行了试验研究，表明随着温度的升高，盐岩的力学性能劣化明显，温度对盐岩的物理力学特性影响较大，峰值应变增加，并推导出了热损伤演化方程和维 TM 耦合损伤本构方程。梁卫国、赵阳升等针对无水芒硝盐和钙质无水芒硝两种盐岩力学特性进行了对比研究，表明无水芒硝盐岩是一种软岩，其单轴抗压强度平均 1.70MPa，抗拉强度平均 1.32MPa，抗压与抗拉强度比高达 13.40，钙质无水芒硝单轴抗压度 49.1MPa，拉强度 2.52MPa，分别为无水芒硝试件的 2.8 倍和 1.9 倍。李银平等开展了盐岩、硬石膏泥岩和含硬石膏盐 3 种典型试样的单轴及三轴压缩试验，分析了 3 种试样的变形和破损特征。试验结果表明：夹层对盐岩体的变形和破坏特性有明显的影响，强度高于盐岩的夹层却先于盐岩出现横向拉伸破坏；应力——应变曲线出现"应力跌落"现象。刘建锋通过单轴压缩、三轴压缩、间接拉伸及直接拉伸等试验项目，借助超声波无损检测方法、盐岩损伤演化过程的声发射监测及显微镜观测等多项测试手段，对我国的层状盐岩的基本力学特性和损伤演化规律进行系统的分析研究。杨春和、陈剑文等从微观统计角度出发，对盐岩温度应力耦合损伤进行了探索，分析了围压和温度对盐岩损伤的影响，认为围压可以抑制损伤的发展，而温度的升高则在一定范围内造成损伤加剧，通过微观力学分析和对前人成果修正，拟合了盐岩温度—应力耦合损伤方程。

盐岩具有良好的蠕变特性，国内外学者从不同角度对盐岩进行了蠕变的研究。Yang（1999）、Aubertin 等（1996）、Hunsche 和 Wawersik（1993）等采用了内变量理论描述盐岩的瞬态蠕变特性；基于盐岩变形机制研究成果，Munson 采用 M-D 本构模型，更加精确的描述应交响应和处理"应力降"试验结果。Chan 等在前人的基础上提出了一种能够反应盐岩蠕变、损伤断裂多机制耦合模型（MDCF，即 Multimechanism Deformation Coupled Fracture）。这个模型包含了盐岩的变位蠕变、剪切损伤、张拉损伤及损伤复原等机制。Hou 和 Lux 在 Lubby 以往流变模型基础上，基于连续介质损伤力学理论，也提出了一种可以考虑盐岩的延展性变形、变位、变形硬化和变形恢复、损伤及损伤复原机制的模型，并在有毒及射性废料的处理中得到了成功的应用。Zhou Hongwei 等以分数阶微积分为基础，建立了一种新的盐岩变本构模型，该模型能很好地描述盐岩加速蠕变阶段，为盐岩蠕变特性的研究提供了一种新的研究方法。

2. 层状盐岩力学特性实验研究

针对中国层状盐岩的岩体力学特性，中国石油勘探开发研究院开展了一系列层状盐岩力学特性实验研究工作，获得了平顶山、淮安、金坛等储气库盐岩力学特性，揭示了层变形和破坏机理，为层状盐岩中储气库的稳定性评价提供了基础参数。

1) 短期力学特性

（1）单轴压缩实验。

单轴压缩试验中盐岩采用轴向荷载控制进行加卸载循环加载，泥岩实验在弹性变形阶段仍采用轴向荷载控制，轴向加载速率为 30kN/min，其后为横向位移控制。

（2）三轴压缩试验。

三轴压缩试验时中盐岩采用轴向荷载控制进行加卸载循环加载，加载速率为 60kN/min（第 1 至 3 级加卸载循环），之后为轴向位移控制。

（3）抗拉试验。

抗拉实验采用巴西劈裂法进行，试验的试样一般为岩石圆盘，要求试样的高度和直径比为 0.5~1。实验时沿着圆盘的直径方向施加集中荷载，试样受力后可沿着受力方向的直径裂开。

第三章　盐穴储气库建设工程技术与管理

2）长期力学特性

（1）蠕变变形特性研究。

为研究盐岩的蠕变特性，对盐岩进行围压为 5MPa、10MPa、20MPa、30MPa 下的三轴蠕变实验，蠕变实验采用分级加载方式。

（2）三轴应力状态下的长期强度。

三轴应力状态下，随着围压的升高，盐岩的长期强度逐渐升高，短期抗压强度为长期强度的 40%~60%。

储气库运营中的注气和采气过程，是荷载周期变化的加卸载过程。盐穴储气库围岩在注气和采气过程中不断经历交变荷载，当这种循环荷载的幅值应力达到一定值，会导致岩体内部出现损伤。损伤的不断累积和发展，会对储气库的安全运营造成不利影响。因此，在储气库设计时，了解和掌握导致盐岩出现损伤的应力状态，有助于确保储气库设计和运营的安全。

造腔后形成的盐穴边壁围岩，在形成腔体后沿径向处于卸荷状态，径向应力为零，因此简化为实验室试验的单轴应力状态。通过在单轴应力状态下对盐岩进行加卸载试验，可以获知导致盐岩损伤的临界单轴应力荷载。

损伤力学是研究在各种加载条件下，材料内部存在的孔洞、裂纹等分布性缺陷随变形的发生、发展，导致材料力学性质劣化，最终达到破坏的过程和规律。损伤不是一种独立的物理性质，它只能被作为一种"劣化因素"被结合到弹性、塑性和热性介质中。因此，损伤力学是通过在本构模型中引入损伤变量，并配以损伤变量的演化方程，来描述材料内部损伤随着变形过程而发生、发展，致使材料力学性质不断劣化的过程和效应。为对岩石的损伤演化进行描述，需计算岩石的损伤变量，而损伤变量作为一个热力学内变量，不能直接进行测量，需采用相应的可替代的描述方法。根据损伤变量定义，可采用弹性模量的变化，来计算岩石的损伤变量。

该方法是一种基于应变等效性假说，以损伤前后材料的弹性模量的变化来定义或度量损伤的方法，但该等效性假说和以此为基础的"弹性模量法"实质上是一种弹性损伤描述方法。故用该方法描述和测量具有不可逆塑性变形特征材料的损伤，并将材料受力过程中卸载刚度取做材料的瞬时弹性模量，去描述或测定具有塑性变形特征的损伤过程将显著简化或掩盖材料的真实损伤行为。"弹性模量法"描述损伤演化过程，其卸载模量的变化与材料特性、加载条件有密切关系。

3. 储气库稳定性评价

盐穴储气库建成后，在后续的长期注采运行过程中，运行压力的大小、

采气速率的快慢、运行工况是否合理等都对盐腔的稳定性有着重要的影响，如果运行参数设置不合理，容易引起盐腔腔壁垮塌、顶板受损乃至破坏、盐腔体积过大，渗透性急剧升高等现象，最终对盐腔的结构产生破坏性损害，影响储气库的安全运营。因此，判别储气库的稳定性是保证储气库安全运营的关键问题。

五、盐腔库容及注采运行方案设计

盐腔库容及注采运行方案设计是盐穴地下储气库盐腔设计的一个重要组成部分。盐穴储气库运行过程中，盐腔内的压力、温度在注气时逐渐升高，在采气时逐渐降低，盐腔内发生的这种热动力学行为对盐岩力学性质产生一定影响，最终影响盐腔的使用寿命。运行方式是否合理对盐穴储气库的安全运行、使用寿命至关重要，因此在满足调峰保供的前提下，还要对储气库的运行方式进行不断优化，最大限度地保证储气库的安全运行，延长储气库的使用寿命。

1. 注采运行方案设计

地下储气库作为天然气管网的配套工程设施，对管网的安全平稳运行发挥着重要作用，主要有季节调峰用气、应急情况用气和战略储备用气三个功能。进行盐穴储气库注采运行方案设计首先要完成库容估算、盐穴储气库功能定位分析、调峰市场需求分析、运行方案指标预测、注采运行模拟计算。

1）设计原则

（1）储气库注采周期设计。

① 注采周期以储气库适应注入气源供给能力与市场需求采气能力的时间变化周期为原则。

② 采气周期以储气库具备的工作气规模为基础，以适应用气市场的需求规律为前提，以尽可能满足市场的采气调峰为目标来确定。

③ 注气周期以注入气源的供给能力为前提，以储气库储气能力为基础，以注够气、安全平稳注气为目标来确定。

（2）储气库日调峰气量设计。

储气库日调峰气量按照工作气量、采气周期、市场日需气量与变动规律综合确定。

（3）储气库合理采气井数。

储气库合理采气井数就是同时能够实现储气库工作气量与日调峰气量的

第三章　盐穴储气库建设工程技术与管理

最少井数，合理采气井数与储气库调峰采气规律与规模直接相关，与不同采气时间对应的单井产量高低直接相关。合理的采气井数首先满足冬季春节前后的市场最高日需气量，其次满足采气期末市场最低需气量，三是能够达到采气期总产气量即储气库工作气量。

2）运行方案设计方法

（1）季节调峰方案设计。

根据储气库调峰气量、单腔调峰规模、井腔数、注采运行压力、库容总规模、月注采气量、采气管柱、注采周期，进行储气库注采气运行季节调峰方案设计。

（2）应急方案设计。

根据应急运行条件、一次应急采气量、应急腔数及平均单腔采气量，在采气未出现应急的工况下，进行盐穴储气库应急方案设计。

（3）储备方案设计。

储备方案的设计方法可遵循季节调峰方案设计方法。

2. 库容量参数设计

盐穴地下储气库的库容量、工作气量及垫气量是衡量储气库的重要指标，是储气库注采运行方案设计的基础，是投资决策的依据，它对储气库建设的成败以及对上游天然气开采和下游城市天然气需求都将起到极其重要的调节作用。而盐穴储气库由于其特殊性，总的库容量由每一个单腔的库容量累计相加，因此计算单个盐腔的库容量是盐穴储气库设计的基础。

根据已知的注入天然气的组分，储气库的几何形状等地质资料，在一定的盐腔温度和压力条件下，形成盐腔内的库存气量的计算模型。当压力取盐腔上限压力、温度取原始地层温度时，计算所得的盐腔天然气容量换算成标准状态下的天然气体积即视为一个特定盐腔的库容量。当压力取盐腔下限压力、温度取原始地层温度时，计算所得的盐腔天然气容量换算成标准状态下的天然气体积即视为一个特定盐腔的垫气量。盐腔的库容量与垫气量之差即为盐腔的工作气量。

3. 盐腔运行过程的井筒、盐穴内温度—压力模拟预测

盐穴储气库在注采运行方案设计时，要对储气库注采热力学动态进行分析和模拟计算，分析井筒周围盐层、腔体周围盐层温度场及温度场波及距离；分析井筒温度、压力场分布，盐腔内温度、压力场分布等。根据上述分析结果来确定盐穴储气库各个不同盐穴在注采过程中不同注采工况下井口温度、

压力等参数,从而确定注采方案是否合理。实现这一目的的方式主要是采用数值模拟。

1) 盐层温度场模拟

对盐穴地下储气库设计和运行来说,充分了解井筒和腔体周围的盐层温度分布十分重要,一方面盐腔内气体通过自然对流和周围盐层热交换,使周围盐层壁面形成不稳态导热温度场,导致腔内气体压力、温度的变化;另一方面井筒的注采循环过程,由于井筒与周围盐层存在温差,使气井井筒产生径向传热,导致天然气物理性质沿井深的变化。因此只有充分了解盐层温度场在注采运行前后的分布情况,才能正确地预测盐腔内和井筒的温度、压力,设计出合理的盐腔尺寸和形状、注采管直径等。

考虑到盐腔边界的不规则形状,以及井筒高流量注采,温度、压力梯度变化较大的特性,采用有限单元法,分别求解垂直井筒周围非稳态温度场,以及盐腔周围盐层的温度分布。

随着井筒和盐腔从盐层汲取和释放热量,盐层温度场也在不断地发生着变化,盐穴储气库运行工况决定了井筒和盐腔与盐层之间的热交换状况,虽然所处的边界条件不同,但井筒模型和盐腔模型均属于轴对称模型,由于不含热源,将盐层考虑为径向和纵向二维的稳态导热过程,满足瞬态传热微分方程。

假设:

(1) 盐层与井筒接触良好,不考虑接触热阻。

(2) 盐层与井筒和盐腔之间的传热方式为纯导热,盐层导热系数为常数。

上述处理后,盐层温度场就可看作是一个以井筒圆管中心为轴线的轴对称问题,而且这个温度场随着井筒和盐腔状态变化,是时间的函数。

2) 井筒注采动态模拟

盐穴地下储气库的运行包括注气和采气过程,井筒中的流动是双向流动过程,其运行工艺过程不同于气井的开采工艺过程,首先表现为注气采气周期频繁交替,压差变化较大,气体在井筒和盐腔之间双向流动,短时间注入采出气体量大,气体流速快。其次注采井不需要稳产,须根据城市调峰用气量变化确定储气库内天然气的注入采出量。

在注采过程中,周围盐层与井筒进行不稳定传热,同时井筒内流动也要产生传热,致使工作气压力、温度、流速及密度随井深变化而变化,因此在设计和动态运行各个阶段,需要定量描述天然气的注采过程,以及随时间、空间的分布与变化。正确预测气井井筒温度、压力分布,认识气井流动规律和地层的传热特征,有利于进行注采气井生产系统动态分析和生产设施的优

第三章 盐穴储气库建设工程技术与管理

化设计。

井筒温度场数学模型的建立是基于质量、动量、能量守恒原理及热力学传导理论，建立预测井筒流体压力、温度分布的综合数学模型，采用四阶龙格库塔法迭代求解，可预测井筒中的压力和温度分布。

模型的假设条件是：

（1）气体在井筒中作一维稳定流动，所有特性参数在井筒任一横截面是均匀的。

（2）井筒和周围盐层中的热交换为径向，不考虑沿井深方向的传热。

（3）盐层垂向温度按线性变化，地温梯度已知。

（4）气体在流动过程中既不对外界做功，外界也不对气体做功。

（5）不考虑压力、温度变化下管柱的变形。

在上述假设条件下，根据质量守恒定律、动量守恒定律和气体状态方程，建立描述井筒流动状态的偏微分方程组，预测注采气井压力、温度。

3）盐腔注采动态模拟

盐腔储气库运行时，天然气随注采过程中的压缩、膨胀，与周围盐层通过自然对流进行热交换，导致腔内压力、温度变化。预测盐腔内温度、压力变化十分重要，它是确定储气库库容量、工作气量及垫气量的重要指标，是控制盐层蠕变变形的重要约束条件。

第三节 工程管理

一、造腔工程

1. 质量管理

工程质量控制是指为达到工程项目质量要求所采取的作业技术和活动。在工程项目实施过程中，项目建设参与各方，包括建设单位、设计单位和材料供应单位，均必须进行工程项目质量控制。

1）质量管理原则

（1）"质量第一"是根本出发点。

在质量与进度、质量与成本的关系中，要认真贯彻保证质量的方针，做

到好中求快，好中求胜，不能以牺牲工程量质量为代价，盲目追求速度和效益。

（2）以预防为主的思想。

工程质量是由决策、规划、设计、材料、施工等各环节做决定的，而不是检查出来的，必须在工程项目质量形成的过程中，事先采取各种措施，消灭种种影响质量的因素。

（3）为客户服务的思想。

真正好的质量是用户完全满意的质量，要把一切为了用户的思想作为所有工作的出发点，贯彻到工程质量形成的各项目工作中，在内部树立"下一道工序就是用户"的思想，要求每道工序和每个岗位都要立足于本职工作的质量管理，不给下道工序留麻烦，以保证工程最终质量能使用户满意。

（4）一切用数据说话。

依靠确定的数据和资料，应用数理统计方法，对工作对象和工程实体进行科学的分析和整理，研究工程项目质量的波动情况，寻求影响工程项目质量的主次因素，采取有效的改进措施，掌握保证和提高工程项目质量的客观规律。

2）设计阶段工程质量控制

（1）设计质量管理内容。

设计质量管理内容包括但不限于各种质量保证体系和管理文件，设计服务商资质、设计人员资格、设计软件管理，设计策划、设计输入、设计方案制订、设计评审、设计确认、设计验证、设计输出、设计产品、不合格品控制与预防、人员培训、规范标准宣贯、专业互提资料等记录。设计变更、设计现场服务、设计过程质量、设计质量评定及考核。落实规范标准、管理文件、统一规定的宣贯执行，以及设计过程文件的符合性。

（2）设计质量管理方法和措施。

设计过程的工程质量直接影响设计成果的质量，设计成果质量又直接影响施工质量，设计图纸直接体现着整个工程的经济效益、环境效益和社会效益，所以，设计质量控制是工程管理工作重中之重。

① 根据项目建设要求和有关批文、资料，编制设计大纲，组织专家进行方案评审、评定设计方案。

② 进行设计资质审查，优选设计单位办理设计合同，并督促检查合同的实施。在实施过程中要求设计单位编制进度计划报业主审批，并按审批通过

第三章　盐穴储气库建设工程技术与管理

的计划进行督办。

③ 审查设计图纸和概预算。保证各部分设计符合决策阶段确定的质量要求，符合有关技术法规和技术标准的确定；组织有关单位对设计图进行会审，保证有关设计文件、图纸符合现场和设计的实际条件，其深度应能满足设计的要求，各个设计工种的设计文件协调统一，无相互矛盾；保证工程造价符合投资限额。

④ 对设计工作进行协调控制，保证各专业设计之间能互相配合、衔接，及时消除质量隐患，按期完成设计任务。

⑤ 组织设计文件和图纸的报批、验收、分发、保管、使用和建档工作。

3) 施工准备阶段工程质量控制

(1) 图纸学习和会审。

对设计文件和图纸的学习是进行质量控制和规划的一项重要而有效的方法。一方面使施工人员熟悉和了解工程特点、设计意图，掌握关键部位的工程质量要求，更好地做到按图施工；另一方面通过图纸会审，及时发现存在的问题和矛盾，提出修改和洽商意见，帮助设计单位减少差错，提高设计质量，避免产生技术事故或产生工程量质量问题。

图纸会审由建设单位或监理单位主持，设计单位、施工单位参加，并写出会审纪要。图纸会审必须抓住关键，特别注意对构造和结构的会审，必须形成图纸审查与修改文件，并作为档案保存。

(2) 编制施工组织设计。

施工组织设计是对施工的各项活动做出全面的构思和安排，指导施工准备和施工全过程的技术经济文件。其基本任务是使工程施工建立在科学合理的基础上，保证项目取得良好的经济效益和社会效益。

施工组织设计根据设计阶段和编制对象的不同，大致可分为施工组织总体设计、单位工程施工组织设计和危险性较大或新技术项目的分部分项工程的专项施工方案设计三大类。施工组织设计通常应包括工程概况、施工部署、施工方案、施工准备工作计划、施工进度计划、技术质量措施、安全文明施工措施、各项目资源需要量计划及施工平面图、技术经济指标等基本内容。

施工组织设计中对质量控制起主要作用是施工方案，主要包括：施工程序的安排、施工段的划分、主要施工方法、施工机械的选择以及保证质量、安全施工、冬期和雨季施工、污染防治等方面的预控方法和针对性的技术组织措施。

（3）组织技术交底。

技术交底是指单位工程、分部工程、分项工程正式施工前，对参与施工的有关管理人员、技术人员和工程进行不同重点和技术深度的技术性交代和说明。其目的是使参与项目施工人员对施工对象的设计情况、结构特点、技术要求、施工工艺、质量标准和技术安全措施等方面有一个较详细的了解，做到心中有数，以便科学的组织施工和合理安排工序，避免技术错误或操作错误。

技术交底是一项经常性的技术工作，可分级分阶段进行。技术交底应以设计图纸、施工组织设计、质量验收标准、施工验收规范、操作规程和工艺卡为依据，编制交底文件，必要时可用图表、实样、小样、现场示范操作等形式进行，并做好书面交底记录。

（4）控制物资采购。

施工中所需的物资包括建筑材料、建筑构配件和设备等。如果生产、供应单位提供的物资不符合质量要求，施工企业在采购前和施工中又没有有效的质量控制手段，往往会埋下工程隐患，甚至酿成质量事故，因此，采购前应按先评价后选择的原则，由熟悉物资技术标准和管理要求的人员，通过对拟选择的供方的技术、管理、质量检测、工序质量控制和售后服务等质量保证能力的调查，对其信誉、产品质量的实际检验评价及各供方之间的综合比较，作出综合评价，最后选择合格的供方，建立起供求关系。

（5）严格选择分包单位。

工程总承包商或主承包商将总包的工程项目按专业性质或工程范围（区域）分包给若干个分包商来完成，是一种普遍采用的经营方式。为了确保分工工程质量、工期和现场管理能力满足总合同的要求，应由总承包商的相关主管部门和人员，通过审查资格文件、考察已完成工程和施工工程质量等方法，对拟选择的分包商、包括建设单位制订的分包商的技术及管理实务、特殊及主体工程人员资格、机械设备能力及施工经验，认真进行综合评价，决定是否可作为合作伙伴。

4）施工过程质量控制

（1）严格进行材料、构配件试验和施工试验。

进入现场的物料，包括甲方供应的物料及施工过程中的半成品，必须按规范、标准和设计的要求，根据对质量的影响程度和使用部位的重要程度，在使用前采用抽检查或全数检查等形式，对涉及结构安全的应由建设单位或建立单位现场见证取样，送交有法定资格的单位检测，判断其质量的可靠性。

第三章　盐穴储气库建设工程技术与管理

检验和试验的方法有书面检验、外观检验、理化检验和无损检验四种。严禁将未经检验和试验或检验和试验不合格的材料、构配件、设备、半成品等投入使用和安装。

（2）施工工序质量监控。

工程施工过程，由一系列相互关联、相互制约的工序所构成的。工程质量包括两个相互关联的内容，一是工序活动条件的质量，即每道工序投入的人、材料、机械设备、方法和环境是否符合要求；二是工序活动效果的质量，即每道工序施工完成的工程产品是否达到有关质量标准。

工序质量监控的对象是影响工序质量的因素，特别是对主导因素的监控，其核心是管因素、管过程，而不单纯的管结果，其重点内容包括：设置工序质量控制点，严格遵守工艺规程，控制工序活动条件的质量，及时检查工序活动效果的质量。

（3）组织过程质量检验。

过程质量检验主要指工序施工中或上道工序完工即将转入下道工序时所进行的质量检验，目的是通过判断工序施工内容是否合乎设计或标准要求，决定工序是否继续进行或停止。具体形式有：质量自检和互检，专业质量监督，工序交接检查，隐蔽工程验收，工程预检等。

（4）加强成品保护。

在施工过程中，有些分项、分部工程已经完成，其他部位或工程尚在施工，对已完成的成品，如不采取妥善的措施加以保护，就会造成损伤，影响质量，更为严重的是，有些损伤难以恢复到原样，成为永久性缺陷。产品保护工作主要有合理安排施工顺序和采取有效的防护措施两个主要环节。

（5）积累工程施工技术资料。

工程施工技术资料是施工中的技术、质量和管理活动的记录，是实行质量追溯的主要依据，是评价单位工程质量等级的三大条件之一，也是工程档案的主要组成部分。

（6）造腔控制技术。

盐穴的造腔过程是一个水溶过程，通过钻井下入套管，需要造腔的盐层部位裸眼完钻。通常情况下，在套管内下入两根同心管柱，内部较小的管柱称为中心管，外层管柱称为中间管。通过中心管和中间管与中心管之间的环空注入淡水并进行循环采出卤水，使盐层部位溶蚀形成盐腔。

盐层溶解部位取决于淡水注入的部位，通过中心管注入淡水称为正循环，这种循环方式比较容易形成底部直径大上部直径小的盐腔。通过中心管与中间管的环空注入淡水称为反循环，这种循环方式易形成倒锥形腔体，因此，为了控制盐腔不同的溶解位置，就需要采用不同的循环方式和调整注水及采出卤水管柱的位置，通过调整注水口和采卤口的位置，就可以起到控制盐层溶解位置的作用。在保持注采管柱深度不变的情况下，由于盐岩不断溶解，盐腔内不同的部位会形成不同浓度的卤水，由于卤水和淡水存在密度差，随着溶蚀时间的延长，淡水会逐渐集中到上层并主要形成向上溶蚀的现象，为阻止上层盐层的溶蚀，扩大横向溶蚀范围，造腔过程中通过中间管与套管之间的环形空间向盐腔内注入一定量的阻溶剂。阻溶剂一般是气体或各类油品，常用的主要是柴油。利用阻溶剂与卤水的密度差异，使盐腔顶部形成一定厚度阻溶剂层，从而达到阻止水向上溶解，保护盐腔顶部并促使盐腔横向扩展的目的。在造腔过程中，将盐腔从下向上分成不同的层段分别完成，从而达到控制造腔的作用。

盐层纵向溶解位置和速度可以通过调整管柱位置来实现，横向上对于均质盐层来说可以认为溶解速度是相同的。理论上讲，每个深度的水平面上最终会形成半径相同的圆形。而实际盐层中由于不同部位含盐量及盐岩中含有石膏和芒硝等不同的化学物质，其溶解速度是不一样的，因此在横向上往往会出现在某个方向上溶解速度较快，溶解不规则的现象，通常称为偏溶。偏溶现象普遍存在，目前还没有很好的控制偏溶的手段。

（7）造腔模拟预测技术。

地下盐腔的建造过程完全依赖井下管柱的控制，在地面无法直接观察盐穴的形成和发展过程，因此要有效实现对盐腔的形态和体积的控制，就必须建立一套有效的盐腔形成和发展控制的技术手段。最直观的办法就是建立一个可以仿真井下盐穴形成过程的模拟系统（也称物理模拟系统），来模拟盐腔在不同工况下的盐腔形成发展过程。通过模拟，一是观察在不同的生产条件下盐腔形成规律，并通过调整实验参数掌握盐腔的形状控制方法，从而形成合理的控制技术，为建立稳定盐腔形态、优选施工方案、提高施工效率提供基础理论；二是可以掌握盐岩溶蚀机理，测定注入淡水在盐腔内卤水中的对流扩散规律，从而建立卤水浓度分布的数学模型。

（8）中国盐穴储气库造腔难点。

受中国盐穴储气库建库区域地质条件的约束，建设难度较大，主要表现为盐穴储气库建设过程中的三大问题与难点。

① 造腔速度慢，周期长。

盐穴储气库的水溶造腔是储气库建设的核心阶段，其主要原理是将盐层

第三章 盐穴储气库建设工程技术与管理

溶解后,通过管柱循环实现卤水与外界淡水之间的物质交换。由于层状盐岩储气库建库层段含有较多的夹层,夹层难溶解会降低盐层溶解速度,增加溶解时间,从而增加了盐穴储气库造腔的时间,且夹层的数量越多,含量越高,对造腔速度影响越大。以在建的金坛储气库为例,通过造腔阶段的设计值与现场实际值对比分析来看,储气库造腔时间普遍比设计延迟一年左右。

② 造腔形态难控制。

层状盐岩夹层的存在不但影响造腔速度,同时在造腔过程中,受夹层位置和不溶性的影响,使得腔体的形态难以控制。例如金坛储气库通过声呐检测表明,其单腔形态与设计有一定差距,云应储气库先导性试验也表明,受不同深度盐岩品位的差异和夹层的存在,盐腔形态不光滑,局部形成指状突进式溶蚀。

③ 造腔成腔率低。

层状盐岩储气库夹层的存在导致水不溶物含量增加,这些水不溶物质难以排出,造腔结束后会堆积在盐腔底部形成残渣,占据腔内空间,造成盐腔有效储气空间变小,盐腔成腔率变低。夹层越多越厚,不溶物含量越高,盐腔成腔率越低。金坛储气库某井的成腔率为83%,淮安储气库某井建槽期的成腔率为74%,云应储气库某井建槽期的成腔率仅为51%。通过建设经验来看,盐腔成腔率低的原因有很多,除夹层中的不溶物含量外,造腔方式、造腔工艺、注水排量等均会对成腔率产生影响。

(9) 造腔控制。

以多夹层层状盐岩造腔为例。多夹层层状盐岩造腔由于盐层内泥质不溶夹层的存在,不溶物含量高,导致造腔难度明显加大,主要表现为腔体形态控制难度更大、腔体有效空间较小、造腔工艺更加复杂、造腔周期更长等。要提高多夹层层状盐岩造腔的效率,需针对多夹层层状盐岩的基本特性,在多夹层层状盐岩力学特征实验研究的基础上,对腔体的稳定性、厚夹层垮塌控制技术、造腔形态工艺控制、腔底残渣清理技术进行研究。

① 造腔形态工艺控制。

在多夹层盐岩造腔过程中,由于夹层可溶矿物含量较低,溶解性很差,对腔体的形成和腔体形态都会产生较大影响。腔体形态越规则腔体稳定性越好,使用寿命会越长,因此,在造腔过程中如何控制腔体的形成和腔体形态是一个十分关键的问题。除了受地质条件因素影响外,造腔工艺对腔体形态有较大影响。

a. 井型对造腔形态的控制。

a）单井单腔。

盐穴储气库单井单腔造腔工艺是当前普遍采用的造腔工艺。目前的造腔管柱组合主要有两种，一种是国内常用的，造腔管柱组合为7in 中间管与4in 中心管；另一种是国外盐穴造腔常用的，造腔管柱组合为10%4in 中间管与7in 中心管。在相同地质条件下，采用两种造腔工艺对盐腔形态进行模拟预测，两种尺寸的管柱形成的盐腔底部和中部形态基本相同，盐腔顶部直径和壁面光滑度差别不大，但对造腔速度影响较大，大尺寸管柱的造腔速度比常规井眼造腔工艺提高了近1倍，能够有效提高造腔速度。

b）双井单腔。

双井造腔相比于单井造腔有一定的优点：一是提高造腔效率、缩短造腔周期。双井造腔采用一口井注水，另一口井排卤的模式，可以加快注水排卤速率，从而提高造腔效率；二是提高单日注采气量。注采气阶段两口井均可以作为注采井，可有效提高单日注气量或者采气量；三是简化单井套管布置工艺。单井造腔采用表层套管、中间管、中心管3层管柱组合，工艺复杂。使用双井造腔每口井仅需要表层套管和注水/排卤管柱2层管柱组合，可有效降低工艺难度，并且能降低管柱摩阻。

但双井单腔工艺对盐腔形态的控制不利，工艺流程是通过一口井注水，另一口井排卤的方式进行造腔，由于受水流流向、地层地质条件等因素的影响，盐腔形态控制更加困难。

双井单腔工艺主要有三种：双直井造腔工艺、定向对接井造腔工艺、水平井造腔工艺。

双直井造腔工艺，已在荷兰、法国等一些盐穴储气库使用过。双直井地表间距10~30m。建槽阶段在井A中进行，随着腔体的不断扩大将井B裸眼段溶通，进入井A注水，井B排卤的双井造腔阶段。

在该实际溶腔过程中，发生过井A建槽阶段，侧向偏溶严重导致无法溶通井B裸眼段的事故。盐岩在倾斜地层中通常有偏溶现象，溶蚀速率沿盐层上倾方向最快。因此在设计井位时，应将井B设计在井A的地层上倾方向，并设置合理的井间距。

定向对接井造腔工艺，是目前国内盐矿常用的采卤方式。以江西某盐矿为例，定向对接井以两口井为一组，一口井为直井（对接目标井），一口井为斜井（对接井）。直井B钻遇目的盐层后，下完技术套管固井后斜井开始造斜，进行定向钻进，与直井连通。斜井段和水平井段裸眼完钻。两井地表间距260m，井A完钻井深1126m，井B直井段底深950m，水平段长度约180m。

第三章　盐穴储气库建设工程技术与管理

连通之后，由于斜井井眼空间小，而直井已建槽一段时间形成一定空间，宜首先采用斜井注水、直井排卤的方式生产一段时间，以防止堵塞斜井管柱。然后进行两口井注水、排卤定期交换。连通之后的一段时期最容易堵塞管柱，应尽可能连续生产。不溶物残渣堵塞管柱时，采用切换注水、排卤方向的方法将残渣冲散。

由于盐化企业采卤过程中不采用垫层控制溶腔态，腔体最终易形成不对称、不规则的"U"形形态。在建槽期完成以后，成腔期大部分时间采用井B注水，井A排卤的模式。因此导致卤水浓度场分布不均，靠近井A的盐层卤水浓度高，溶腔慢；靠近井B的盐层卤水浓度低，溶腔快。因此导致溶腔形态不对称，井B附近的腔体较大，井A附近的腔体较小。

水平井造腔工艺：俄罗斯某盐穴储气库一口盐腔采用水平井造腔，目的盐层为埋深1150~1200m的水平盐层。造腔采用水平井注水、直井排卤的方法，水平井的注水点可以通过拖动管柱实现移动。在造腔过程中通过移动注水点，来保证溶腔沿水平方向均匀扩展。造腔共分5个阶段，每个阶段移动注水点60m，从而实现300m长度水平腔的设计目标。

b. 造腔过程中盐腔形态控制。

a）循环方式。

水溶造腔过程中，盐腔内的溶液浓度从上到下由低到高分布，在盐腔不同方向盐岩层表面的溶解速度不同。一般情况下，盐腔的上溶速度约为侧溶速度的2倍，底溶速度最小，接近于0。这是因为盐腔底部溶液浓度最高，一般接近于饱和浓度，而且不溶物残渣沉淀在底部也阻碍了底部层面进一步的溶解。因此，在盐穴储气库盐腔溶蚀过程中，不同的循环方式对盐腔的影响也不同。

造腔采用正循环方式，获得盐腔形状为上小下大的梨形，该形状发生底溶的接触面占主导，溶蚀速度低；造腔采用反循环方式，获得盐腔形状为上大下小的倒梨形，该形状发生上溶的接触面占主导，溶蚀速度高。正循环时，由于注入口在下，部分淡水从中间管直接采出而没有起到应有的改变卤水浓度效果，溶蚀效率较低；反循环时出口在下，排出的卤水浓度高，较正循环溶蚀效率高。因此，在水溶采卤建设地下储气库过程中合理使用正反循环：盐腔的初期即建槽阶段采用正循环，保证盐腔底部有足够的空间存放残渣，可防止残渣堵塞管道；建槽后采用反循环，可以提高溶蚀速率，中心管排出的卤水浓度较高。

b）两口距。

盐穴储气库水溶造腔过程中，下入两个同心套管（中间管和中心管），两口距即指中心管端口与中间管端口之间的距离。两口距是造腔工艺中的一个重要参数，它对盐腔形状有重要影响。

两口距直接影响采出盐水的浓度，如果两口距较小，注入淡水含盐量还没有达到饱和就排出盐腔，溶蚀效率和造腔扩展速度会受到严重影响。由于两口距之间的淡水或盐水始终处于流动状态，介于两口距之间的腔壁溶蚀速度自然会大于其他部位。因此在造腔过程中，利用这一现象调节盐腔的形状。

随着盐腔体积的增加，要不断改变中心管和中间管的位置，增加两口距，扩大对流作用区域，加快溶蚀速度；中间管的位置在溶蚀过程中是决定盐腔最大半径的主要因素，盐腔的形态受中间管位置的影响很大；中心管位置的变化对盐腔形态的影响很小。

在盐穴储气库造腔过程中，要保持一定的两口距，这样既能提高造腔速度，又能保证盐腔形状的连续性和稳定性。

c）垫层位置。

垫层是一种比水密度低且不能溶解盐的气态或液态物质，此种物质可以有效控制盐岩溶解范围，保护生产套管鞋，控制盐腔形态。在控制盐腔形状的工艺参数中，垫层位置的控制对盐腔形态变化的影响最大，采用自下而上逐级提升的方法，即自下而上对盐层进行分段溶蚀，控制盐腔形态，改变垫层的位置，可以有效控制盐腔形态。

建槽期，垫层的位置一般位于中间管口上1m，垫层的提升随中间管变化而变化。在造腔初期，垫层位置和中心管位置对盐腔的影响较大，垫层与中间管之间的距离对腔体形态也有一定影响；造腔中期，中间管位置对盐腔影响逐步加强，成为影响盐腔形态变化的主要因素，中心管位置的影响变小；造腔后期，垫层位置成为最主要的影响因素。

盐腔的形状与垫层和中间管之间的距离关系很大，随着距离的增大，盐腔的体积增大，但当达到一定程度的时候（约20m），盐腔的体积就不再随距离变化，基本保持不变。

d）管柱提升次数。

盐穴储气库水溶建腔过程中，随着残渣物高度的增加，中心管的位置需要逐渐提升。为了保证形成形状规则的盐腔，需保持适当的两口距，中间管的位置也需要提升。为了研究管柱提升次数对盐腔形态的影响，相同条件下，管柱分别提升3次、5次、7次、9次。

第三章 盐穴储气库建设工程技术与管理

管柱提升次数从 3 次到 7 次盐腔形状的差别很大，随着管柱提升次数的增加，盐腔形状越接近倒梨形，盐腔的边界连续性越好，盐腔的稳定性越好；管柱提升次数 7 次和 9 次效果差别不大，盐腔的形状变化不明显，形状基本规则，能满足建设盐腔稳定性的要求，盐腔提升次数越大造成建腔成本增大，故在盐穴储气库水溶建腔的过程中，应根据造腔需要进行造腔管柱提升次数的优化，既保证形成较好的形态和足够的体积，又能尽量减少管柱提升次数。

c. 溶腔不同发展阶段的主要控制方法。

a）建槽期。

建槽期主要目的是尽可能扩大底槽空间，用来堆积上部沉淀下来的不溶物残渣，增加有效腔体体积。选择建槽层位时应尽可能选择夹层少、盐岩（NaCl）含量高的盐层段作为建槽层段。一般情况下，盐岩的上溶速度约为侧溶速度的 2 倍，底溶速度最小，接近于 0，因此要对上溶速度加以控制，采用阻溶剂垫层抑制盐岩的上溶。循环方式主要有 2 种，一种是正循环，一种是反循环。正循环盐腔形态为上小下大的梨形，该形态发生底溶的接触面占主要地位，溶蚀速度低，可以扩大底槽空间；反循环方式盐腔形态为上大下小的倒梨形，发生上溶的接触面占主要地位，溶蚀速度高，因此建槽期采用正循环方式，扩大底槽空间；中心管应下入盐岩层中，有利于盐岩的溶解。对于一个具有稳定性较好的盐腔，其建槽段层位厚度占整个盐腔高度的比例有限，为了尽可能扩大底槽空间，两口距不宜过大，以保证控体尽可能延径向扩展。阻溶剂垫层与中间管的距离不宜过大，防止腔体顶部出现阶梯式平台，对后续造腔过程腔体形态控制不利。

此外，建槽期应控制腔体的直径小于设计直径的最大值，因为在造腔期，中心管放置于残渣的上部，与残渣表面距离较小，建槽期的腔体岩壁会继续发生溶解，通过适当的控制建槽期腔体的顶部直径，在造腔中期可以达到设计值，因此建槽期的溶蚀时间要适当。

b）造腔中期。

造腔中期是造腔过程的主体部分之一，造腔质量的好坏直接影响整体造腔的质量。在造腔中期腔体直径应达到设计最大值，并提高造腔速度。根据设计盐腔高度的大小来确定提升管柱的次数，根据实际情况适当加大两口距和阻溶剂垫层与中间管之间的距离，使腔体直径尽可能扩大至设计值并确保腔体顶部的形态为阶梯式平台或正梯形台，如果阻溶剂垫层与中间管的距离过小可能使腔体顶部形成倒梯形平台，对后续腔体形态的控制不利。反循环

造腔方式可以有效地提高采出卤水浓度，在相同时间内能够采出更多盐量，进而提高造腔速度。因此循环方式采用反循环来提高造腔速度。

c）造腔后期。

造腔后期的腔体形态控制应在尽可能扩大腔体体积前提下，腔体上部的直径开始应呈现减小的趋势，为有利于形成穹形腔顶而做准备。增加两口距有利于扩大腔体下部直径，加大阻溶剂垫层与中间管之间的距离，有利于腔体上部形成正梯形台式形状，为形成穹形腔顶做准备。造腔后期的循环方式采用反循环来提高造腔速度。

d）腔顶成形期。

盐腔的稳定性评价证明腔顶为穹形时盐腔的稳定性最好。因此，应尽可能使腔体形态向穹形发展，并尽可能扩大盐腔体积和提高造腔速度。根据实际情况调整两口距和阻溶剂垫层与中间管的距离能够达到控制腔顶形态的目的，并控制溶蚀时间，使腔顶自下而上的盐腔直径呈逐渐减小的趋势。腔顶成形期的循环方式采用反循环来提高造腔速度。

② 夹层垮塌控制。

目前建造盐穴储气库普遍采用单井油垫对流法水溶开采。国外用于储气库的盐丘型矿床厚度大，盐岩纯度高，均质性好，采用油垫法水溶开采时比较容易实施，可以得到较为理想的储气库形状。但是，对于中国典型层状盐岩矿床而言，难溶泥质夹层的存在给水溶造腔带来了很多不利影响，尤其是在储气库工程实施中，由于厚夹层的影响，往往导致所形成的盐腔形态不规则，与原设计差异大，影响储气库的稳定性。同时在造腔过程中难溶夹层的存在会将流场分割，腔壁附近卤水流速变缓，大大减慢了盐岩溶蚀的速度，不利于腔体形状的控制，导致水溶造腔进展缓慢。特别要指出的是，夹层在造腔过程中的突然垮塌还会导致井下造腔内管被砸弯、砸坏以及套管被卡等工程事故，这些事故严重影响了造腔进度。因此，如何有效应对泥质夹层的突然垮塌，成为水溶造腔过程中一个亟待解决的技术难题。

厚夹层强度力学的实验研究：针对中国盐岩夹层多、杂质含量高的典型特征，在造腔过程中，纯水和卤水对夹层的浸泡会导致夹层软化和强度降低。夹层类型不同，浸泡后的变形和强度也不相同。因此，需通过开展纯水和卤水浸泡后的强度影响试验测试，判断夹层强度的弱化规律。

a. 卤水制备。

用取自某储气库盐岩岩心试件进行水溶制备卤水，把已经达到饱和的卤水装入准备好的容器中，用于饱和卤水的浸泡试验。利用同一钻孔岩心溶蚀试验得到的饱和卤水,其成分与待进行浸泡试验的试件一致,浸泡后的结果更符合现场实际情况。

b. 试件准备。

试验样品取自国内某盐穴储气库,样品岩性主要为泥岩夹层、钙芒硝夹层及泥岩与钙芒硝互层等。根据现场获得岩心的最大长度,参照 GB/T 50266—2013《工程岩体试验方法标准》、SL/T 264—2020《水利水电工程岩石试验规程》中规定,采用干切和车的方法,加工成最大高度的浸泡试件。加工后的浸泡试件,分别用自来水与饱和卤水浸泡不同时间后进行试验测试。

c. 夹层浸水试验结果分析。

夹层浸水试验主要是获得夹层岩石在造腔过程中因受水(卤水)浸泡时间不同,对夹层力学性质的影响。浸泡水分为饱和卤水浸泡和自来水浸泡两种,如对国内某盐层夹层断夹层力学试验,试验样品分别为 22 个和 6 个试件,其中饱和卤水浸泡的时间拟定 0 天和 32 天,自来水浸泡的时间拟定 60 天。

分析表明,未进行浸泡的夹层界面对盐岩破坏影响较小,而浸泡后的夹层界面通常易发生破坏,特别是当夹层界面倾斜时还易沿夹层界面发生滑动;夹层中含有盐岩和钙芒时,经过浸泡后,夹层比盐岩和钙芒硝更易发生破坏。

③ 夹层垮塌造腔过程控制方法。

夹层中可溶矿物含量很低,造腔过程中主要是依靠卤水的浸泡作用,使其力学强度减弱,最终发生垮塌堆积在腔体底部,在夹层位置形成有效空间,最终达到扩大盐腔体积的目的。

夹层垮塌数值模拟研究认为夹层的垮塌一般首先开始于夹层的中心以及边缘部位,夹层中心部位破损区从夹层中心向夹层的边缘及夹层的上部发散状扩展;夹层边缘破损区从边缘底部,继而发展到边缘上部,然后从底部和上部同时向边缘内部以及夹层中心方向收敛状扩展。夹层的厚度越小,越容易发生垮塌;夹层的位置越靠近腔体中部,越容易发生垮塌。夹层跨度及夹层附近的腔体直径越大,越容易发生垮塌;腔体的高度越大,夹层越容易发生垮塌,这表明越靠近造腔后期,夹层越容易发生垮塌。

基于上述观点,造腔工艺上为了促使厚夹层的垮塌可将阻溶剂垫层位置设置于厚夹层之下并保证阻溶剂垫层的用量充足,控制上溶,并防止由于地层倾角发生的偏溶现象,控制腔体形态,尽可能扩大厚夹层底部腔体的直径增加夹层的跨度,增加厚夹层底面与卤水的接触面积,尽可能使厚夹层浸泡在卤水中，能够加快厚夹层的垮塌。同时阻溶剂垫层与中间管的距离应适当，避免厚夹层下部腔体出现阶梯式平台，因而减小厚夹层底面与卤水的接触面积，也将降低厚夹层底部盐岩的利用率。后期造腔过程中，在调整造腔管柱时可将造腔管柱下入厚夹层内，在纵向上增加夹层与卤水的接触面积，使厚夹层尽可能多的浸泡在卤水中，进一步破坏其表观结构，降低岩石力学强度，通过卤水的浸泡作用达到加快夹层垮塌的目的。

当夹层位于腔体中下部时，可根据实际地质条件进行二次建槽，首先在厚夹层之下进行一次建槽，循环方式采用正循环，溶蚀出尽可能大的空间来堆积厚夹层垮塌后掉落下来的残渣，虽然造腔速度较慢，但有利于形成规则的腔体形态。当厚夹层下部的盐岩溶蚀至设计腔体尺寸后，由于夹层垮塌的时间不能确定，可通过上提造腔管柱，在厚夹层之上进行二次建槽，并将中心管放置于夹层中下部，在进行二次建槽的同时也能够增加卤水与厚夹层的接触面积和接触时间，卤水为循环水，对夹层井眼壁面有一定的冲刷作用，有利于破坏夹层岩石的微观结构，一定程度上促进夹层的垮塌。厚夹层上部槽体内堆积残渣的重力和静水压力的双重作用也能够促进厚夹层的垮塌。二次建槽过程也应尽量采用正循环方式，降低侧溶角对造腔的不利影响，使厚夹层上部盐岩充分溶蚀，建造出尽可能大的腔体体积。

④ 腔底形态控制方法。

层状盐岩溶腔建造过程中，由于不溶物含量较高，盐岩溶解采出卤水的同时，大量的不溶物会堆积在腔底，残渣经卤水浸泡后体积发生膨胀，给造腔和注气排卤带来较大影响。

在造腔初期，如果残渣快速堆积，可能导致造腔管柱堵塞，并且阻断不饱和的卤水与盐岩的接触，难以使底部盐岩迅速溶解完成建槽。当盐岩中夹层较多时，造腔过程中不溶碎屑颗粒在腔底的沉积会减小有效造腔体积，降低造腔速度；盐腔底部不溶碎屑颗粒沉积严重时，为了保证溶腔速度和腔体尺寸，不得不将注水管柱上移，使得建槽阶段工期延长，并降低有效盐层段的利用，使最终溶腔形态和体积达不到设计要求，严重影响储气库造腔计划进度。

在注气排卤阶段，由于残渣在溶腔底部呈现丘状堆积，导致排卤管不能有效下到溶腔最底部，不能最大限度排出溶腔内的卤水，底坑使得注气排卤效率降低，导致单个盐穴的储气量减少。据估算，对于一个直径为 80m 的盐腔来说，每减少 1m 深度的排卤量，会浪费近 5000m^3 的地下储气空间。因此，有效控制溶腔底部残渣的堆积，并在注气排卤阶段有效控制不溶物堆积而成

第三章 盐穴储气库建设工程技术与管理

的底坑形态，对提高造腔效率和溶腔利用率具有重要的意义。

为有效解决上述问题，需要在建槽阶段和造腔末期注气排卤之前，对溶腔内的残渣进行有效的处置，确保建槽顺利进行并最大限度提高注气排卤量。为满足这一要求，研制的溶腔底部残渣射流冲洗工具可以有效解决这一问题。盐腔底部残渣射流冲洗方法可有效解决在多夹层盐岩溶腔时遇到的泥岩、石膏等不溶物残渣严重沉积等问题，该方法在造腔初期如果遇到残渣堆积速度过快，严重影响建槽进度时，可以将腔底残渣洗出，提高建槽效率，为多夹层盐岩造腔有效空间利用提供可靠的技术保证。

a. 技术原理。

多夹层盐腔底部残渣射流冲洗方法主要是利用自振空化射流技术和阻尼式旋转控制技术。自振空化射流无须激励源，通过谐振腔形成涡流，可以在井下高围压环境下产生空化作用，是近年来发展起来的一种新型高效射流技术。该方法是利用小扰动波在管系传播的瞬态流理论和水声学的流体自激振荡原理，将连续射流调制成具有强烈压力振荡和高空化起始能力的新型射流。它具有大结构的涡流环和高强度的压力振荡，可在常压及围压条件下产生比一般空化射流更强的空化，具有更大的破坏力和更理想的应用效果，因而在最近十几年里获得了迅速发展。

无源自激振动射流的产生可分为三类。

a) 基于共振原理的自振射流（流体谐振激励式）：产生这种自振射流的跟踪流道由几个逐渐收缩的断面组成，当稳定流体流经这种收缩断面时，由于谐振波引起压力波动，在合适的流体结构（如风琴管）中，这种压力波动得到反馈放大，产生驻波，形成共振，从而形成振荡脉冲射流。

b) 基于边界层不稳定的自振射流（流体动力激励式）：产生这种自振射流有一个特殊设计的振动腔，流体流经振动腔的入口时产生附面层分离，由于附面层的不稳定性产生扰动，并使扰动扩大，然后再通过腔室的反馈作用使扰动加强，产生脉动，形成自振脉冲射流。

c) 基于流体弹性的自振射流（流体弹性激励式）：有一套固体机械振动系统，通过结构边界周期性变形或振动来产生流体脉动，形成自振脉冲射流。

三类自振脉冲射流中，第一种较好，脉冲强度大，结构较简单，易于实现。自激声谐振空化射流的基本原理是根据瞬态流理论和水声学原理，当稳定流体流过喷嘴谐振腔的出口收缩断面时，产生自激压力激动，这种压力激动反馈回谐振腔形成反馈压力振荡。适当控制谐振腔尺寸和流体的马赫数及 Strouhal 数，使反馈压力振荡的频率与谐振腔的固有频率相匹配，从而在谐振腔内形成声谐共振，使喷嘴出口射流变成断续涡环流，从而加强射流的空化作用。常用的效果较好的无源自激振动谐振腔结构中的风琴管和亥姆霍兹谐振腔是两种典型的自激振动腔室结构。

b. 工具制造。

多夹层盐岩自振空化射流造腔工具主要由旋转控制器和旋转喷头组成，用钻杆将其送至井下造腔段，地面高压泵车将加压后的工作液通过油管、单向阀和旋转控制器送到旋转喷头，产生多股自振空化射流，在腔内进行冲洗作业，同时，通过冲洗管柱在腔内的上下移动，达到充分冲洗腔底碎屑和快速造腔的目的。

在冲洗腔体残渣过程中，如果使用固定喷嘴，那么其作用范围就非常有限，整个腔体内流体流动状态也不利于携岩，因此选择旋转射流喷嘴。根据旋转速度控制的需要，用研制图的阻尼式旋转喷嘴。旋转轴外侧开有特殊的螺旋槽，螺旋槽内充满阻尼液。喷头的旋转速度由射流的旋转动力矩和喷头的旋转阻力平衡关系确定，旋转阻力由密封摩阻、阻尼液挤压阻力和黏滞阻力等组成。当泵压增加射流产生的旋转动力矩增大时，转速有增大的趋势，但同时阻尼液挤压阻力也增加，使旋转阻力矩与旋转动力矩达到新的平衡，从而使旋转速度趋于稳定。

c. 结果分析。

a) 相同粒径不同转速、排量对冲洗效率的影响。

随着排量的增加浓度峰值变化也加快，而且伴随着较大的波动，这说明排量越大射流冲击力也越大。

b) 相同转速、排量对不同粒径冲洗效率的影响。

冲洗过程中，随着时间的推移，适当下放冲洗管柱，减小喷距，能够增强冲洗效果，加快冲洗速率，在冲洗大颗粒直径残渣的时候，如果逐渐调整喷距，腔内残渣也能被完全清洗出来，能够达到冲洗效率。

c) 喷距对冲洗效果的影响。

随着喷距的减小，颗粒从腔体内逃离所需的时间越短，在实际冲洗过程中表现出冲洗速度越快。

d) 腔体直径对冲洗效果的影响。

在不考虑颗粒间相互影响的弱势条件下，只要单一颗粒能够被清洗出来，在实际情况下，任一粒径的颗粒都能够被清洗出来。同时，随着腔体直径变大冲洗效果变差，主要原因是腔径增大后，整个腔体内的水体旋转起来要耗费更多的射流能量，也影响了流体的流动状态，作用在残渣上的能量减少，冲洗效果变差。

e）泵排量对冲洗效果的影响。

2. HSE 管理

1）设计 HSE 管理

通过设计阶段安全管控，识别出重大安全危害因素，对工程安全及风险进行全面的分析，寻找对策，将其影响减小到最低程度，提高工程本质安全。

设计本质安全化理念应体现在本项目设计的全过程，要从多角度考虑，通过多种风险管控方法实现本质安全的目的。不同项目设计阶段，其本质安全化设计管理重点不同，项目设计实施计划中应包括本质安全化设计管理工作内容，从项目前期开始就应该重视设计本质安全管理工作。

通过设计 HSE、过程危险源分析（PHA）、危险性和可操作性性研究（HZAOP）、布置图 HSE 审查、施工危害性研究（HACON）、本质安全设计、危险源识别、过程安全等方法手段，实现设计 HSE 管理。

通过编制安全设施、环境保护、职业卫生、消防、节能设计专篇，确保工程设计能满足装置对质量、职业健康和安全的要求，并能有效防止环境污染。

2）施工 HSE 管理

施工中的各项施工作业应严格执行相关 HSE 程序文件以及相关的作业文件中有关环境保护的规定。要经常对员工进行安全、健康、环保知识的教育，不断提高素质。

（1）进入施工现场，要穿戴劳动保护用品。

（2）场地应按高危险作业配置灭火器材并定期检验；井场严禁烟火及吸烟。

（3）施工现场设立高压警示牌，严禁酒后上岗，严禁无关人员进入。

（4）井场和营地住房、设备要有接地线或避雷针装置。

（5）高压危险部位、油箱、油罐、配电房要有危险警示牌。

（6）油箱、油罐要有盖、盖上锁，周围无杂草和易燃物。

（7）有毒药品及化学处理剂应有专人看管、负责发放及回收。

（8）退油时，高压水龙带与油罐连接牢靠，防止高压水龙带跳起。

（9）食堂应建立卫生管理制度。

（10）施工前作一次防污染全员教育，制定防污染岗位责任制，落实到人头。

（11）进行可能发生污染的作业时，必须采取有效措施防止污染。

（12）造腔内管很有可能有堵塞现象，为防止卤水落地污染，在起造腔内管过程中卸开油管扣后应加装防喷盒，并及时回收卤水，防止污染。

（13）退、注油施工，提前做好防污染工作，施工结束后将管线里的剩余油倒入废油桶中回收。

（14）一切废品和其他垃圾禁止随地丢弃，垃圾应分类储存在专门容器中。

（15）严禁柴油、机油、原油、黄油落地。

（16）卤水池、柴油罐等需要清洗时，要按指定地点实施。

（17）在作业过程中，服从 HSE 监督的指挥，按"两书一表"进行现场施工和管理，定期进行检查、验收，并保存记录。

（18）作业完成后场地做到"工完料尽，场地清"，废水池在废液干涸后要推平整。

3. 进度管理

建立项目进度管理制度，制订进度管理目标，对项目的建设实施进行有效的控制。项目进度管理目标按项目阶段—工程区域—单位工程—分部工程/建设工程类别—业务类别—业务专业细类（可选）进行分解。通过制订进度计划，落实进度计划责任，实施进度计划跟踪、检查、纠偏、调整，编制进度报告等措施来实施进度管理控制。

1) 计划层次体系及关系

（1）一级控制计划：涵盖项目合同中规定的，以及业主特别要求的所有里程碑及主要控制点，本层计划由业主与总承包商商定。

（2）二级——单位工程总体进度控制计划：该计划为单位工程层次上的节点计划，用于业主、监理和承包方决策层查看宏观进度；该计划必须满足一级计划要求。

（3）三级——专业细类控制计划：该计划是由总承包商编制的项目实施计划和控制计划；用于监控分包商的工作进度，协调分包商间的工作；该计划必须满足二级计划要求。

（4）四级——详细实施计划：该层计划是施工分承包商以项目三级计划为基准编制的项目实施进度计划，用于指导施工分承包商开展施工活动的总体进度计划。该层计划能够可靠计量已完成工程量及按照实际完成工程量统计施工进度。该计划必须满足三级计划。

2）进度计划编制和提交

工程项目进度计划运用的计划方法和技术有横道图、垂直图表法、流水作业图、网络计划技术等。作为进度计划必要准备工作的有项目结构图、工作表等。

工程进度计划包含但不限于：

（1）关键路径计划及关键路径编制及分析报告。

（2）关键路径重大节点执行情况及相应的分析说明。

（3）工程进度计划。

（4）进度检测系统。

（5）工程进度计划人力投入数据表。

（6）工程进度计划设备投入数据表。

（7）进度 S 曲线及人力投入 S 曲线。

该工程进度计划涵盖了工作范围内的所有工作内容。工程进度计划的编制应满足下列要求：

（1）满足工程进度的时间要求。

（2）工程进度计划中应有作业之间的逻辑关系。

（3）工程进度计划应标示出工程的关键路径。

（4）人员配置：为了保证工程进度控制管理的有效性，在整个工程合同执行过程中的各个阶段，至少 1 名专职的进度管理专业工程师。

在项目定标后，承包商将工程进度计划提交建设单位审批，并根据总承包商的要求（若有）进行修改。在提交进度计划文件时，应同时提供编制相关说明，包括：作业项的进度计算、计量方法，进度权重的分配依据等。

经建设单位审批后的工程进度计划作为进度控制的依据，未经建设单位同意，承包商不得任意修改和变动。

3）工程进度计划的执行

承包商应严格按照工程进度计划内容和时间要求开展项目工作，按时完成所有工作。在收到建设单位的书面开工批复后，应及时开工。

4）进度计划检查和调整

在计划执行过程中，由于资源、环境、自然条件等因素的影响，往往会造成实际进度与计划进度产生偏差，如果这种偏差不能及时纠正，必将进度目标的实现。因此，在计划执行过程中采取相应措施来进行管理，对保证计划目标的顺利实现具有重要意义。

进度计划执行中的管理工作主要有以下几个方面：

（1）检查并掌握实际进展情况。
（2）分析产生进度偏差的主要原因。
（3）确定相应的纠偏措施或调整方法。
进度计划检查的主要内容：
（1）关键工作进度。
（2）非关键工作的进度及时差利用情况。
（3）实际进度对各项工作之间的逻辑关系的影响。
（4）资源状况。
（5）成本状况。
（6）存在的其他问题。

在工程项目施工过程中，当通过实际进度与计划进度的比较，发现有进度偏差时，需要分析该偏差对后续工作及总工期的影响，从而采取相应的调整措施对原进度计划进行调整，以确保工期目标的顺利实现。进度偏差的大小及其所处的位置不同，对后续工作和总工期的影响程度是不同的，分析时需要利用网络计划中工作总时差和自由时差的概念进行判断。

4. 风险管理

1）风险管理内容

（1）根据风险控制费用与投资效益配比的原则，应加强项目风险管理，将项目风险管理贯穿于项目建设全过程，通过有效的风险管理，实现项目质量、HSE、进度、投资等控制目标最优化和风险管理成本最小化。

（2）应对项目可行性研究、工程设计、物资采购、工程施工、生产准备、试运行投产、竣工验收等各个阶段进行常态化风险识别及评估，持续分析风险变化趋势，及时提出风险解决方案，实现风险动态循环管理和有效管控。

（3）应组织参建各方对项目全过程进行风险识别，重点关注设计方案、重大施工、安装作业、试运行投产等主要活动中可能发生的风险事件，形成项目风险清单。

（4）应依据集团公司风险评估规范，对识别出的风险事件予以定性、定量分析，依据其发生概率和影响程度确定综合排序，形成项目风险评价报告，结合自身风险偏好和承受度，选择风险回避、抑制、自留或转移等合适的风险应对策略，制订针对性风险解决方案，并合理配置资源，确保风险解决方案落到实处。

（5）根据集团公司有关规定，可通过工程保险转移项目风险，并按合同约定组织参建各方统一办理工程保险。因工程变更等原因，保险期限和范围发生变化的，应及时通知保险公司。

2）风险识别

（1）办公区域及项目管理工作活动范围内的风险识别。

① 环境因素风险识别：工作及生活垃圾的处理；工作设施、设备、车辆使用；废电池、硒鼓的处置。

② 健康、安全危害因素风险识别：交通、电气安全等；施工现场饮食安全。

（2）项目实施过程中的风险识别。

① 项目环境风险识别：施工过程中产生的建筑垃圾和生活垃圾、施工机具噪声、尾气，施工材料产生的危害气体等；管道建设项目施工过程中其他当地环境问题和社区性问题。

② 项目职业健康、安全风险识别范围：

a. 作业活动现场。地质、地形、周边环境、救灾支持条件等。

b. 项目施工过程。作业条件及控制等。

c. 人员行为、能力和其他的人为因素，如生理、心理因素。

d. 各项有关制度。劳动保护、体力劳动强度、工时制度等。

e. 应急准备及响应。设施和生活设施、后勤活动等；常规和非常规及所有进入施工现场人员的活动等。

f. 项目现场可能导致危害的。机械类、电气类、化学类、辐射类、热能类、生物类因素和其他类危害因素。

g. 项目施工现场外部会对施工场所内人员造成有害影响的已辨识的危害因素。

3）风险评估

（1）风险评估内容。

① 环境风险评估内容：影响范围、影响程度、发生频次、法律法规及其他要求的符合性、社会关注度。

② 项目职业健康、安全风险评估内容：经辨识形成的项目 HSE 风险清单；相关法律法规和其他要求规定；曾发生的安全事故、整改情况和纠正预防措施；危险发生的可能性，所处环境的事故发生频率、发生事故的严重程度等。

（2）风险评估判断准则。

国家、地方政府及职能部门和集团公司关于职业健康安全的政策、法律、法规、标准和规范等。

（3）风险评估评价方法。

危害因素辨识以预防为主的思想，采用对组织管道建设过程情况分析、以往 HSE 管理经验、现场排查、统计分析、调查等方法，对辨识出的环境因素，可采用是非判断法与多因子打分法相结合的方式，从影响范围、影响程度、发生频次、法规符合性、社会关注度等五个方面进行风险评价，确定风险影响程度；对辨识出的职业健康、安全危害因素可采用 LEC 法进行风险评价；对辨识出的项目 HSE 危害因素可采用矩阵方法进行评价分级，横坐标为损失或影响程度，纵坐标为发生概率，风险矩阵为 5×5 矩阵。风险等级划分标准和风险矩阵见表 3-2。

表 3-2 风险等级划分标准和风险矩阵表

可能性 \ 后果	轻微	轻度	中度	重度	灾难性
极小	高	高	极高	极高	极高
不太可能	中	高	高	极高	极高
有可能	低	中	高	极高	极高
很可能	低	低	中	高	极高
基本确定	低	低	中	高	高

风险可能性等级划分见表 3-3。

表 3-3 风险可能性等级

极小	不太可能	有可能	很可能	基本确定
在本项目期间极不可能发生	在本项目期间，按现有作业和程序，此类事件不可能发生	此类事件已在类似项目中发生过	在本项目期间可能发生此类事件	在本项目期间，事件可能发生，且可能多次发生

风险后果等级评价见表 3-4。

表 3-4 风险后果等级

	风险后果等级				
	轻微	轻度	中度	重度	灾难性
安全与健康	急救个案	轻度受伤	重伤	重大或多处受伤，永久伤害或致残	单人或多人死亡事故

第三章 盐穴储气库建设工程技术与管理

续表

	风险后果等级				
	轻微	轻度	中度	重度	灾难性
环境	对环境无影响或局部影响，无须恢复	对环境局部影响，预计在一个月内可恢复	对环境中度破坏，可能造成更大范围的影响，预计恢复期为1年	对环境重大破坏，恢复期超过1年	对环境重大破坏，影响范围广。预计恢复期超过1年或完全无法恢复
财务损失	小于10万元人民币	10万至30万元人民币	30万至50万元人民币	50万至100万元人民币	大于100万元人民币
生产损失或生产进度受阻	小于3天	3天至1周	1周至1个月	1至6个月	大于6个月
声誉影响	负面消息在企业内部传播，企业声誉没有受损	负面消息造成较大社会影响，由企业自行处理，但需报集团备案	负面消息造成较大社会影响和社会声誉影响，由企业自行处理，但需报集团备案	负面消息造成较大社会影响和招标人声誉影响，由国家政府部门出面处置	负面消息造成较大社会影响和招标人声誉影响，由国家政府部门出面处置，协助处理

4）风险控制

（1）风险控制原则。

遵循"消除、预防、减小、隔离、个体防护"的原则；实行分级控制，法律法规的强制性要求必须予以控制；对中高级以上风险要进行重点控制，制订针对性的风险控制措施。

（2）风险控制方法。

① 依照控制优先顺序以降低风险：消除或替代，工程技术控制。标志/警告/管理控制：如醒目标志牌、警示语、安全守则、工作程序、工作许可、监视和测量、培训教育等。个人防护用品：购买并配备给相关人员个人防护用品。

② 过程控制：对中度以上风险，采用HSE"两书一表"和安全操作规程进行监控。

③ 管理方案控制：对重大风险，应制订管理目标、指标，编制风险控制、削减措施及重大风险管理方案。

④ 应急控制：对于潜在的紧急情况特别是重大风险，制订应急管理程序和应急预案，并组织演练，以做好防范。

二、钻采工程

见第二章第三节"钻采工程"部分。

三、地面工程

见第二章第三节"地面工程"部分。

第四章 其他类型储气库建设工程技术与管理

第一节 含水层储气库建设工程技术与管理

一、储气原理

含水层储气库是地下储气库的一种形式,这种储气库是通过往地下含水层中注入高压气体,将岩层孔隙中的水驱替出去,并在非渗透性的含水盖层下形成储气场所,成为一个人工气藏,其形成过程有两种情况。

1. 无垫层气注入

最初储库完全被水所充满,初建含水层储气库时,气体在构造的最高点或附近注入,然后把渗透性大的岩层中的水驱替出去,或者是将其中的水驱至排水区,或者是通过隆起的构造边缘布置的排水井将水排出。气体注入结束时,构造上部的水被驱替到极限,形成一个与上部盖层形状基本相同的气腔,分为纯天然气区、气水混相区、纯水区三个区间。

2. 有垫层气注入

开始建库时,首先向储库中注入垫层气(此处指惰性气体),垫层气将水驱开,形成一定的气区。当注入的垫层气能够维持采气结束时所需地层压力时可停止注入,并开始向储库中注入天然气。由于气体的扩散,惰性气体与工作气之间必然会发生相互掺混,因而会形成天然气与惰性气体的混合带。注气结束时垫层气与工作气的分布形成纯天然气区、天然气与垫层气的混合区、垫层气区、水区四个区域。

二、工程技术与管理

含水层储气库是仅次于枯竭油气藏储气库的另一种大型地下储气库形式。

对于含水层储气库的项目管理主要针对选址管理、钻完井技术两个主要方面进行介绍。其他设计管理、施工管理等同油藏储气库、盐岩储气库相似，本章不再做详细介绍。

1. 选址技术

预储层能否用于储气库需要解决三个问题：
(1) 适当的地质构造。
(2) 构造当中合适的蓄水池。
(3) 预储层上部盖层的渗透性。

前两个问题可以采用传统的地质勘探方法来验证，即使这两个方面都能满足要求，有些储层也不能用于储气库的建设，原因是：①没有合适的底层；②有合适的底层但是盖层是渗漏的。

预储层能否用于储气库，一个重要的问题是盖层的渗透性，可以采用多种方式来测试：

(1) 水力压头法。

① 气体注入前静水压头的测定。

工程当中，在预储层的上部通常会遇到一些多孔性和渗透性的含水层，在每个储层中可以打一口或多口探井，通过这些探井可以测得预储层的水力压头。由这些探井测得的静水压头和每个水层的样品的化学分析可以得出这些水层之间的相互关联性。

如果两储层之间的水头压力差在 6~15m 或者更高，工程上认为其差值是明显的。水头压力越大，说明下部水层上部盖层的渗透性越不好。

② 气体注入后水力压头的测定。

气体注入后，探井可以用来监测盖层的渗透性。注气期间，如果上部水层的压头保持稳定则说明该盖层密封性良好；如果上部水层的压头持续上升则说明该盖层密封性不好。

(2) 抽水试验法。

这种方式是从预储层中把水抽出，同时观测整个系统的压力变化。这种方式有以下几个优点：所需要的设备和器具比较常见也比较便宜；由水的抽出所产生的瞬时压力能很快传到接收系统，因此可使测试时间减少几天或几周。

(3) 注入气体法。

若盖层密封性不好，则不能注入天然气，也不能注入空气，以防将来注入天然气发生爆炸事故。最后选择利用惰性气体或氮气来评估储层的性能。

第四章 其他类型储气库建设工程技术与管理

采用惰性气体或氮气来评估储层的性能有如下优点：
① 检测密封性不好的储层其危险性小。
② 只要采用合适的发生器，比注入天然气经济。
③ 测试的惰性气体或氮气本身就可以作为垫层气。
④ 如果检测到储层的密封性不好，则由于报废产生的问题也较少。

其中利用惰性气体来评估储层的性能，需要选择惰性气体发生器，以确保气体的来源。这种惰性气体发生器的研制成功减少了机械故障，使利用惰性气体来评估储层的性能更经济，更实用。

2. 钻完井技术

含水层储气库需要钻各种功能的井，大致有以下几种：注采气井、排水井、观察井等。国外大部分储气库都是注气井和采气井共用，即夏季注气冬季采气。只有少数储气库除注采合一的井以外，还布少量注气井。注采气井一般选择在构造顶部区域、物性比较好的地方，井位的布置要利于储库初建时驱水。当然布置井点时要考虑井间干扰问题，使储库内压力升降均匀。

注采井数根据单井生产能力（由试气等资料求得）和储气库的工作气量、注采周期确定，除满足正常注采外，还应留有 $\frac{1}{3} \sim \frac{1}{2}$ 的后备注采井。

排水井一般布置在储库的边缘部位，观察井的布置主要根据地质构造特点部署，设置观察井具有很重要的意义，如利用储气库边缘的观察井，可监测储气库是否达到预定的储气库范围，设在储气库范围内的观察井可随时得到储气库内气水运移情况，盖层、地层以及上下含水层中的观察井可有效监控储气库的密封性以及储气库储气对它们的影响。观察井的数量通常为注采井数的三分之一。

不同的井型所需采用的钻完井技术并不相同，但储气库注采井的井径通常比一般的井径要大，原因有两个：

（1）产能或注入量的增加需要大的井径，因为有时必须在井中安装导管用于采气和排水。

（2）大的井径方便井底修复工作的进行，因为要使井一直保持最大的产能，需要对井实行不定时检修。

储气库完井方式的选择影响到储气库的运行。储气库的完井方式与生产现场的完井方式差别不大，所有的完井方式都可用在储气库的完井中，具体选择裸眼完井、套管完井还是射孔完井取决于储层和运行环境。但是在设计储气库时，必须考虑到其使用年限是多年，并且注采井将周而复始地注入和采出天然气，地层压力反复变化，因此对管柱质量和钻井、固井、完井等工艺都有较高要求。

鉴于预储层的地质特殊性，常采用射孔完井方式。射孔完井层段和采气速率对含水层储气库运行效果的影响，可通过模型对油藏进行模拟得到。这里选用单井两相流模型对两种油藏形态进行模拟，一种是均质的，另一种是层状非均质的。

通过分析这个模拟试验得出这样的结论：

(1) 均质地层中，完井层段对气层厚度影响不大，但长的完井层段会导致采气期间出水率上升，采气周期缩短。

(2) 非均质地层中，完井层段对气层厚度的影响与离井径的远近有关，在一定的范围内对储层有影响，超过这个范围则影响不大，且长的完井层段会导致出水率的上升和采气周期的缩短。

(3) 采气速度的增加会不同程度地提高采气期间水、气的比率，缩短采气周期。

第二节　废弃矿坑储气库建设工程技术与管理

利用废旧的矿山或矿洞坚硬的岩石或内衬方法建造的储气库。

内衬式岩洞储气库是利用岩石的高抗压性做支撑，在比较坚硬的岩石中人工挖出一个直径40m、高度100m的洞室，洞顶覆盖层100~130m。在美国，出现过利用废弃的矿山做天然气储气库，瑞典近几年开发了内衬式岩洞储气库技术。在我国，有关专家曾建议北京可以考虑建岩洞储气库，因为燕山地区具有很好的岩石条件，很容易找到岩洞储气库库址。至目前，我国废弃矿坑储气库尚无建设先例，商业性的应用还在试验中。

目前这类储气库数量较少，主要原因在于大量废弃的矿坑的技术经济条件难以符合要求。因此，本章对此类型储气库不做过多介绍。

第五章 典型案例剖析

第一节 大张坨储气库

一、工程概况

大张坨地下储气库位于天津市滨海新区，距天津市区约45km。构造上位于板桥凝析气田，于2000年11月由原大张坨凝析气田改建而成。

1. 地层层序

大张坨地区地层由上到下有第四系，新近系明化镇组和馆陶组，古近系东营组和沙河街组。大张坨凝析气田位于古近系沙河街组沙一段板Ⅱ油组。

古近系沙河街组沙一段上中部岩性较细，厚430m左右，在大张坨细分成板0和板Ⅰ油组，岩性为大套灰绿色、深灰色和褐灰色泥岩，含大量介形虫化石，是重要烃源岩和良好的区域性盖层。沙一段下部厚570m左右，细分为板Ⅱ、板Ⅲ、板Ⅳ-上、板Ⅳ-下和滨Ⅰ油组，岩性以深灰色泥岩为主，夹砂岩是板桥地区主要含油目的层，本区板Ⅱ油组为气库的含油气目的层。板Ⅰ油组与板Ⅱ油组形成上盖下伏的地层接触关系。

2. 构造形态及圈闭密封性

1) 构造形态及圈闭类型

大张坨气库为一鼻状构造，在上倾方向由断层遮挡和砂岩尖灭形成断层岩性复合圈闭。含气层位为板Ⅱ油组1小层，其顶面构造高点埋深-2565m，溢出点-2800m，构造幅度235m，东西长5km，南北宽3km，圈闭面积12km^2。构造高点位于西南方向板57井附近，地层倾向北东，倾角5°~6°，北端面临板桥凹陷，北东方向通过鞍部水体与板桥油气田中断块南北高点连通。构造特点是西部构造简单，地层略陡，东部地层平缓，在板52井附近存在一个局部高点，在板深3-1井和板52井之间有一个小型鞍部；在大张坨断层附近，发育一组派生断层，走向与大张坨断层成30°左右夹角。

2）断裂特征

（1）断裂分布特征。

本区发育7条断层，其中东部大张坨断层为长期发育的同沉积正断层，控制构造形成和地层的沉积及油气分布。该断层走向北东，倾向北西，断层倾角35°~53°，断距200~770m，本区为250m，延伸距离超过15km。该断层早期开启成为油气垂向运移的主要通道，后期封闭，形成断层遮挡，是大张坨凝析油气藏东部的边界断层。其余6条断层均为大张坨断层的派生断层，规模较小。除在板53井上倾部位的断层对油气分布形成遮挡，起圈闭作用以外，其余断层对油气分布不起控制作用。板53井上倾部位断层为气藏上倾方向边界断层。

（2）断层封闭性。

断层封闭机理主要有两点：

① 断层两侧岩性不一致，即断层是一盘的储层与另一盘的不渗透地层相接触，因侧向不连通而形成遮挡封闭。

② 断层两侧储层相接触，在断层面处由于摩擦挤压形成断层泥封闭。

大张坨气藏边界断层有两类：一类是东部的大张坨断层，在本区断距大于250m，上下盘所对应的岩性和含油气特征明显不同，封闭性较强另一类断层为构造上倾方向的封闭断层，这类断层断距小，延伸距离短，加上板Ⅱ油组气藏上部为大段泥岩、下部以泥岩为主，夹少量砂岩。断层靠近气藏储层尖灭区，另一侧地层砂岩不发育等因素，断层封闭性也比较好，开启活化的危害性较小。

3. 盖层特征

1）盖层宏观特征

大张坨板Ⅱ油组气藏上部为沙一中、上段地层，总厚度400~800m，其中沙一中段的板0油组以暗色泥岩为主，厚度超过200m，分布范围大，是黄骅坳陷中北区的区域性盖层。本区沙一中段与上段地层不易区分，全部为暗色泥岩，总厚度430m左右，直接覆盖在板Ⅱ油组气藏之上，起到良好的封闭作用，是理想的盖层。

2）泥岩盖层微观特征

影响盖层封闭能力的参数主要有：岩石的排驱压力孔隙度、渗透率、孔隙中值半径、突破压力扩散系数和矿物成分等。

第五章 典型案例剖析

本区排驱压力用压汞法求取,因板57井板Ⅰ油组泥岩样品封闭性太好,从毛细管压力曲线无法求出该值,饱和度中值压力大于9.55MPa,邻区板Ⅱ油组泥岩样品的排驱压力3.70~11.00MPa,饱和度中值压力为24.464~61.942MPa。据计算,排驱压力大于5.0MPa即可封闭500~1000m高的气柱,因此,板57井板Ⅰ油组泥岩层为强封闭能力盖层。

4. 储层特征

1) 沉积环境及微相划分

(1) 沉积背景。

古近系沙河街组沉积时为断块扩张期,水域扩大,形成内陆湖泊型断陷盆地板桥油组普遍发育薄层(15cm左右)鲕状灰岩及含砂屑生物灰岩,泥岩为灰绿色,偶见泥裂构造,从沉积特征分析,属于浪基面以上的浅水环境沉积。

板桥地区沉积物源来自北东方向的燕山褶皱带和北西方向的沧县隆起。北东方向的地层岩性粗,砂体规模大,向西南方向逐渐变细、减薄、尖灭。大张坨油环凝析气藏位于黄骅坳陷中区,距北西方向的边界断层10余千米。

(2) 微相划分。

据板Ⅱ油组沉积微相研究,在水下冲积扇扇端亚相区,由于地势趋于平坦,水动力条件减弱,水下河道开始分叉,变为分支水道,是扇端亚相主要沉积类型,分支水道砂体为主要储层。在分支水道之间发育有水道侧翼微相带,主要沉积为粉砂岩、泥质粉砂岩和泥岩等,砂层薄,分布范围小,是次要储层。在分支水道和水道侧翼的外围为水道间和开阔湖盆微相带,主要为泥质沉积。

2) 岩性特征

板Ⅱ油组岩性主要为灰白色砂岩与灰色、深灰色泥岩互层,从板57井岩心观察,气层部位砂岩单层厚度一般小于1m,以粉砂岩为主,与泥岩和泥质粉砂岩呈薄互层状,夹少量细砂岩和中砂岩,顶部一层为厚0.3m的含螺鲕灰岩。

坨注1井与板57井岩性特征相似,但以细砂岩为主。根据薄片分析资料,储层砂岩中碎屑占82%~90%,其中石英占28%~35%,长石占45%~52%,岩块占17%~25%,岩性主要为岩屑长石粉砂岩和细砂岩。颗粒圆度为次尖—次圆状,分选中上—好,风化程度中等,胶结物中泥质约占一半,其余有钙质、黄铁矿、白云石等,胶结类型以接触式为主。

3) 砂体分布特征

板Ⅱ油组储层砂岩以重力流水道沉积为主，砂岩单层厚度不等，一般小于10m，最厚达31.4m，砂体分布范围自下部的6小层到上部的1小层明显扩大，砂层厚度也增大，具明显的反旋回特征。

4) 物性特征

据岩心分析资料，本区板Ⅱ1小层砂岩孔隙度为10.2%~29.3%，一般为20%~25%，渗透率一般0.27-15.4mD。板57井因位于砂岩尖灭线附近，物性较坨注1井差。在地层压力下的岩石物性较常规实验条件下的孔隙度减少约1个百分点，渗透率也相应降低。

5) 非均质特征

（1）纵向非均质特征。

据测井资料解释，板Ⅱ1小层除底部4号砂体分布范围较小以外，纵向上4个单砂层物性差别不大，层间矛盾较小。据岩心观察，在单砂层内部存在低渗透的泥质粉砂岩夹层，厚10~20cm，受砂体沉积时所形成的层理及韵律影响，砂层内部纵向上也存在非均质性，因处于水道末端，水动力条件较弱，非均质性减小。据岩心分析资料，渗透率级差80左右，单突系数1.6~3.0，变异系数0.7左右。

（2）平面非均质性。

大张坨凝析油气藏平面上储层非均质性主要表现为砂层和油气层北厚南薄，渗透率北高南低，与砂体向西南方向减薄、尖灭的规律一致。储层平面上物性的变化主要与沉积微相有关，水道微相砂岩的空气渗透率一般大于20mD，水道主体部位的渗透率为300~600mD，水道侧翼微相砂岩为20~200mD。同时，在扇端亚相区的席状砂体内存在一些致密区或低渗透区，大张坨气藏内部也可能存在低渗透区，但因井网较稀，又无三维地震资料，还不能准确预测低渗透区的分布和范围。

6) 黏土矿物

据板57井X-衍射分析，储层的黏土矿物为蒙皂石型。从扫描电镜观察，黏土矿物中常见粒间高岭石、粒表水云母（伊利石）和绿泥石。

7) 孔隙结构特征

（1）孔隙类型。

据薄片分析，孔隙类型以粒间孔为主，占70%，颗粒印模孔占16%，颗粒内孔占14%，次生孔隙较发育，占30%~50%；据扫描电镜分析好、中、差砂岩的粒间孔隙直径分别为20~50μm，10~20μm和5~10μm。

(2) 毛细管压力曲线分类。

有关压汞分析资料较少，从仅有的样品分析，物性较好的岩性最大连通孔隙半径可达 10.62μm，平均喉道半径 6.49μm，但与板中断块资料比较，物性和分选均较差，这可能与板 57 井位于尖灭线附近有关。物性中等的岩样最大连通孔隙半径 3.1μm，主要孔隙半径 1~5.4μm，较差的样品最大连通孔隙半径为 0.88μm。

二、工程技术和管理情况

1. 钻完井与注采气工艺设计方案

1) 钻井剖面设计

(1) 剖面选择。

一般来说三段制井眼能够提高钻井速度，井眼轨迹容易被控制，出现键槽卡钻的概率小，因此大张坨储气库注采井的井眼轨道也应该采用三段制。井位一字形排列，井口与井口之间距离为 30m。在实施钻井时，隔一个井口摆放一部钻机，可达到同一井场同时钻 3 口井的目的。

间距为 30m，且一字形排开的排列方式给三段制井眼的设计带来了极大的方便。因为，要想采用三段制井眼轨道，大部分井的造斜点将会深于 1000m，如果井口之间相距太近，在钻造斜点以上的垂直井段时，就可能会产生井与井之间的相撞事故，而井口相距 30m 后，在钻进中稍加控制就会完全避免井与井之间的相撞问题。

(2) 造斜点选择。

井眼的造斜点选择应以井斜角控制在 20°~25° 范围内，这样既有利于井眼的控制，也有利于快速钻进，为保证固井质量也提供了方便。

(3) 造斜率选择。

为防止井眼狗腿度过大给下部的钻进、测井、下套管等工作带来困难，将井眼的造斜率控制在 (1.8°~2.4°)/30m，这样一般的造斜工具就可完成造斜任务，给定向造斜工作也提供了方便。

(4) 特殊情况。

少量井为了与相邻老井防碰，不能深造斜，当设计成浅造斜三段制井眼轨道时，井斜角很小，在钻进时无法很好地控制井眼轨迹，因此，只能采用五段制井眼轨道。但此类井眼轨道的井斜角不宜太大，一般控制在 15°~20° 范围内，否则降斜井段太长，会给钻井工作带来不利因素。

2）井身结构设计

根据注采工艺设计要求,生产套管尺寸为 ϕ177.8mm。根据对老井的调研及地层压力的预测,将井身结构确定为二开井身结构。但为了保证整个储气库的顺利建设,确保在钻井施工中不出现复杂情况,不耽误工期,将表层套管延伸至 700～1000m,防止浅层地层的垮塌。另外在开钻之前在井口下入 50m 的导管用来建立循环,防止钻井液将井口冲毁。

为了保证 ϕ177.8mm 套管的固井质量,二开井眼钻头尺寸选择 ϕ241.3mm 较为合适。因此上部表层套管尺寸有两种选择:一是 ϕ339.7mm;二是 ϕ273.1mm。按常用套管尺寸系列,应选用 ϕ339.7mm 的套管,但考虑到 ϕ241.3mm 钻头与 ϕ339.7mm 套管的内径相差较大,在钻 ϕ241.3mm 井眼时,钻井液在 ϕ239.7mm 套管内的返速较小,很可能会造成钻屑大量沉降到井底,影响钻进的后果。因此,决定选用 ϕ273.1mm 套管,缩小下部井眼与上部套管的直径之差,提高钻井液在上部套管内的返速,将钻屑及时带出井口,免除后患。

导管尺寸选用了 ϕ508mm,其中有两个目的:第一,建立循环,防止钻进时钻井液冲毁井口;第二,给井口提供保护,防止在冬天有结冰时井口被挤毁。

3）固井设计

由于注采井的特殊性,要求各层套管的水泥浆均返出地面。导管及表层套管由于固井段短很容易达到要求。而生产套管的长度达 2650～3010m,采用一次固井法是无法达到返出地面的要求,因此必须采取分级固井的方法。

为了保证目的层的固井质量,生产套管采用二级固井。一级固井的水泥浆密度要求不得低于 $1.85\text{g}/\text{cm}^3$,分级箍的安放深度应为 2200m 左右,二级固井的水泥浆密度应低于 $1.55\text{g}/\text{cm}^3$,保证水泥浆能返到地面。

4）井眼轨道控制设计

虽然井口都相距 30m,但毕竟是丛式井钻井,而且大部分井眼的造斜点都较深,有的井还需要与邻井防碰,因此井眼必须得到很好的控制。从安全快速钻井和准确中靶的角度来讲,也需要控制好井眼轨迹。

上部直井段的控制:采用小钟摆钻具组合,保证将井眼钻垂直,不仅能防止与邻井的碰撞,而且可为下部定向钻进提供良好的井眼条件。钻具组合如下:

钻头+无磁钻铤×1 根+钻铤 x1 根+螺旋扶正器×1 只+钻铤×15 根+钻杆×若干根。

第五章 典型案例剖析

定向造斜段：为了较准确地控制造斜率和井眼方位，采用有线或无线随钻定向、造斜钻具组合一次将井斜角造到设计要求值的方法。要求造斜井段的狗腿度不得大于 3°/30m，防止在下部进尺中在该井眼处形成键槽发生卡钻现象。造斜钻具组合如下：

使用有线随钻定向时：钻头+螺杆+1.5°弯接头+无磁钻铤×1 根+钻杆×12 根+钻杆×若干根。

使用无线随钻定向时：钻头+导向马达+无磁钻铤×1 根+MWD 短节+钻铤×12 根+钻杆×若干根。

稳斜井段：由于井斜角适当，从老井的钻井情况看，地层的软硬程度变化性不大，采用常规稳斜方法能基本实现稳斜钻进的要求。因此，采用常规稳斜钻具组合进行稳斜钻进。但要及时监测井眼轨迹，防止跑方位。当发生严重跑方位时，应及时下入造斜钻具组合实施扭方位作业，并将方位段的狗腿度控制在 5°/30m 以内，防止给下部井眼的钻进造成麻烦，更要防止在下套管时造成套管遇阻。

5）钻井液设计

（1）体系选择。

从多年来在板桥地区的经验来看，馆陶以上地层使用聚合物钻井液较为合适。因为该井钻井液既能起到清洗井眼，防止井壁失稳的目的，而且成本较低。而在东营组以下地层应该使用防塌钻井液，因为东营组以下有大段的泥岩地层，而且坍塌压力较高，应该加强钻井液的防塌性能。所以将钻井液体系选择如下：

① 导管井眼，选择水化膨润土钻井液。
② 馆陶以上井眼，选择聚合物钻井液。
③ 东营组以下井眼，选择硅基防塌钻井液。

（2）钻井液参数设计。

根据邻井的钻井资料和预测压力曲线分析，馆陶以上的钻井液密度控制在 $1.10 \sim 1.18 \text{g/cm}^3$ 之间即可达到安全钻进的目的。而东营组以下大段泥岩的坍塌压力的当量密度基本在 1.18g/cm^3 左右，因此，在钻进东营组及以下地层时钻井液的密度不可小于 1.18g/cm^3。

（3）其他参数的确定。

根据有关实验表明，目的层为强水敏地层，如果有大量的水井入目的层，将会造成严重污染，因此，必须将钻井液的 API 滤失量控制在小于等于 4mL，防止有大量的滤液进入目的层。另外，由于大部分是定向井，因此，必须提高钻井液的润滑性,将摩阻系数控制在 0.08 以下,防止钻进中的摩阻过大,造成钻井施工困难。

(4) 油层保护措施。

从大张坨储气库构造目的层板 Ⅱ 油组的物性可知,能够造成储层伤害的因素如下:

① 储层中黏土矿物蒙皂石相对含量高,若遇外来液体系与之不配伍,可引起黏土膨胀,缩小或堵塞孔喉。

② 储层主要连通喉道半径在 $1\sim5.4\mu m$,钻井液中一些分散较细的固相颗粒等侵入储层,会堵塞孔喉。

③ 地层水中 HCO_3^- 含量较高,如遇高钙液体侵入,会产生 $CaCO_3$ 沉淀,沉淀物将堵塞喉道。针对以上因素,选择了屏蔽暂堵的方法来保护目的层。即钻开目的层前,在钻井液中加入超细目碳酸钙和单封,当钻开目的层后,这些材料立即在井壁上形成一个屏蔽层,阻止有害成分进入目的层。根据主要连通喉道半径,选择超细目碳酸钙的粒径为 $4.2\mu m$。

6) 采气树井口设计

(1) 井口采气树。

① 主要特点。

针对气体容易渗漏特性,大张坨储气库注采井应选择能够承受高温、高压的气密封井口,按照注气时最高井口压力不超过 30MPa,选用压力等级为 35MPa 的井口采气树,该井口装置的主要特点为:

a. 生产套管通过卡瓦悬挂在套管头上,它们之间有三道密封装置(即卡瓦上部的橡胶密封,密封环加注密封脂的主密封,金属对金属的刚性密封),以保证高温、高压下密封性良好。

b. 油管悬挂在带有刚性密封(金属-金属)的油管头上。

c. 采气树闸阀采用气密封性能良好的刚性密封,并且阀板与阀座为二道金属密封,可延长一倍的使用寿命。

② 安全措施。

a. 采用双翼阀双主阀结构。闸阀等关键部件的主密封均采用金属对金属密封,同时针对储气库的特殊性,要求产品出厂前必须对采气树进行水下整体气密封试验确保了采气树的质量。

b. 由于储气库注采井位于泄洪区内,在无法修建人工岛及钢制平台的情况下,为了防止洪区内积水及冬季结冰损坏采气树影响生产,采用井口升高短节将采气树整体升高 2m。

c. 井口装有高低压安全控制装置，在井口压力偏离气库运行压力区间时将自动关井，避免发生事故。

（2）注采工艺管柱。

① 完井工艺管柱设计时，主要考虑以下几个方面：

a. 满足地质开发方案要求和实际大张坨地区地理环境的需要。

b. 保证注采井长期安全生产。

c. 尽可能简单，减少成本和采用成熟的配套技术。

d. 综合考虑各种工艺措施的配套性。

通过调研国外储气库注采井的完井情况，结合大张坨已完成的两口注气井的现场使用情况，并考虑到因目前地层压力系数仅 0.754 左右，地层压力约为 20MPa，而气层埋深约 2650m，一旦射孔后压井，压井液必然污染气层。因为压井液对气层的伤害是无法完全恢复的，选用射孔及完井生产管柱一次完成，避免压井液对射开气层的伤害，这是国内外广泛采用行之有效的保护油气层技术。

② 其管柱的主要特征是：

a. 采用永久封隔器，进行套管保护，避免套管承受高温高压状态。

b. 油套环空内注入环空保护液，保护套管和油管外壁免受腐蚀。

c. 管柱上配有测试用坐落短节，可满足测试作业的要求。

d. 使用气密封螺纹油管，保证管柱在高温、高压状态下密封性能良好。

e. 管柱上配有井下安全阀，既可满足地面泄洪环境的需要，防止污染，又可满足安全的需要。

f. 管柱可操作性强，施工较简单。

（3）油管的选择。

① 在进行油管选择时，主要应满足以下条件：

a. 满足地质方案配产（注）要求。

b. 所选油管在配产（注）范围内，井筒内气体不会对油管及管柱上配套的工具产生冲蚀作用。

c. 井筒内气体流动能有效地把井底液体携带出地面，保证井底不积液。

d. 油管管体强度满足抗内压要求，螺纹强度满足抗拉极限载荷要求，螺纹类型满足安全生产要求。

e. 所选油管应与油层套管配套，并尽量节约成本。

② 油管直径选择。

利用两相垂直管流计算公式计算了不同尺寸油管的流出动态曲线，在满足地质方案配产（注）要求和地面工艺要求的井口最低压力 6MPa 的情况下，确定合理的油管直径。

最小油管直径选择：高流动的气体在油管内会产生冲蚀速度称为冲蚀流速，特别是气体含有二氧化碳、硫化氢等酸性气体时，应特别注意冲蚀流速对管体造成的损坏。因为同一产气量下，井口压力越低，所选择的油管尺寸越大，因此选取最低的井口压力计算。

最大油管内径的选择：油管尺寸应满足这样的条件，当气体流动时，能有效携带地层产出的液体到地面，当油管尺寸过大时，则会造成井底积液。地层压力越大，气体越容易压缩，相同情况下，所需的油管尺寸越大。

③ 油管抗拉强度计算。

在地下储气库注采完井设计中，为了保护套管免受高温高压状态，延长套管寿命，在套管设计中应下入保护套管的封隔器，并在计算强度时予以考虑。

注采管受力状态有以下几种：作业时的受力状态、封隔器坐封释放时的受力状态、关井和洗井时的受力状态等，其中以上提管柱作业时受力最大，因此设计管柱强度时，只要满足上提作业时的强度要求即可。

光油管上提时，所受的轴向力主要包括：管柱在井筒内液体的重力、井壁对管柱的摩擦力和刚开始上提时加速度引起的动载荷。

对于封隔器管柱上提作业时的轴向力：封隔器上提作业时，除了光油管上提作业时的轴向力外，还要加上上提释放封隔器的附加力。

油管安全系数。按平均管柱下入 2850m 计算，油管线密度 13.7kg/m，因为气密封螺纹接头强度与管柱屈服强度相同或略高，因此计算时取管体屈服强度。通过计算，得出安全系数为 1.745，一般情况下大于安全系数 1.3 的数据，满足强度要求。

④ 油管螺纹接头的选择。

对于高压气井，要实现长期安全生产，应选择气密封螺纹接头油管。该油管的接头克服了 API 接头在抗漏失和抗高张力负荷方面的局限，使用梯形螺纹代替 API 的圆螺纹；另外，用钢性密封代替了 API 的螺纹接头密封，从而大大地提高了抗漏失性能。目前，国内外油田常用的气密封螺纹接头油管主要有 7 种，但应用最多的主要有以下 4 种：住友的 TM 螺纹接头、NKK 的 NK3SB 螺纹接头、新日铁的 NSCT 螺纹接头、川崎的 FOX 螺纹接头。这 4 种螺纹接头从结构原理、室内试验、矿场应用、质量特征都能基本满足气密封的需要，而且也都经历了多年的现场考验。因此，推荐使用这 4 种螺纹接头形式的油管。

⑤ 油管材质的选择。

由于 CO_2、H_2S 等酸性物质只有在有水的条件下才能形成电解质，进而造成对钢铁的电化学腐蚀。

(4) 井下工具的选择。

① 井下安全阀。

井下安全阀是确保注气井正常生产的重要设备，大张坨储气库地处大港泄洪区，为确保注采井的安全以及注采气过程中的生产测试及有关作业时的安全及环境污染，需选用井下安全阀。

根据大张坨的情况，选用油管起下的地面控制的井下安全阀，结构上采用自平衡式。使用该安全阀在采油树被毁坏时或地面出现火灾等异常情况时可实现自动关闭。地面控制的井下安全阀一般装在井口以下 200m 左右。

主要技术特点：

中心流动管与活塞为一体性设计，保护安全阀内部部件不受井内流冲蚀；关闭状态下阀板与阀座为金属对金属密封，确保关井安全；增大的活塞面积和增强的弹簧力确保阀板在任何情况下安全关闭，适用于出砂井；具有自平衡功能，开关井操作方便简单；所有部件材质最低为 9Cr-1Mo，耐腐蚀；本体与接头各处连接均为金属对金属的气密封螺纹接头；具有永久打开的功能。

② 井下封隔器。

对于储气库注采井，为了使井的使用寿命长，因此尽可能保护套管免受高温、高压状态，不受损坏，特别是免受含腐蚀性气体的腐蚀，常用的封隔器主要有两种：一种是永久式的，另一种是可取式的。永久式封隔器的使用寿命和密封性能都远高于可取式封隔器，一般在注采井尽可能长期不动管柱的情况下，选用永久式封隔器。同时，储气库注采井均为定向井，气层埋深约 2650m，最大井斜角约为 30°。对于大斜度井和深井，机械坐封的封隔器容易发生中途坐封，所以用液压坐封永久封隔器。

主要技术特点：适用于一次管柱完井，操作简单，可靠性高；上密封筒与下密封筒为一体式结构，最小内径大于同尺寸油管内径，适用于大尺寸油管完井；液压坐封，坐封时无须转动或上提下放管柱，适用于深井及大斜度井，且坐封简单可靠；坐封压力可以根据实际情况调节；双向整体式卡瓦，可以承受双向压差，适用于注采井；本体与接头各处连接均为金属对金属的气密封螺纹接头；结构上有磨铣防转卡瓦，便于磨铣打捞。

③ 循环滑套。

循环滑套是注采井完井管柱中的重要设备之一，在注采井生产过程中若要进行洗井、封隔液的替换、负压射孔的气举掏空等，都必须通过循环滑套来实现。目前滑套的形式主要有液压开关式和钢丝开关式。由于钢丝开关式滑套价格便宜、现场使用量多、技术成熟，所以选用钢丝作业开关式滑套。

主要技术特点：滑套内有各种形式的锁定剖面，可以和各种流动控制工具配套使用；具有平衡孔，可以缓冲开关时压差作用下高速流体对滑套的冲蚀；非弹性密封件，在多次开关情况下仍可以正常工作；滑套的各项强度大于同尺寸油管的强度；具有双向开关的选择。

④ 工作筒。

在管柱设计中，考虑使用两个工作筒，上工作筒设置在封隔器以下，主要是用来坐落堵塞器，并密封隔绝两端的压力；下工作筒主要是用来悬挂生产测试中的仪表，达到测压、测温的目的，以判断气库的运行状况。

（5）射孔工艺。

射孔工艺的优化组合是以取得高产能比、清洁孔眼、保护油层、安全可靠、工序简便、降低消耗为原则，从而实现油气井高产的一整套工艺。

① 射孔工艺管柱设计。

油管传输射孔工艺可以实现安全输送大直径射孔枪，提高射孔深度、密度，组枪长度不受限制，易于实现负压射孔，工艺成熟、可靠安全，因此大张坨储气库注采井确定使用油管传输负压射孔工艺。

由于大张坨储气库目前地层压力系数仅 0.754 左右，考虑到钻井过程中钻井液对油气层的伤害较大，射开油气层后，一些井要采取压裂增产工艺，因此采用射孔管柱与注采生产完井管柱一次完成管柱。

射孔管柱配套工具及用途：定位短节，用于校准射孔层段位置；带孔玻璃盘，防止施工过程中杂物落下堵塞或引爆点火装置，同时提供油套连通的流体通道；机械枪丢手，射孔后将射孔枪丢到井底，便于生产时测试；机械点火头，点火棒撞响机械点火头后，引爆射孔弹；射孔枪，提供地层与井筒之间的流体通道。

② 射孔工艺参数。

根据国内外研究实践，射孔完井与裸眼完井产能比值的高低与以下因素有关：

射孔孔眼深度越大，产能比越高。孔深穿过污染带以后，孔深每增加 100mm，产能比可提高 10%；产能比随孔密增加而增加。在不过多降低套管挤压强度的情况下，提高孔密是提高产能的最有效的方法；射孔相位角的合理性可以减少流体的流动阻力。一般认为 0° 相位角最差；螺旋布孔方式比平面布孔方式效果好；合理的负压值在防止地层出砂的范围内使地层流体涌出，可冲洗出射孔眼中水泥环、岩石碎块和其他堵塞物；套管内径与枪径的合理组合，有利于保证射孔弹在最佳爆炸范围内射开油层，取得最佳射孔深度；大孔径可提高产能比，但受到射孔弹性能和品种限制。一般稠油油层和出砂层为防砂的需要，应尽量选择大孔径。

利用气井射孔软件进行了射孔参数的优选，从优化参数结果可得出：大张坨储气库增加射孔穿深对提高产率比效果很好，即使污染深度达到 650mm，在 16 孔/m 的孔密条件下，1m 超深弹产率比仍然很高。结合大张坨两口注气井采用深穿透射孔弹，表皮系数均为负值的经验。

对射孔液的要求：滤失量小；与储层配伍，降低水敏及盐敏伤害；形成的堵塞易解除，渗透率恢复值高。

射孔液优选：采用无固相水基优质射孔液，它抑制性强，与地层配伍性好，渗透率恢复高达 90% 左右。

（6）监测工艺。

对于储气库工程，实行动态监测是十分重要的，特别是对于井底温度、压力参数的监测，有利于判断气库的运行状况。目前较常用的一种方法是井下生产管柱上配套测试用的坐落短节（如上面的下工作筒），按照测试需要，定期下入测试仪表，进行参数监测；另一种方法是在生产管柱上直接配套测试的仪表，通过传输电缆传输到地面，利用二次仪表进行定期采集数据。这种方法使用方便，但投资昂贵。采用常规的监测装置，优点主要有：

① 可真实测量到各种工况的数据，由于坐落短节上部有一个带孔短节，下入测量仪表后，流动通径不受影响，因此各种流量下的流温、流压数据真实。

② 不长久占用地面监测车辆或设备，当测试仪表坐落于测试短节后，地面的监测车辆或设备离开井场，可进行其他任务，待测量结束，到井场起出井下测试仪器即可。

③ 投资小，管理方便。

④ 工艺成熟、可靠。

（7）套管保护。

① 油套管柱腐蚀因素。

a. 溶解氧腐蚀。

碳钢在无溶解氧的纯水中，几乎不发生腐蚀，而在含有溶解氧的水中极易发生电化学腐蚀，主要是金属管道各处的结构不同，管道内壁形成很多腐蚀微电池，阳极部分的铁以 Fe^{2+} 形式进入到溶液中（即 $Fe \rightarrow Fe^{2+}+2e$），在此阳极反应中，碳钢表面剩下自由电子，它沿着金属导体流往阴极部分，而溶解氧在阴极区吸收自由电子形成 OH^-，进入到溶液中，即 $O_2+H_2O+2(2e) \rightarrow 4OH^-$，这时，从阳极部分进入到溶液中的 Fe^{2+} 与阴极区形成的 OH^- 离子相互作用生成 $Fe(OH)_2$，随后它又被溶解氧氧化为 $Fe(OH)_3$，这就是水中溶解氧对钢铁的腐蚀过程。溶解氧的腐蚀特点主要是形成点蚀，易造成设备穿孔，危害性极大。

b. 溶解盐的腐蚀。

水中随着盐类浓度的增加，水溶液的导电性增大，对设备的腐蚀性也增大，但是，当盐浓度增大到一定量后，腐蚀速率开始下降，这是由于盐的浓度增加时，溶液中氧的溶解度降低的原因。

c. 微生物的腐蚀。

水中微生物种类很多，但对钢铁易形成腐蚀的主要是硫酸盐还原菌、腐生菌和铁细菌。

② 油套管柱保护措施。

由永久封隔器、油管、套管形成的油套环空不承受注采气时的高压，实现了零套压生产。在油套环空内注入缓蚀剂作为保护液防止油管、套管发生腐蚀，该保护液对 N80 试片和 P110 试片有很好的防腐性能，其腐蚀速率分别降低到 0.0035mm/a 和 0.0007mm/a，满足设计要求。这些都确保了储气库注采气井的安全，并且为储气库注采井使用寿命 50 年的目标提供了必要条件。

（8）油气层保护。

① 采用射孔及完井生产管柱一次完成。

这是国内外广泛采用行之有效的保护油气层技术。大张坨凝析气藏完井时地层压力约为 20MPa，而气层埋深约 2650m，一旦射孔后压井，压井液必然污染气层，因为压井液对气层的伤害是无法完全恢复的，所以选用射孔完井生产一次完成管柱，避免了压井液对射开气层的污染，在完井作业中保护了油气层。

② 可实现后期修井不压井作业。

在上工作筒内投入堵塞器堵住油管，打开循环滑套，可以进行洗井作业。正转油管使油管柱在锚定密封处与封隔器脱离起出，新的油管柱通过下压使锚定密封与封隔器上密封筒对接下入。这就保证了后期修井作业中油气层不会受到压井液的污染，从而达到了保护油气层的目的。

7) 钻采工艺方案实施效果

（1）井眼控制。

由于12口井都采用了有线随钻和导向钻井系统进行了定向作业，因此，定向准确率达到了100%；虽然在个别井中，井斜角或方位有较大变化，但采用了一些措施后，使井眼都按照设计要求进入了靶圈，中靶率达到100%；井眼轨迹控制较精确，狗腿度没有超标现象。

（2）油层保护。

由于对大张坨构造板Ⅱ油组的性质有较详细的了解，正确认识了对储层可能存在的损害因素，有针对性地对储层采取了一些有效保护措施，因此，在实施过程中，使油层得到了很好的保护。从固井图像上看，固井水泥浆有微量气体侵入，从完井试油阶段看，生产能力基本达到了设计要求，因此，说明油层保护措施针对性较强，完全达到了要求。

（3）固井。

作为储气库注采井，为了保证今后生产的安全运行，对固井质量要求十分严格，所有套管的水泥浆必须返到地面，而且固井质量要达到要求。从所测得固井图像来看，12口井的固井质量均达到了设计要求，固井质量合格率为100%。

（4）安全钻井。

为了使储气库能够按时完成建设任务，注采井的安全钻井是十分关键的一个环节。因此，在设计中，制订了十分详细的有关安全钻井方面的措施、规定，在钻井液设计中也充分考虑了安全钻井因素，因此，在钻进中没有发生过井眼失稳、卡钻、掉牙轮、断钻具、井塌、井漏、井喷等事故，确保了12口井的安全钻井。

（5）钻井速度。

由于在设计中应用了许多较先进的技术，如导向钻井技术、有线随钻定向技术、高效能钻头、优选钻井参数技术等，使机械钻速得到较大幅度提高，从而保证了井眼的快速钻进，使钻井周期比同地区其他井的钻井周期缩短了50%以上。

（6）射孔—完井一次完成管柱。

大张坨储气库有10口井采用"射孔—完井一次完成管柱"完井，2口井按地质方案的要求采用两次管柱完井，均施工完好。

① 射孔工艺参数设计合理，保护了油气层，尤其是超深射孔弹的使用，为确保注采井有较高产能提供了保证。初步测试求产，达到了预期目标日采

气 $40×10^4 m^3$。

② 一次完成管柱施工成功率100%，证明了这套管柱的可靠性。它有效地保护了油气层，克服了常规方案造成二次污染的问题，为我国储气库建设开创了先例，也为以后储气库注采井的设计提供了成功范例。

③ 井下工具、油管、采气树均一次试压合格投产运行后套压为零，表明了井下工具、油管、采气树都具有良好的气密封性能，满足储气库的安全需要。

（7）采气树。

采气树整体升高方案及地面安全控制系统的设计不仅满足了特殊的泄洪区环境防污染、防火灾的需要，而且更具有简单、实用、可靠、经济等特点，为以后开发特殊环境下的油气田提供指导意义。

（8）环境保护。

由于井场处于泄洪河道内，对环境保护有较高要求，在设计中制订了严格的环保措施。从施工后的情况看，基本达到了设计要求，没有发生任何污染环境事件。由于采用了丛式井钻井方法，减少了井场及道路的建设，从而大量减少了对河道内生态环境的破坏，充分保护了生态环境。

（9）安全措施。

各项安全措施设计均达到了工程建设要求。

2. 总体实施情况

大张坨地下储气库设计工作气量为 $6.0×10^8 m^3$，最大日采气量 $700×10^4 m^3$，2000 年底建成投产，当年就实现调峰 $300×10^4 m^3/d$。根据北京市用气量和冬季日调峰量逐年大幅度上升，2004 年气库补打了 3 口加密井，进一步提高了紧急日调峰能力。项目投产以来，气库按调峰计划运行，安全生产了 6 个完整的注采周期累计注气 $25.8×10^8 m^3$，累计采气 $20.62×10^8 m^3$，累计产凝析油 $5.97×10^4 m^3$，不仅达到了设计有效工作气量 $6.0×10^8 m^3$ 指标，而且使最高紧急日调峰达到了 $984×10^4 m^3$。

该气库为陕京线输气管道建设的配套工程，由于大张坨储气库的建成投产，使陕京长输气管道的运行效率由74%提高到91%。

大张坨地下储气库的建成满足了 2004 年北京冬季长时间寒冷紧急最高日调峰的需求，有效地缓解了北京用气的紧张局面，支持了首都人民稳定正常的生活和生产，也为北京的蓝天工程，及华北地区社会稳定和发展发挥着积极促进作用。

第五章 典型案例剖析

第二节 金坛储气库

一、工程概况

1. 地理位置

金坛盐矿位于江苏省常州市的金坛区西北、镇江市丹徒区东南，镇江市以南50km，距南京市100km，距常州市45km，距丹阳市26km，距金坛区30km，属常州市茅麓、登冠、西阳及镇江市丹徒区荣炳等乡镇管辖区。

2. 自然条件

1）地形、地貌

金坛盐矿分布在金坛盆地直溪桥凹陷中，金坛盆地北东向长33km，北西向宽约22km，面积约526km^2，为北东向的小型沉积盆地。

金坛盐矿位于茅山东麓、地貌上属于太湖水网平原区，西北部为平原区与茅山山地交接处的低丘环绕，地势相对较高，高程10~30m。北部地形相对平坦，地势低洼，高程2.5~10m。

金坛地下储气库拟建站址区域内（包括西注采气站、东注采气站、采卤站、集配气阀组、井场等）相对高差较小，地势平坦，地表多为稻田和鱼塘，地势较高处多为村庄覆盖，高程最高8.4m、最低1.8m。东、西站库区位置现多为稻田。

2）工程地质和水文地质

（1）工程地质。

在大地构造上金坛大地构造上属于扬子古陆东端的下扬子台褶皱带。

境内广大地区为古生代以来的拗陷区，沉积了古生界和中生界地层，在历史上，这些地层经受多期构造运动，每期构造运动都破坏和改造了原有的构造体系，并以叠加和交接的方式复合。其中以中生代燕山晚期的构造最为强烈，形成一系列的深大断裂和断陷盆地，特别是控制了晚白垩纪到老第三纪沉积盆地的形成和发展。老第三纪以来的构造运动产生的北西、北西西向断裂又切割了燕山期北东、北北东向的断陷和隆起构造，形成更为复杂的构造格局。境内最主要的断裂有 6 条。

此外，与茅东断裂带相伴生的还有一些北西、北北西向的张扭性断裂斜切茅山，在地貌上表现为垭口、谷地或较大的冲沟。

（2）地貌。

金坛区境西缘为南北走向的茅山低山丘陵，其东为长江三角洲西部的冲湖积平原区，冲湖积平原区中央微凸，自西向东可进一步分为三个次级地貌单元；西部的黄土缓岗、中部的冲湖积圩田平原和东部的高亢平原。直溪地貌上属冲湖积圩田平原区。

二、工程技术与管理情况

1. 设计技术

1）采用的工艺方法

注采气站在采气工况下天然气的脱水工艺采用三甘醇脱水工艺。

2）工艺流程

（1）总工艺流程。

以加-5785 井为例。总工艺流程按注采双向考虑，除注采气站注采工艺为单向流程外，镇江站、井场、集配气阀组及集输系统均可实现一套设备满足注采双向功能。

注气过程：镇江分输站来的干气经计量、通过 DN1000 输气管道输至金坛储气库的西注采气站的进出站阀组，分成两路，一路进西站注气装置，另一路经干气联络线进东站注气装置。在注气装置中，干气经压缩机增压后，经进出站阀组的分配器分别输送至各集配气阀组，由集配气阀组经集输管网分别送至各注采气井井场、计量后注入盐穴中储存。

采气过程：各井口来气在井场经节流、分离、计量后出井场，通过集输管网分别送至集配气阀组，由集配气阀组再输至东、西两站的进出站阀组，然后进入采气装置。在采气装置中，天然气先经 TEG 脱水或应急加药后外输，东站干气经干气联络线送入西站阀组与西站干气统一通过输气干线输送至镇江分输站进入西气东输管道。

东西注采气站间设一条湿气联络线和一条干气联络线，湿气联络线设计输量为 $800 \times 10^4 m^3/d$，干气联络线设计输量为 $600 \times 10^4 m^3/d$，满足东西注采气站与各自所辖井位互相匹配操作。

输气干线、湿气联络线、集输管网均设清管设施，以保证管线输送效率。

第五章 典型案例剖析

注采气站、集配气阀组、井场及集输管网的放空统一在东、西两个注采气站设置放空管，以避免过多的放散点。

井场、集配气阀组、集输管网、东、西两个注采气站的注采装置、干、湿气联络线、输气干线等各单元间均设置紧急关断阀或电动阀门，以确保系统的安全运行。

（2）各单元工艺流程。

① 注气装置。

从镇江分输站来的天然气（4.5~7.2MPa，12~20℃）首先进入旋流分离器除去尘粒等机械杂质，再经过滤分离器滤掉细小颗粒杂质后进入注气压缩机进行增压。压缩后的天然气经空冷器冷却，温度降至55℃左右、压力8.5~17MPa，进入进出站阀组的分配器，由分配器经集输管网输至各井场、计量后注入地下腔体储存。

② 采气装置。

采气脱水装置流程：由各井场来的湿气（9.7MPa，27℃）首先节流至8.8MPa，24℃，再进入过滤分离器，分离出液滴及杂质。分离后的湿气分别从2台甘醇吸收塔底部进入，贫三甘醇（30℃、浓度99%）由吸收塔顶部注入，在塔内自下向上流动的湿气，与在塔内自上向下流动的贫甘醇进行接触传质，天然气中的水蒸气大部分被贫三甘醇吸收，干燥后的天然气经捕雾器由塔顶排出，进入干气—贫甘醇换热器，干气换热至24℃外输，贫三甘醇由115℃冷却至30℃后进塔。

来自吸收塔底部的富三甘醇（24℃、浓度95%）通过流量调节阀的调节，使压力降至0.3MPa，进入再生塔的冷凝段，被塔内的水蒸气预热至33℃后，进入闪蒸罐，罐内压力由罐顶调压阀控制在0.27MPa，闪蒸出的气相进入燃料气系统，罐底富三甘醇经机械过滤器和精密过滤器后进入贫—富三甘醇换热器，富三甘醇换热至140℃进入再生塔，塔底再沸器操作温度为204℃，富三甘醇内水分被蒸出，水蒸气向上经冷凝段，使少量被夹带的三甘醇冷凝下来后，从塔顶排出进入焚烧炉。

再生后的贫三甘醇经贫—富三甘醇换热器换热至98℃，进入贫三甘醇缓冲罐，再经增压泵增压至10MPa，进入干气—贫甘醇换热器。

湿气节流阀后设1台湿气空冷器，当湿气进入装置温度高于40℃时，经空冷器冷却至35℃后进三甘醇脱水装置。

三甘醇再生塔塔底再沸器采用导热油加热，导热油来油温度为250℃，回油温度为230℃。

西站应急采气装置流程：自进出站阀组来的湿气（6.4~9.7MPa，13~48℃），当压力大于7MPa时，经节流阀节流至7MPa后外输，当湿气压力低于7MPa，直接外输，结合应急采气时的地温情况，在外输线上设有注入甲醇设施，防止外输时有水合物生成冻堵管线。

（3）工艺技术特点。

① 注气压缩机采用并联操作的往复式压缩机，可满足进气压力在4.5~7.2MPa、排气压力8.5~17MPa范围内变化；两站联合运行可满足流量在$42\times10^4 \sim 1020\times10^4 m^3/d$范围内变化。

② 调峰采气采用三甘醇脱水装置，应急采气时采用JT阀制冷工艺，充分利用井口压力能，对适应气体流量变化具有一定的灵活性，易于控制操作参数，运行平稳可靠。

3）设备选型管理

（1）注气压缩机。

① 选择原则。

a. 为确保注气设备操作方便、灵活、安全、可靠地合理运行，采用往复压缩机组。

b. 为适应气量大幅度的变化，机组为多台并联安装。

c. 为保证机组可靠运行，采用国外引进机组。

② 机组选择。

通过初设方案阶段的比选和初设方案审查结果，西注采气站选择压缩机单机排量$Q=120\times10^4 m^3/d$的有3台，$Q=60\times10^4 m^3/d$的有1台，压缩机驱动方式采用燃气轮机驱动方式；东注采气站选择压缩机单机排量$Q=120\times10^4 m^3/d$的有2台，$Q=60\times10^4 m^3/d$的有1台，压缩机驱动方式采用电机驱动方式。

4）总平面布置原则

（1）严格执行国家、地方现行标准和规范，符合地方区域、城镇规划。

（2）满足工艺要求，工艺流程合理顺畅，节约能源，减少工程投资。

（3）满足用户要求，节约建设用地，提高土地利用系数，交通运输方便。

（4）地质良好稳定，水源充足可靠，有利于防洪排涝。

（5）满足防火、环境保护、安全卫生及防震要求，方便职工生活，创造良好的生产、生活环境。

（6）系统管线、道路连接短捷、顺畅。

（7）因地制宜，合理分区，方便生产管理。
（8）设备尽量露天布置，减少发生一次性危害的程度，并降低消防难度。
（9）近远期工程统筹考虑。

2. 施工工序控制

以 JK3-4 井施工为例。

1）设备搬迁、安装

（1）搬迁。

① 勘查井场：对道路、井场及周围环境进行全面勘查，具备搬家条件。

② 井场准备：平井场，打基础，安排设备摆放地。

③ 搬迁：人员、设备、材料等搬至井场。

（2）安装。

① 立井架：修井机就位，安装调试，校正井架。

② 开工准备：接地面循环系统，搭油管桥，安装设备，达到平、正、牢靠、不刺不漏。

③ 验收：安装合格后，报监理单位开工验收。

2）退保护液

（1）连接退油管线，$\phi 244.5 mm$ 套管与 $\phi 177.8 mm$ 套管环空接高压闸阀及高压水龙带，高压水龙带与油罐固定连接。

（2）利用东站回水工艺流程灌注卤水，退出腔体内部分保护液（0号柴油），退油期间油垫压力下降不超过 0.5MPa，如超过 0.5MPa 则应回注保护液，使油垫压力恢复至退油前压力，井下预留柴油 $15 \sim 20 m^3$。

3）平衡造腔内管内外压力

（1）通知注采站停井放压。

（2）向 $\phi 114.3 mm$ 造腔内管内注入密度 $1.20 g/cm^3$ 卤水 $10 m^3$，记录油垫压力、排出卤水密度。

4）起造腔内管

（1）在起 $\phi 114.3 mm$ 造腔内管前要先检查校对好指重表，保证指重表灵敏好用。在起造腔内管时，要缓慢上提管柱，细心观察悬重变化，并记录有较高悬重降至正常悬重的深度。起造腔内管最大负荷不超过 300kN（如果在 $\phi 177.8 mm$ 外管管鞋处遇阻，应立即停止上提，向环空内注入卤水并退出腔内全部柴油，与甲方协商造腔内管上提的处理方案后，方可施工）。边起边补卤水，保证油垫压力不低于 2.5MPa。

（2）根据造腔内管结垢情况现场决定是否清理内外管壁，如需清理下

φ73mm 油管两根，底带 φ114.3mm 油管刮削器刮削造腔内管两根，起造腔内管两根，重复此工序起出造腔内管。

（3）起造腔内管过程中边起边补饱和卤水（NaCl 含量不小于 300g/L），严禁未饱和卤水入井，保证油垫压力不低于 2.5MPa，防止腔内欠压，对于地面无法满足条件的卤水可加入固体盐配置。

5）刮削造腔外管内壁

根据造腔内管外壁结垢情况，现场决定是否下刮削器对 φ177.8mm 造腔外管内壁清理，如需清理下 φ114.3mm 油管底带 φ177.8mm 套管刮削器，刮削深度：1104m，下放速度 5~10m/min，遇阻加压小于 10kN，刮削深度不得超过 1104m，防止下出 φ177.8mm 套管管鞋上提时遇卡。

6）声呐测量

配合声呐测腔施工。

7）退保护液

（1）连接放油管线，φ244.5mm 套管与 φ177.8mm 套管环空接高压闸阀及高压水龙带，高压水龙带与油罐固定连接。

（2）全开 φ114.3mm 造腔内管与 φ177.8mm 造腔外管环空闸阀，缓慢打开 φ177.8mm 造腔外管与 φ244.5mm 套管环空闸阀，放出柴油，排量 200L/min，同时向 φ177.8mm 造腔外管内灌注 NaCl 含量不低于 300g/L 的饱和卤水，保持 φ177.8mm 造腔外管内液面在井口，直至无柴油返出。

8）调整造腔外管

（1）拆除 φ177.8mm×φ244.5mm 套管四通，拆下配件如螺栓、钢圈，擦净保养。

（2）上提 φ177.8mm 套管管鞋至设计深度，配合厂家调整新型油水界面仪。起出的套管要认真丈量，调配套管短节达到要求。上提套管负荷不得超过 450kN，否则与甲方协商处理方案后继续施工。

（3）安装 φ177.8mm×φ244.5mm 套管四通，试压 21MPa，15min 压降小于 0.5MPa，合格。

（4）下入 φ177.8mm 套管管鞋应完成于设计深度，误差不超过 0.5m。

9）注保护液

（1）连接注油管线，φ244.5mm 生产套管与 φ177.8mm 套管四通一侧接旋塞阀，6MPa 精度压力表，另一侧依次连接单流阀、35MPa 高压水龙带、水泥车。

（2）注保护液施工

① ϕ244.5mm 生产套管与 ϕ177.8mm 套管环空注入保护液（0号柴油），排量300L/min，注油泵压不超过5MPa，如泵压超过5MPa，则停泵检查，查出问题解决后方可继续注保护液。

② 注油同时应记录注油量、油垫压力（注油量小于 $16m^3$ 时，每注 $2m^3$ 记录一次保护液压力；注油量大于 $16m^3$ 时，每注 $0.5m^3$ 记录一次压力）。油垫压力有降低后停止注保护液施工。

10）完成造腔内管

（1）凡下至 ϕ114.3mm 油管带、ϕ114.3mm 油管笔尖至设计深度，在造腔外管管鞋以上10m范围内安装1根 ϕ114.3mm 定位短节。

（2）凡下至 ϕ177.8mm 造腔外管以下的 ϕ114.3mm 油管接箍均打倒角。

（3）在 ϕ177.8mm 套管内下入 ϕ114.3mm 造腔内管时要控制下放速度，进入裸眼段后应缓慢进行下放，如中途遇阻则采用上提下放活动管柱通过遇阻位置，遇阻加压不超过5kN，若无效，则接好循环头进行循环，循环的同时并上下活动钻具，直至能够顺利通过遇阻点，然后继续下钻至腔底。

11）完井

（1）安装采卤井井口试压21MPa，15min压降小于0.5MPa，合格。

（2）安装井口，配齐采油树配件。

（3）安装高、低压流程，注水排卤试运行，采卤井井口及注水、排卤管线无渗漏后移交东注水站。

12）施工技术标准及安全标准

（1）现场施工作业应按 SY/T 5727—2020《井下作业安全规程》要求执行。

（2）井场布置及技术要求执行 SY/T 5466—2013《钻前工程及井场布置技术要求》中关于井下作业现场要求执行。

（3）取全取准各项数据资料，SY/T 6127—2017《油气水井井下作业资料录取项目规范》。

（4）修井机的操作与维护执行 SY/T 6117—2016《石油钻机和修井机使用与维护》。

（5）压井施工执行 SY/T 5587.3—2013《常规修井作业规程 第3部分：油气井压井、替喷、诱喷》。

（6）起下管柱、探腔底、洗井、通井、刮削施工执行 SY/T 5587.5—2018《常规修井作业规程 第5部分：井下作业井筒准备》。

（7）装井口、换井口施工执行 SY/T 5587.9—2007《常规修井作业规程 第9部分：换井口装置》。

（8）废水处理执行 GB 8978—1996《污水综合排放标准》。

（9）工程按高危险作业依据 GB 2893—2008《安全色》和 GB 2894—2008《安全标志及其使用导则》、SY 6355—2017《石油天然气生产专用安全标志》设置安全标志。

（10）完工竣工资料按照 SY/T 5718—2016《试油（气）完井总结编写规范》执行。

（11）划眼施工执行 SY/T 5587.14—2013《常规修井作业规程 第14部分：注塞、钻塞》中关于螺杆钻操作使用标准。

（12）套管试压施工执行 SY/T 5467—2007《套管柱试压规范》。

（13）气密封测试施工执行 SY/T 6124—2017《气举排水采气工艺作法》。

三、造腔实践的启示及认识

（1）建槽期采用正循环，造腔期采用正循环或者正反循环方式。

（2）造腔初期采用小排量，随着腔体体积的增大，采用大排量，最高不超过 $100m^3/h$。

（3）造腔阶段，管柱调整次数基本在 6~14 次，平均 8 次左右，根据盐腔高度不同适当增加管柱调整次数。

（4）采用正循环造腔初期一两个阶段，盐腔高度较小，两口距较小，随着盐腔高度增加，适当增加两口距，有利于盐腔发展。两口距基本在 20~70m 之间。盐层厚度较大时，造腔过程中两口距也会增大。

（5）造腔初期油垫层提升高度小于 10m，有利于扩大盐腔底部直径；造腔中期，增加油垫层提升高度；造腔末期，油垫层提升高度降低至 10m 以下，有利于形成穹状腔顶。

（6）平均一口盐腔完腔，需要进行 6~10 次声呐检测，平均 8 次左右。根据盐腔高度不同，形态发展变化，需要适当调整、增加声呐检测次数。声呐检测次数的增加有利于对盐腔形态发展进行监控，及时调整造腔工艺。完腔后需要进行一次声呐检测。

（7）3m 左右不溶物夹层对盐腔整体形态影响不大。

第五章 典型案例剖析

第三节 呼图壁储气库

一、工程概况

1. 地理位置和地质概况

1）地理位置

呼图壁储气库位于准噶尔盆地南缘，行政区隶属于新疆维吾尔自治区昌吉州，距北疆输气环网8km，西气东输二线直线距离22km。呼图壁储气库兼具季节调峰和战略储备双重功能，是西气东输二线的重要配套工程。

2）地质概况

（1）地层特征。

呼图壁气藏发育地层自老至新分别为古生界、三叠系、侏罗系、白垩系、古近系和新近系，均为陆相碎屑岩沉积，总沉积厚度约11500m。气层所处的紫泥泉子组与上覆安集海河组为整合接触关系，与下伏东沟组亦为整合接触，岩心主要为棕褐色、灰褐色细砂岩、不等粒砂岩、粉砂岩、含砾不等粒砂岩、含砾泥质砂岩。

（2）构造特征。

受喜马拉雅期挤压应力场作用，呼图壁三维工业区整体构造形态为近东西向展布的长轴断背斜，东西长约20km，南北宽度约3.5km。呼图壁断裂将背斜切割为上下盘两个断背斜，从上到下断裂下盘背斜构造越来越完整，从断鼻变为背斜。反之，断裂上盘构造从，完整背斜变为断鼻。呼图壁背斜下盘紫泥泉子组地层倾角总体上呈西陡东缓，构造高点在HU2006井与HU2004井之间，在呼2井以西，背斜变窄，在背斜构造背景上发育一微幅度鼻状构造。呼图壁上盘高点在呼003井附近，断鼻西宽东窄。从上下盘高点位置、背斜短轴宽度变化及上下盘地层分布状况分析，该构造早期为一完整背斜，喜马拉雅运动晚期构造活动发育的呼图壁断裂等将背斜切割，断裂走向与背斜轴向呈一定交角。

（3）密封条件。

① 盖层密封。

紫泥泉子组二段直接盖层为上覆的一套泥岩，质地交纯，分布稳定，平均厚度约8.03m。同时，直接盖层埋深大于3000m，并且呼图壁气藏经历了长期的地史时期未遭到破坏，说明其盖层条件及盖层的封闭性是很好的，封闭类型为物性封闭（即毛细管压力封闭）。因此，从岩性及厚度的条件上来看，直接盖层条件较好，满足了储气库的要求。

微观上盖层封闭能力主要取决于岩石的渗透性，即盖层的渗透能力，评价参数包括空隙度、渗透率、突破压力、微观孔喉半径等。

② 断层封闭性。

紫泥泉子组上覆的安集海河组地层岩性为湖相—半深湖相泥岩，在本区厚度约847m，为一套稳定的区域覆盖层。从地震解释成果来看，呼图壁断裂断开侏罗系至新近系地层，虽然呼图壁断裂断穿了安集海河组区域盖层，断距60~200m，但由于该断裂未挤压型的逆断层，加之区域盖层厚度大，因此推断该断层在垂向上具备封堵作用。同时，从生产动态资料上来看，工区内所有井在安集海河组上部的地层中均未见油气显示，进一步证明了呼图壁断裂在垂向是封堵的。

目的层紫二段地层厚度约110m，单砂体厚度约10m，呼图壁断裂断距较大，约60~200m，断开紫二段储层。呼图壁北断裂和呼011井北断裂断距较小，约20~40m，未断开储层，因此，主要研究呼图壁断裂的侧向封堵性。

从地震解释成果来看，呼图壁断裂下盘紫二段地层直接与上盘紫一段地层对接，测井解释成果分析表明，紫二段储层以细、粉砂岩为主，物性好，而紫一段地层岩性明显变细，粉砂岩为主，泥质含量增加，物性变差。同时，测井解释结果还表明，呼图壁断裂上盘紫泥泉子组泥岩厚度较下盘明显偏厚，而且越靠近断面，泥岩厚度越厚，随着上盘泥质含量的增加，断层两侧易于形成砂岩并置局面。因此，从断层两侧岩性对接关系上来看，断层在侧向上具有一定的封堵性。

结合生产动态资料，断层两侧的目的层紫二段均有砂体发育，断层下盘HU2002井在紫二段产气，在断层上盘的构造高点处，新完钻的评价井呼003井海拔明显高于HU2002井，但在紫二段却未见油气显示，试气结果为干层，进一步证明了呼图壁断裂具有比较好的侧向封堵性。

2. 建设规模

呼图壁储气库设计运行上限压力34.0MPa，下限压力18.0MPa，库容量$107.0×10^8m^3$，工作气量$45.1×10^8m^3$，垫气量$61.9×10^8m^3$，附加垫气

量 $16.5\times10^8\mathrm{m}^3$。当调峰气量为 $20.0\times10^8\mathrm{m}^3$，上限压力 34.0MPa，下限压力 26.0MPa。

注气周期 180d，采气周期 150d。正常调峰时日注气量为 $2300\times10^4\mathrm{m}^3$；当调峰与战略储备采气同时发生时，战略储备若按 90d 计算，日均采气量峰值为 $4122\times10^4\mathrm{m}^3$。

二、工程技术与管理情况

1. 工程技术

1）井身结构

注采井和监测井均采用四开井身结构。直井一开使用 ϕ660.4mm 钻头钻进至 300m，下入 ϕ508mm 套管，固井水钻井液返至地面，封住上部含砾石地层；二开使用 ϕ406.4mm 钻头钻穿沙湾组至井深 2550m，进入安集海河组地层 35m 左右，下入 ϕ339.7mm 技术套管；三开使用 ϕ311.2mm 钻头钻至井深 3380m，进入紫泥泉子组地层约 30~50m，下入 ϕ244.5mm 技术套管；四开使用 ϕ215.9mm 钻头钻至设计完钻井深 3600~3640m，下入 ϕ177.8mm + ϕ139.7mm 复合油层尾管，悬挂器位置选择在井深 3180m 左右（位于 ϕ244.5mm 技术套管鞋以上 200m），固井水泥返至尾管悬挂器位置，完井回接直径 177.8mm 套管至井口。

水平井一开、二开、三开同直井，四开使用 ϕ215.9mm 钻头钻至设计完钻井深 4191m，下入 ϕ177.8mm+ϕ139.7mm 复合油层尾管，悬挂器位置选择在井深 3180m 左右，固井水泥返至尾管悬挂器位置，完井回接 ϕ193.7mm+ϕ177.8mm 套管至井口。

2）固井

表层套管采用注水泥固井工艺，技术套管采用有控固井工艺，生产尾管采用尾管固井工艺，回接套管采用单级有控固井工艺。

3）完井

采用套管射孔方式完井，采用 ϕ114.3mm VAM-TOP 螺纹或 BEAR 螺纹油管。

4）钻井液

一开使用膨润土-CMC 钻井液体系，二开使用钾钙基聚磺钻井液体系，三开使用钾钙基聚磺有机盐钻井液体系，四开采用钾钙基聚磺双膜屏蔽钻井完井液体系。

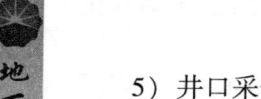

5) 井口采气树

选用 EE 级 35MPa 井口装置。

6) 老井处理

封堵老井 11 口，采用微膨胀防漏水钻井液体系进行封堵。

7) 地面工程

呼图壁储气库地面工程包括储气库集输系统、集注站、双向输气管道、作业综合公寓等。

储气库地面单井注采及计量管线合一设置，注气干线和采气干线分开设置；采气期采用气液混输，开井初期注甲醇防冻工艺；集配站采气轮换计量；集注站烃水漏点控制和低压气处理采用 J-T 阀节流制冷+注乙二醇防冻工艺，凝析油采用两级闪蒸+提溜稳定工艺，轻烃掺入凝析油经稳定后管输至呼图壁天然气处理站装车外运，采出污水采用气浮+过滤工艺处理后回注。

2. 工程管理

1) 工程建设的指导思想

（1）外配优先、站场同步。

根据工程特点，划分为集注站、集配区、外部线路三大系统，针对农田段施工，不可预见因素较大，优先实施外部双向输气线、外输线、110kV 电力线；其次，同步实施集注站土建机集配区，待材料陆续到货后集中建场站，即"快速开展外部线路，主攻集配区，稳妥实施站场"。

（2）总体规划、统筹兼顾。

由于集配区、集注站建在昌吉高新技术开发区规划区域内，结合地理位置及钻井情况，地面工程将整体测量，统一布置，分区实施。

（3）设计标准化、模块化。

设计使用 3DMAX 软件将二维平面布置改为三维立体模型图，实现平、立剖面图自动生成，提高工效、精确化，实现了单井标准化、集配站模块化及橇装化、集注站模块化，合理布局场站各单体平面位置，方便生成管理。

（4）技术实用，合理优化。

流程力求简单可靠，采用成熟技术及设备，充分利用压力能，减少能耗，根据现场条件，多与属地单位沟通，合理选线，减少占地，优化土石方量，减少变更，节约投资。

（5）首件必检、样板起步。

建立并执行对"三新"应用的研讨会审制度，专项方案审查率 100%，对集驻站湿陷性粉土地基强夯处理、X80 高强度钢焊接、聚氨酯喷涂补口、双金属符合管焊接等新工艺，开工前采取多方研讨，实施过程现场设置试验段、召开质量剖析会等，确保工程质量及进展。

2）管理目标

（1）质量目标。

工程质量合格率：100%。

单位工程竣工率：100%。

焊接质量：一次拍片合格率95%以上。

土建、电气仪表及配套工程报验检查一次合格率达到98%，最终合格率100%。

（2）安全环保目标。

安全生产事故率：0%。

环境保护事故率：0%。

特种作业施工专项方案审查率为100%。

安全第一、环保优先、以人为本、创建绿色油田。

3）项目管理组织机构的组织形式及职责划分

为确保储气库保质保量，如期完成建设任务，新疆油田公司抽调精兵强将，成立了以油田公司副总经理为组长，副总工程师为项目经理的组织机构，下设项目领导小组、项目协调组和储气库项目经理部，具体职责如下。

（1）呼图壁储气库项目领导小组主要职责。

负责组织审查项目总体方案，同股份公司和地方政府协调重大事项。

负责检查指导项目实施情况，督促项目建设进度，协调项目建设中重大问题。

定期听取项目协调组及经理部的工作汇报。

（2）呼图壁储气库项目协调组主要职责。

负责向股份公司和地方政府汇报项目重要事项。

负责协调解决设计、采购、建设过程中出现的重要问题。

负责协调办理项目征地、核准备案相关事宜。

负责听取项目建设工作汇报，督促检查工程进度。

负责审查重大施工技术方案和安全保障措施。

（3）储气库项目经理部主要职责。

对项目建设质量、安全、环保、投资、进度全面负责。

编制工作计划和用款计划，负责工程投资和成本核算、结算、审计、专项验收等工作。

设置经理部管理机构，制订完善的各项管理制度，聘任经理部各部门负责人；组织职责范围内的设备、材料等采购，签订相关工程及技术服务合同。

负责开工前各项准备工作，配合协调组具体办理土地、规划、施工图审查、消防审查、招投标、质量安全监督和施工许可等相关事务。

负责项目承包商安全、质量管理，对工程立项到竣工验收形成的档案资料及时收集、分类和整理。

严格按照批准的设计组织建设，不得随意增减内容、改变功能、提高或降低建设标准。因条件变化需要进行重大设计变更的，需报项目协调组及领导小组审定，不得擅自处置。

提前组织操作人员岗位培训，建立运行管理制度，组织编制投产运行方案，做好试运行期间生产考核管理。

第四节　相国寺储气库

一、工程概况

相国寺储气库建设工区横跨重庆市五个行政区（渝北区、北碚区、铜梁区、璧山区、合川区），一是需建1座大型集注站，它是储气库管理与运行的中枢核心，包括集气、输气、分离、计量、增压和脱水等六大功能设施。二是需建7座注采场站，它是向地层注入天然气与采出天然气的重要设施，包括13口新钻注采井、6口监测储气库安全的监测井以及部分封堵治理的老井。三是需要建设集输和注采管道157km，包括新建连接相国寺储气库集注站与中卫—贵阳联络线的铜相线84km，连接相国寺储气库集注站与川渝管网旱土站的相旱线35km和连接注采站之间注采同管与异管等内部集输管线38km。

相国寺储气库设计容库量 $42.6\times10^8m^3$，工作气量 $22.8\times10^8m^3$，最大日注气量为 $1380\times10^4m^3$，季节调峰最大日采气量 $1393\times10^4m^3$，同时考虑季节调峰和应急时最大日采气量 $2855\times10^4m^3$。采气期120天，注气期220天，平衡期25天。

1. 地质概况

川东地区沉积基底为前震旦系变质岩系，沉积盖层先后沉积震旦系—中

第五章 典型案例剖析

三叠统以碳酸盐岩为主的海相地层及上三统—新近系—古近系以砂泥岩为主的陆相地层，沉积总厚度约8000~12000m，其间经历了加里东、海西、印支、燕山、喜马拉雅等多次构造运动。

侏罗系：以河、湖相沉积的砂、泥岩为主，下统夹黑色页岩及介壳灰岩。本区在构造翼部大面积出露中下统地层。

叠系上统：须家河组，本区在构造轴部呈较大范围出露，系内陆湖泊沼泽相的碎屑岩沉积，夹煤系地层。

三叠系中统：雷口坡组，石灰岩、云岩夹石膏。该层遭剥蚀，残厚由重庆向川东方向变厚，经多口井实钻表明该层在相国寺构造大范围缺失。

叠系下统：分为嘉陵江组和飞仙关组，早期以广海碳酸盐岩沉积为主夹少量泥质岩，后期盆地振荡加剧，为碳酸盐岩与蒸发相盐类交替沉积。

二叠系上统：上部长兴组以褐灰、深褐灰色石灰岩为主夹硅质灰岩、燧石结核石灰岩；下部龙潭组为深灰褐色石灰岩，深灰黑色页岩夹燧石结核灰岩、煤及铝土质泥岩。本区长兴组属生产气层。

二叠系下统：以深灰色—灰黑色石灰岩为主夹燧石结核灰岩，底部为滨海沼泽相的灰黑色页岩、铝质泥岩及煤。本区茅口组属生产气层。

石炭系：深灰—灰褐色云岩，属本区主产气层，也是储气库设计目的层。
志留系：灰绿色泥岩夹灰绿色粉砂岩。

志留系：灰绿色泥岩夹灰绿色粉砂岩。

2. 构造特征

在区域构造位置上，相国寺构造属川东南中隆高陡构造区华蓥山构造群，是华蓥山背斜恭南吊状分支中最东部的一个狭长不对称背斜，地面称龙王洞背斜。构造西邻悦来场向斜，东隔竹、沙坪向斜与铜锣峡背斜相望，北与四海山背斜正鞍相接，南端倾没于重庆大渡口向斜中。

相国寺构造为受倾轴逆断层控制的"断垒型"狭长背斜，其东翼断层下盘为相东潜伏构造。相国寺构造在地震反射构造图上依然表现为一局部扭曲反"S"形的狭长背斜构造，构造东西两翼皆受断层控制且不对称，西陡东缓，轴向为南北转北北东向。受扭压应力影响，在相国寺构造的东翼断盘发育相东潜伏构造和兴隆场鼻状潜伏构造。主体构造最高点位于94XGS005测线，高点海拔-1270m，主体构造顶面最低圈闭线海拔为-2000m，长轴26km，短轴1.4km，闭合面积29.24km²，闭合度730m。

构造两翼均发育有大型倾轴逆断层，构造西翼主要有①号和②号断层；东翼主要有③号和④号断层。这些断层发生在两翼陡缓转折带，另还派生一些中、小型断层，将背斜两翼切割成叠瓦状。由于这些断层的存在，使构造更加复杂化，致使钻井过程中层厚显著增加，如相8井等。

3. 密封条件

1）盖层密封性

相国寺构造石炭系因沉积后遭风化剥蚀而厚度较薄，各井钻厚最大26.5m，部分地方实钻缺失，绝大部分钻厚在10m左右，相对而言，北段轴部相12井—相18井区稍厚（12.5~26.5m）、翼部及南段路薄（7.5~15m），其上与二叠系、下与志留系均呈假整合接触，上覆梁山组为盖层，下伏志留系页岩层为隔托层，形成了良好的储盖组合。

二叠系底部梁山组作为石炭系的直接盖层，在本区分布较广，厚度约9~18m，岩性为致密性泥页岩。此外、上部阳二的致密石灰岩及三叠系和侏罗系可作为石炭系的间接盖层，特别是三叠系嘉陵江组的多套致密石膏层。因此，石炭系气藏盖层具备了良好的密封性。

2）断层封闭性

相国寺构造断层主要发育于二叠系和三叠系中，且在构造两翼陡缓转折端部位。两翼各有1~2条断距较大、延伸远、贯穿整个构造的倾轴逆断层，与构造走向一致。另有一中、小型进断层。

（1）号断层位于构造西翼、断面东倾、倾角50°~60°，断距200~1400m，延伸长度大于23km，南段均延伸出工区，北端消失于94XGS014测线石坝场附近。向上消失于须家河组，向下则断达志留系。

（2）号断层位于构造西翼，与①号断层平行。该断层贯穿整个工区，断面倾轴，断距80~570m，区内延伸长度约31km，向上消失在须家河组内，向下南段消失在志留系。

（3）号断层位于构造东翼陡缓转折带。断层西倾，倾角35°~45°，断距200~1200m，区内延伸长度31km，南北两端均延伸出工区。向上消失在嘉陵江组内，向下消失于志留系。

4. 储层特征

1）岩矿与物性特征

相国寺石炭系气藏储集岩，以石炭系黄龙组二段中的角砾云岩为主，包括膏溶角砾、沉积角砾和少量构造角砾，夹薄层生物灰岩、藻云岩、粉晶云岩及粉晶灰岩等。孔隙层段粒屑含量高，一般40%~70%。储层储集空间可分为孔隙、洞穴及裂缝三大类，其中孔隙为主要的储集空间，次为裂缝、洞穴。

由于储层孔、洞、缝都十分发育，渗透性能很好，据各井多种试井解释结果表明：相25井渗透率最低也20mD，相30井渗透率最高达800mD，其余各井渗透率一般均为300mD，构造平面上呈顶部渗透率高，往边翼部有降低趋势。

2）宏观分布特征

相国寺构造石炭系地层沉积后因遭受风化剥蚀故储层较薄，实钻残厚仅0~26.5m，但由于次生作用强烈，故储层孔隙度较大。前人的研究结果表明，相国寺石炭系储层平均孔隙度高达7.47%。

从纵向上看，石炭系储层发育在C_2hl^2段，主要为Ⅰ类和Ⅱ类储层，储集条件较好，因本区石炭系剥蚀较严重，一钻入石炭系就进入储层，只要有石炭系存在，都有储层存在，纵向上有效层厚占钻厚的50%以上，如相16井有效层厚占钻厚的82%。

横向分布上，根据地震预测，相国寺存在三个地层—构造复合圈闭：相10—相14井区构造—地层复合圈闭、相30—相13井区构造—地层复合圈闭、相东左家坪潜伏鼻状构造—地层复合圈闭。相10—相14井区构造—地层复合圈闭与相30—相13井区构造—地层复合圈闭包括了西翼断下盘的部分。地震预测及实钻井显示，复合圈闭以北及以南区域地层（储层）减薄，小于8m，复合圈闭范围内，石炭系厚度大于8m，在相国寺构造主体中部，也存在厚度减薄区域。

二、工程技术与管理情况

1. 工程技术

1）井身结构

（1）为了满足注采井注气与采气要求，ϕ114.3mm油管需采用ϕ177.8mm以上油层套管，ϕ177.8mm油管需采用ϕ244.5mm以上油层套管。

（2）满足安全阀的下入要求。

ϕ114.3mm（35MPa）井下安全阀需油层套管内径170mm以上，即井口下安全阀井段，需ϕ206.4mm套管方可满足。ϕ177.8mm（35MPa）井下安全阀最大外径213mm，采用ϕ244.5mm套管才能满足。

（3）确保井筒长期安全。

储气库使用周期为30~50年，井筒要能承受频繁注气和采气的交变作用影响，必须确保生产套管、技术套管固井质量，为此需将上部井段复杂地层进行有效分隔。

（4）满足井工程完整性与安全钻井要求，减少井下复杂情况的发生。

导管主要满足下开次特殊钻井工艺；表层套管下深需封隔须三段煤层底部100m，避免钻井液及地下流体窜入煤矿坑道，引发安全事故；技术套管应对低压层段进行有效封隔；油层套管必须对储气层盖层实施有效封隔，保证注入气能"存得住、采得出"、不泄漏至其他层位。

2）固井

技术套管和油层套管选用抗硫气密封套管，表层套管和技术套管注水基钻井液上返至井口，油层套管设计悬挂回接方式固井，回接套管水基钻井液上返至井口，油层套管悬挂固井采用变密度两膨胀水基钻井液体系，技术套管和油层套管入井前进行气密封检测，油层悬挂套管加管外封隔器。

3）完井

采用 ϕ127mm 防砂筛管完井。

4）钻井液

钻井液选用聚合物无固相和聚磺两种钻井液体系，须家河组至长兴组顶部采用空气或氮气钻进，若不具备气体钻井条件，改用钻井液钻进，石炭系储层采用氮气钻井。

5）井口采气树

选用35MPa进口采气井口装置，材质 EE 级，温度 P-U 级。

6）老井处理

利用 3 口老井作监测井，永久封井 18 口。

7）地面工程

通常对于类似于相国寺储气库的纯气藏型、注采组分相差不大的储气库，采用注、采管道合一设置，而相国寺储气库由于注气系统规模与采气系统规模差别大，采用注、采管道合一设置方案将导致投资直线上升。其次，与国外相比，我国储气库具有注采压力高、采出物组分复杂、注采系统弹性小等特点：

（1）注采压力高。欧洲天然气骨干管网输送压力 6~10MPa、美国洲际天然气管道输送压力 10MPa，我国大部分天然气管网运行压力 10~12MPa，从而要求储气库的采气压力高。注气方面，由于我国部分储气库埋藏深，导致注气压力较高，部分可达 40MPa 以上，而国外储气库注气压力一般不高于 25MPa。

（2）采出物组分复杂。国外采取措施控制采出物中重组分含量，采出气处理只脱水不脱烃。而我国大部分储气库采出物为油气水三相，采出气处理需同时控制水露点和烃露点，流程相对复杂，油水处理则大多依托油田。

（3）注采系统规模弹性较小。国外注采系统操作弹性大，多为最大运行规模的150%~260%，我国一般为最大运行规模的120%。

相国寺储气库地面工程包括储气库集输系统、集注站、双向输气管道、集注站—川渝管网旱土站和白果树阀室的输气管道、综合公寓等主要工程内容。注气规模 $1400 \times 10^4 m^3/d$，采气规模 $2855 \times 10^4 m^3/d$。

8）技术创新

针对相国寺构造狭长高陡复杂构造、薄储层、碳酸盐岩、枯竭气藏、复杂山地（有煤矿采空区和巷道）、超大流量和高效安全运行等技术难题，以建设运行为主线，创新了薄储层精细刻画及评价等6项专有技术，集成了枯竭气藏改建储气库库址优选与气藏工程设计等6项特色技术，形成了一套枯竭碳酸盐岩气藏型储气库建库达容技术系列。

2. 工程管理

1）团队管理、组织到位

西南油气田公司高度重视相国寺储气库建设工作，为有序、高效、优质推进相国寺储气工程建设，2011年储气库建设之初便成立了储气库建设领导小组，由分管开发的副总经理担任组长，组员由开发、运行、计划、工程技术、地面建设、物资采购、研究院所和建设单位的领导组成。同年，成立四川石油管理局相国寺储气库项目建设管理部，成员由西南油气田公司重庆气矿领导及相关科室、单位人员组成，分设气藏与钻采工程项目组、地面建设项目组、财务资产管理组、HSE及科技信息管理组、效能监察工作组、规划计划与造价管理组和综合管理组等七个专业项目组开展工作。

2）规范管理、制度先行

相国寺储气库项目建设形成了三级（股份公司、西南油气田分公司、项目部）质量保障制度系统，用相关的储气库规范、标准和管理办法来指导储气库的建设。

3）安全第一、质量至上

编制了《相国寺储气库全过程受控管理QHSE监督手册》，分析潜在作业风险，针对风险提出有针对性的管控措施。各承包商严格按手册组织施工，各级管理单位严格按手册对标检查，确保项目建设过程中安全、质量处于受控状态。

4）组织机构扁平化

机构设置不再采用传统的直线型职能制，降低领导职数，提高技术人员比例，促员工队伍结构调整，提高执行效率。管理、专业技术人员岗位比例达到50%以上。

5）受控管理智能化、精细化

（1）强化信息共享，提升管理效率。建立"三套"基础管理数据库——相国寺气田基础资料数据库、储气库项目建设基础资料数据库、隐蔽工程图片影像数据库，应用数字化信息系统、自动控制系统和数值模拟系统等3套先进数字化管理系统，促进业务管理模式、生产组织方式变革，全面提升生产管理效率效益。

（2）强化精细管理，构建高效管库体系。相国寺储气库推行"精细化"管理理念，建立了一套先进集成技术标准、一套生产管理制度体系、一套生产运行管理机制、一套安全风险管控网，致力于将相国寺储气库建设成为中国石油储气库开发生产管理的技术引领和创新典范。

6）建立"一体化"管理模式

根据国外公司成功的经验，建立了一支涉及地下、井、地面及风险管理多专业的储气库建库达容技术团队。其职责是全面负责储气库的动态监测与跟踪价，分析运行技术参数变化。

7）地质目标靶区为基础，地质工程一体化设计管理

注采井井工程以地质设计为主线，以地质目标靶区为基础，地质牵头，采取地质、工程相结合；地面、地下地质目标相结合；采取一体化的设计理念，达到注采井合理部署，均匀注采，避开断层，不碰顶的目标，满足单井最大注采能力，确保井筒工程完整性，实现强注强采的要求。

8）严格质量标准，选好施工队伍

储气库注采井实施按照统一部署，分步实施的原则。先期以先导性试验井为基础，针对相国寺构造纵向上多套压力系统，茅口组采空区与栖霞组高压裂缝系统相交错，形成井漏与复杂并存的特点，结合储气库对井工程完整性要求，要避开断层，克服绕障的难题，探索、总结、选用有针对性的钻井方式，形成安全、快速、更经济的钻井参数和钻井技术措施，到达地质目的。

对参与储气库注采井井工程实施的各专业施工队伍，在合规化管理条件下，以规范、以行业质量标准、以中石油各专业为准则建设标准体系，严格要求按照储气库注采井设计执行。除此之外，在注采井实施过程中，严格施工队伍选拔，对所有参加储气库建设的施工单位，统一招标、统一选拔、材

料统一选购。做到队伍资质与队伍施工经验相结合，选择既有合格资质，又具备川东地区高陡复杂构造钻探经验的队伍。

9）强化过程控制，做好现场跟踪

储气库注采井井工程实施是一种多工种、多专业的协同作业，完善施工队伍和施工人员的岗位职责是抓好目标实现的关键环节。从储气库注采井井工程实施开始，就采用地质、工程双监督体制。项目组代表项目建设方在钻井现场对施工作业单位实施现场检查、监督管理工作。监管工作以设计、施工合同和有关技术规范及操作规程为准则，维护甲方利益，监督设计的执行，确保地质任务的完成和钻探目标的实现。

参 考 文 献

[1] Katz D L, Tek M R. Overview on Underground Storage of Natural Gas. SPE9390, 1980.

[2] American GAS Association (1997): Survey of Underground Storage of National Gas in the United States and Canada. 1996. Arlington, Virginia, USA.

[3] 王希勇,熊继友,哀宗明,等. 国内外天然气地下储气库现状调研. 天然气勘探与开发. 2004. 27 (1): 49-5-11.

[4] 马小明,赵平起. 地下储气库设计实用技术 [M]. 北京:石油工业出版社,2011.

[5] 丁国生. 盐穴地下储气库建库技术 [J]. 天然气工业,2003,23 (2):106-108.

[6] 金根泰,李国韬. 油气藏型地下储气库钻采工艺技术 [M]. 北京:石油工业出版社,2015.

[7] 霍进,冉蜀勇,等. 呼图壁储气库建设与运行管理实践 [M]. 北京:石油工业出版社,2020.

[8] 熊建嘉,文明,等. 相国寺储气库建设与运行管理实践 [M]. 北京:石油工业出版社,2020.